KB048441

같은 일본
다른 일본

미디어 인류학자가
읽어주는 일본의 속사정

같은 일본

미디어 인류학자가
읽어주는 일본의 속사정

다른 일본

글 김경화
일러스트 김일영

동아시아

현재진행형의 일본 사회, 이웃 나라의 '지금'을 읽는 눈

언덕이 드문 도쿄에는 자전거를 타는 사람이 많다. 도쿄에 살기 시작한 지 얼마 안 되던 십수 년 전에는 좁은 길에서 마주치는 자전거가 무척 거슬리는 존재였다. 마주 오는 자전거가 어느 정도 가까이 왔을 때 피해야 안전할까, 어느 쪽으로 피해야 다른 보행자에게 방해가 되지 않을까, 이런 것들을 좀처럼 가늠하기 어려웠다.

15년 넘게 도쿄에 산 뒤에야 문득 자전거 때문에 스트레스를 받지 않는다는 것을 깨달았다. 이제 자전거가 언제쯤 방향을 틀 것인지 예상할 수 있고, 어느 쪽으로 몸을 피해야 하는지도 자연스럽게 안다. 자전거를 만나도 전혀 당황하지 않는다는 것을 깨닫고, 도쿄에서 꽤 오래 살았다는 것을 새삼 느꼈다.

나는 디지털 미디어와 네트워크 문화의 연구자이다. 연구할 때

에는 인류학^{anthropology}의 방법론을 활용한다. 인류학에서는 '참여관찰법^{participatory observation}'이라는 장기적이고 질적인 자료 수집을 주된 연구 방법으로 삼는데, 나 역시 이 방법을 활용해 미디어 현상을 조사하고 연구한다.

이 방법론의 특징은, 연구자가 연구 대상인 공동체의 구성원이 되어, 실제로 생활하면서 그 공동체의 문화를 탐구한다는 점이다. 몇 달 혹은 몇 년 동안 하나의 대상에 매달려야 겨우 하나의 연구 성과를 내곤 한다. 연구 결과에 개인적인 체험이나 주관적인 판단이 개입할 여지가 있기 때문에 객관성 측면에서는 취약하다는 단점이 있지만, 대규모 서베이나 '구조화된 인터뷰'(미리 정한 질문 항목에 대해 체계적으로 묻고 답변을 얻는 조사 방법)로는 얻을 수 없는 심층적인 통찰을 얻을 수 있다는 장점이 있다. 이 참여관찰법을 활용하면서 디지털 미디어의 문화적 다양성을 기술한다는 의미에서, 나는 '미디어 인류학^{media anthropology}'이라는 단어로 스스로의 연구 정체성을 규정하고 있다.

그런 점에서 '아, 내가 도쿄에 꽤 오래 살았구나!'라고 느꼈던 그 순간은 특별한 전환점이었다. 본격적으로 '일본학^{Japanese studies}'을 공부하지는 않았지만, '도쿄'라는 지역 공동체의 주민으로서, 다른 한편으로는 일본의 대학 사회라는 연구 공동체의 일원으로서 부지런히 참여관찰을 해왔다는 것을 깨달았기 때문이다.

15여 년 동안 일본에 살면서 다양한 입장에서 각양각색의 사람들을 만났다. 한때는 일본어를 배우는 외국인 학생이었고, 한때는 일본의 대학생들에게 디지털 미디어론을 강의하는 교수였다. 새로운 온라인 뉴스 사이트를 만드는 한일 공동 프로젝트에 참여하면서, 한국과 비슷하리라 지레 짐작했던 일본의 미디어 환경이 실은 매우 이질적이라는 것도 실감했다. 일본의 동료들과 공동 연구를 수행하면서 배운 점도 느낀 점도 많았다. 일본에서 쌓은 인간관계와 지적인 경험은 삶의 더없이 귀중한 자산이다. 한국에서 온 이방인이기 때문에 겪었던 씁쓸한 경험도 없지 않았다. 하지만 그때마다 나를 위로하고 일으켜 준 것 역시 일본의 친구들이었다. 일본 사회에서 실로 폭넓은 경험을 했다.

문화는 '숨겨진 차원'이다

━ 문화인류학자 에드워드 홀^{Edward Hall}은 저서 『숨겨진 차원』

(1966)에서 공간을 인지하고 해석하는 방식이 문화에 따라 다르다고 주장했다. 예를 들어, 미국인이 자기 방으로 들어가서 문을 닫는 행동은 화났다는 의미이다. 좋은 친구라면 "왜 화가 났어?"라고 말을 걸고 기분을 풀어주어야 마땅하다. 그런데 영국인에게는 자기 방에 들어가 문을 닫는 행동이 혼자 있고 싶다는 뜻이다. 닫힌 문을 두드리며 말을 거는 친구는 눈치 없고 귀찮다고 느껴질 것이다. 자기 방으로 들어가 문을 닫는 행동에 대한 해석이 이렇게 문화에 따라 다르다. 홀은 이런 차이점이 공간을 인지하는 문화의 다양성에서 비롯된다고 주장했다.

홀의 주장은 대단히 흥미롭지만 치명적인 약점도 있다. 국가와 문화를 동일시하고 있다는 점이다. 현대사회에서의 개인은 국적을 선택할 수도 있고 바꿀 수도 있다. 반면, 문화는 개인이 자신의 의지로 선택할 수 없다. 성장하면서 무의식적으로 학습되고 길들여진 결과이기 때문이다. 문화적 습관은 쉽게 바뀌지 않지만, 장기적으로는 개인이 처한 환경에 따라 변하기도 한다. 영국에서 태어나 영국인으로 성장한 사람이 미국 국적을 취득하고 미국인이 되었다고 하자. 그는 자기 방으로 들어가 문을 닫는 행위를 미국식으로 인식할 것인가, 영국식으로 인식할 것인가? 국가라는 자의적인 개념과 문화를 동일시하는 것은 모순적이다.

홀은 '국민성nationality, national character'이라는 개념이 통용되던 1960년대에 활약한 인류학자이다. 그때에도 국가와 문화를 동일시하는 주장에 대한 비판이 있었는데, 하물며 사회적으로도 물리적으로도 이동성이 훨씬 커진 21세기에는 어떻겠는가? 미국이나 영국처럼 본격적인 이민 국가는 말할 것도 없고, 한국이나 일본처럼 비교적 역사가 동질적인 나라에도 다양한 인종, 언어, 생활 습관이 공존한다. 나만 해도 대한민국 여권을 가진 엄연한 한국인이지만 일본에 오랫동안 살다 보니 한국 문화가 낯설게 느껴질 때가 적지 않다. 국적에 따라 문화적 행동 양식이 결정된다는 주장은 부정확하고 차별적이다. 실제로 '국민성'이라는 애매한 개념은 인류학에서는 거의 폐기되었다. 현대사회의 '잡종적' 현실을 설명할 수 없기 때문이다.

하지만 논리적인 오류가 있다고는 해도, 공간을 인지하고 해석하는 방식에 다양성이 있다는 홀의 주장에는 선택적으로 귀를 기울일 만하다. 경험적으로 충분히 납득할 만하기 때문이다.

외국의 거리를 걷다가 의도치 않게 자주 타인과 몸을 부딪힌 적이 없는가? 처음 가본 도시의 건물 엘리베이터에서 타인과의 익숙지 않은 거리감에 불쾌함을 느낀 적이 없는가? 도쿄에 15년 넘게 살았더니 마주 오는 자전거가 두렵지 않더라는 경험 역시, 보행자와 자전거가 거리에서 스치고 공간을 공유하는 미묘한 감각을 몸에 익혔다는 의미에서 문화적 현상이다.

다만, 공간을 인지하는 방식이 문화적으로 학습된 결과라는 것을 알아채기는 쉽지 않다. 공간을 인식하는 양식 그 자체가 세상을 보는 틀과 관련되어 있기 때문이다. 사람들은 자기의 안경알이 푸르다고 생각하기보다는 세상이 푸르스름하다고 믿기 쉽다. 홀이 문화를 '숨겨진 차원'이라고 말한 것도 그런 의미에서였다.

모든 종류의 문화적 행동 양식이 숨겨져 있지는 않다. 차이가 극명하게 드러나는 경우도 적지 않다. 예를 들어, 한국 문화에서는 밥상에 놓인 그릇에서 숟가락으로 밥을 떠먹는 것이 예의범절이다. 밥그릇을 손에 들고 먹는 것은 점잖지 않다. 심지어는 '거지의 밥 버릇'이라고 경멸한다. 그런데 일본 문화에서는 정반대로 밥그릇을 가슴 높이로 들어 올려 허리를 꼿꼿이 펴고 먹는 것이 예의 바르다. 밥그릇으로 몸을 숙이면 '개가 먹이를 먹는 자세'와 비슷해서 천하다고 한다. 의식주와 관련한 습관이나 예법 등에서 한일 간 차이는 어떨 때에는 너무 적나라해서 당황스러울 정도이다. 이런 사례를 들어 한국과 일본이 문화적으로 다르다는 주장을 펼치는 것은 의외로 간단할지도 모른다.

실제로 이전에 출간된 일본 문화에 대한 많은 책이 한국과는 다른 일본에만 초점을 맞추는 경향이 있었다. 예를 들어 일본은 '축소 지향의 나라'로 혹은 '가깝지만 먼 나라'로 대상화되었고, 때로는 일본 문화가 '있다' 혹은 '없다'라는 식의 소모적인 논쟁이 일어나기도 했다.● 그때에는 일본이라는 나라를 그렇게 파악할 수밖에 없었던 그 나름의 시대적 배경이 있었다고 생각한다.

다만, 과연 지금도 그런 방식의 일본 문화론이 성립할 것인가?

● 『축소지향의 일본인』(이어령, 1982), 『일본은 없다』(전여옥, 1993), 『일본은 있다』(서현섭, 1994), 『새 먼나라 이웃나라: 일본편』(이원복, 2000) 등의 일본 문화 관련 책이 출간되었다.

과거와는 비교가 안 될 정도로 지금은 두 나라 사이의 인적 교류와 정보 교환이 활발하다. 인터넷의 발달 이후 양국을 오가는 정보의 양도 엄청나게 증가했다. 아이로니컬하게도 두 나라 사이가 나쁘면 정보에 대한 수요가 폭발한다. 한국의 정치인에 대한 낯뜨거운 스캔들이 일본의 웹사이트에 속보로 올라오고, 일본 기업이 뇌물을 주었다는 특종이 한국의 포털사이트에 실시간으로 등장한다. 쉽게 왜곡되는 정치나 외교에 관한 뉴스에 비해, 연예인이나 관광지, 먹을거리 등에 대한 정보는 현지보다 빠르고 정확한 경우도 있다. 적어도 정보의 양이라는 측면에서는 두 나라의 교류는 역사상 최고 수준을 찍고 있다.

단, 이런 현상이 단순하게 서로의 이해를 증진하는 것은 아니어서, 오히려 문제를 키우는 경우도 비일비재하다. 한일 간 정치나 외교 문제를 둘러싼 첨예한 의견 대립에는, 과잉 정보로 인한 오해 혹은 고의적 정보 조작에 의한 편향이 영향을 미치고 있다고 생각한다. 분명한 것은, 자유롭게 국경을 넘나드는 네트워크에서 엄청난 양의 정보가 동시다발적으로 오가는 상황을 무시한 채, 일본 사회 혹은 한일 관계를 말하기 어렵다는 사실이다.

미디어의 변화를 직시하지 않고 문화를 이야기하기 어려운 시대가 된 것이다. 국경쯤은 쉽사리 넘어버리는 인터넷의 생태를 모르면서 한일 문화를 이야기할 수 없다. 미디어와 문화는 사회적 역할은 서로 다르지만, 우리가 세상을 인식하는 틀로 작용한다는 점에서 닮은꼴이다. 우리는 미디어라는 틀을 통해 바깥세상을 이해하고, 문화라는 틀을 통해 사회생활에 필요한 규범을 내재화한다. 둘 다 우리가 세계를 이해하는 방식에 결정적으로 관여하지만 다른 한편으로는 투명한 안경알처럼 자꾸 잊히는 '숨겨진 차원'이기도 하다.

과거에 머물러 있는 일본관, 이제는 업데이트할 필요

— 이 책은 2019년 12월 4일부터 한국일보 지면과 웹사이트에 격주로 게재하고 있는 칼럼 〈같은 일본 다른 일본〉을 단행본으로 엮은 것이다. 15년 넘게 도쿄에 살면서 겪은 일, 느낀 것을 성찰한 기록이다. 단행본의 경우 독자가 책을 읽는 시점을 특정하기 어렵다는 점을 감안해 신문에 게재된 날짜와는 무관하게 내용에 따라 글을 재분류해서 목차를 구성했다. 시의성이 너무 강한 일부 칼럼은 싣지 않았고, 일부 칼럼은 앞뒤 맥락을 이해할 수 있도록 내용을 수정하고 보완했다.

2년여 동안 칼럼을 연재하면서 다양한 피드백을 받았다. 한편으로는 이웃 나라 일본에 대한 사회적 관심이 높다는 것을 새삼 느꼈고, 다른 한편으로는 그 감정이 매우 복잡하다는 것도 실감했다. 특히, 칼럼에 달린 다양한 댓글은 일본에 대한 악감정을 여과 없이 드러냈다. 대중문화나 트렌드를 언급하는 가벼운 내용에도 어김없이 '악플'이 잔뜩 달리곤 했다. '친일이냐, 반일이냐'라는 흑백논리로 날을 세운 의견이 많았지만, 정반대로 사대주의적이라고 느껴질 정도로 일본 사회에 대한 동경을 드러내는 독설도 있었다.

댓글이 모든 사람의 생각을 반영하지 않는다는 것을 잘 안다. 낯선 사람들의 속없는 반응에 상처받는 성격은 아니어서 악플 때문에 괜한 스트레스를 받지는 않았다. 다만, 일본 사회에 대한 무분별한 비판이나 근거 없는 찬사를 부채질하는 글을 더하고 싶지 않다는 오기가 생겼다. 오독과 오해가 생기지 않도록 단어 하나, 조사 하나까지 검토하고 또 검토하다 보니 매번 마감날이 고생스러웠다. 그렇게 퇴고한 글에도 편견으로 얼룩진 댓글이 달리면 힘이 탁 풀리기도 했다.

반세기가 지나도록 과거사를 둘러싼 한일 간의 시각차가 좀처럼 좁혀지지 않고 있다. 과거사 문제가 정치적, 경제적 현안으로 번졌고, 민간 차원의 인적, 문화적 교류에도 영향을 미치고 있다. 국내 정치 상황에서는 반일이냐 친일이냐라는 단순한 잣대로 좌파, 우파를 따지는 풍토까지 생겼다. 일본이라는 주제가 당파성까지 띠게 되니 차분하고 냉정한 사회적 반응을 기대하기는 예전보다도 더 어려워졌지 싶다.

지난 한 세기 동안 일본 사회는 격동적으로 변화했다. 한국 사회가 워낙 변화무쌍했기 때문에, 상대적으로 일본 사회가 정체된 듯 보이기도 한다. 하지만 1945년 패전 이후 일본 사회도 롤러코스터를 탄 듯한 격렬한 부침을 경험했다. 전쟁 폐허에서 믿을 수 없을 정도로 빠르게 재기해 1960년대 이후 고도의 경제성장을 이루었다. 1990년대 중반에는 이른바 '버블 경제'가 급격히 붕괴되면서 '잃어버린 30년'이라고도 불리는 장기적인 침체가 계속되고 있다. 인터넷 등장 이후 급변하는 글로벌 정보 환경에 적응해야 한다는 새로운 과제도 부상했다.

일본 사회를 보면, 변화라고 해서 반드시 미래지향적인 진전은 아니라는 사실을 새삼 되새기게 된다. 회귀하려는 반동의 에너지 역시 사회적 변화를 이끈다. 진보와 반동의 시계추를 오가는 복잡하고 역동적인 움직임을 읽어야, 비로소 일본 사회의 지금을 이해할 수 있다. 현재진행형인 일본 사회의 변화에 대해 우리는 얼마나 잘 알고 있는가?

과거를 모르면 현재도 없다는 교훈도 중요하지만, 과거에만 머물다가 현재를 오독할 위험성도 결코 작지 않다. 일본 문화에 관한 글을 쓰면서 우리 사회의 일본관이 과거에 머물러 있다는 생각이 들었다. 세상에 넘치는 뉴스나 정보 중에는 일본에 살면서 경험하는 입장에서 선뜻 수긍할 수 없는 경우가 많았다. 한때 설득력이 있었을지 몰라도 현재의 일본 사회를 이해하기에는 이미 유통기한이 지난 것들도 많았다.

틀린 팩트는 바로잡으면 된다. 하지만 사안을 오독한 경우에는 선입견을 먼저 정정해야 하는데, 이것이 팩트를 수정하는 것보다 몇 배는 어렵다. 어떻게 보자면 지금까지 우리 사회 역시 쉴 없이 변화하는 현실에 적응해야 했기 때문에 일본 사회의 변화에 대해 깊이 생각할 여유가 없었다. 지금은 우리 사회도 앞만 보고 달리기보다는 한 번쯤 멈추어서 스스로를 돌아볼 시기이다. 과거에 머물러 있던 일본관도 업데이트할 필요가 있다.

이 책은 일본 사회의 '지금'을 직시하려는 시도이다. 과거 어느 시점에 머물러 고착화된 일본 사회에 대한 인상론을 극복하고, 변화하는 일본의 현주소를 담기 위해 노력했다. 다른 어떤 정보원에 의존하기보다는, 나 스스로 보고, 듣고, 겪고, 느낀 것을 바탕으로 일본 사회를 분석·기술했다. 일본의 대학에 몸담으면서 젊은 세대와 솔직하게 교류한 경험이 현대 일본 사회를 이해하는 데에 큰 도움이 되었다. 나 역시 인간인지라 편견이나 선입견이 완전히 없다고 할 수는 없겠다. 다만, 이 책이 변화하는 일본 사회와 문화의 역동성을 이해하는 데에 도움이 되기를 바란다.

제1부 '일본 사회, 어떻게 변화하고 있을까?'에서는 일본 사회의 현주소를 이해하는 데에 도움이 될 만한 칼럼을 모았다. 일본 젊은이들의 사고방식, 한국과 일본이 공통으로 직면한 과제 등 변화하는 일본 사회를 보여주는 사례를 담았다.

제2부 '11가지 키워드로 알아보는 일본 문화'에서는 집단주의, 자연 재난, 오타쿠 등 비교적 한국에 잘 알려져 있는 현상이 21세기 이후 일본 사회에서 어떻게 전개되고 있는지 기술했다.

제3부 '한국이라는 거울에 비춰본 일본 문화'에서는 한국과 일본의 문화적 특징을 비교했다. 한국과 일본은 동일한 문화권에 속한 만큼 비슷한 점이 많은 반면, 의외로 다른 점도 적지 않다. 비교문화론적 관점이 서로에 대한 오해와 오독을 바로잡는 데에 도

움이 될 것이다.

　제4부 '국경을 넘나드는 미디어와 한일 관계'에서는 급변하는 정보 환경 속에서 변화하는 한일 관계를 기술한 칼럼을 모았다. 인터넷의 등장은 한일 관계를 이전과는 전혀 다른 국면으로 이끌고 있다. 이 변화를 이해할 수 있는 단초가 되기를 바란다.

　이 책은 일본 사회와 문화에 대한 탐구이지만, 다른 한편으로는 우리의 문화가 어떤 얼굴로, 어떤 길을 가고 있는지에 대한 성찰이다. 다른 문화에 대한 탐구는 작은 곤충을 관찰하는 듯한 인내심과 섬세함을 요구하지만, 자기 문화에 대한 성찰에는 미지의 우주로 떠나는 듯한 겸손함과 대담함이 필요하다. 흥미롭지만 까다롭다. 미디어 인류학자가 안내하는 그 길에 독자들이 끝까지 함께하기를 바란다.

2부 ──── 11가지 키워드로 알아보는 일본 문화

4부 ——— 국경을 넘나드는 미디어와 한일 관계

1부 ———————————

일본 사회,
어떻게 변화하고
있을까?

"일본에서 태어나서 다행" 이라는 젊은이들

일본의 젊은 세대는 우경화하고 있나?

"일본에서 태어나서 다행"이라고 말하는 일본의 젊은이를 만나기는 어렵지 않다. 대단한 이유가 있는 것은 아니다. "일본 음식이 맛있으니까"라든가 "기모노(일본의 전통 의상)가 예뻐서"와 같은 자문화에 대한 친근함이 호감으로 표현되는 경우도 있고, 혹은 "다른 나라보다 사람들이 친절해서"라거나 "다른 나라보다 거리가 깨끗해서"라는 식으로 낯선 외국에 대한 막연한 거리감이 자기 나라에 대한 긍정적 평가가 되기도 한다.

한번은 "도쿄 디즈니랜드가 있으니까"라는 이유를 대는 젊은이가 있어서 웃고 말았다. 그가 진심으로 디즈니랜드 때문에 "일본에서 태어나서 다행"이라고 생각한 것은 아닐 것이다. 일상에서 무심코 접하는 긍정적인 요소를 자기 나라, 자문화에 대한 애착으로 환원해 본 가벼운 마음이었다고 생각한다. 국가에 대한 자부심

이라고 하기에는 거창하지만, 이런 가벼운 마음가짐도 넓은 의미
에서는 애국심의 범주에 포함된다.

문화적 정체성에 대해 자긍심을 갖는 태도가 나쁜 것은 아니지
만, 역사적으로 지나친 애국주의는 득보다 실이 많았다. 자기 나
라에 대한 충성심을 제일 중요한 가치로 우선시하다가 다른 나라
나 타 문화에 대한 혐오나 공격을 합리화하는 논리로 탈바꿈하는
경우가 적지 않았기 때문이다. 대표적인 사례는 트럼프 정권하의
미국 사회일 것이다. "미국을 위대하게"라고 부르짖는 대통령의
애국주의가 문화적·경제적 배타주의를 부추기는 부정적인 힘으
로 작용했다.

태평양전쟁 당시 일본 사회도 애국주의의 부작용을 단단히 경
험했다. "전쟁에 협력하는 것이야말로 진정한 애국심"이라는 프

로파간다가 대대적으로 울려 퍼지는 가운데, 전쟁에 반대하는 이들은 "국민으로서 자격이 없다"라는 비난을 견뎌야 했다. 문화적 배타주의가 세계 질서를 위협하는 최근의 상황을 보아도, 애국심이 전쟁을 합리화한 과거의 교훈을 돌이켜도, 지나친 애국주의는 부작용이 크다는 생각이 든다. 실제로 매사에 애국심을 강조하는 현상은 사회가 우경화하는 징조이다. 그렇다면 일상 속에서 빈번하게 "일본에서 태어나서 다행"인 이유를 찾아내는 일본의 젊은이들은 우경화하고 있는 것일까?

젊은 세대는 이데올로기와
무관하게 보수화되고 있다

━ 최근의 연구 결과를 보면,● 일본 사회 전반적으로 우경화하는 경향은 비교적 명백하다. 그런데 젊은 세대의 특징을 떼어놓고 보면 색다른 점이 있다. 우선 애국주의는 기성세대와 젊은 세대에서 공통으로 강화되고 있는 요소이다. 일본의 젊은이들이 "일본에서 태어나서 다행"인 점을 자주 찾아내는 것도 이런 경향의 일환일 것이다.

그런데 흥미롭게도 일본의 젊은이들에게서 역사적·문화적·인종적 순수성을 강조하는 배타적 성향은 오히려 약해진 것으로 조

● 『日本人は右傾化したのか: データ分析で実像を読み解く』(田辺俊介 編著, 勁草書房, 2019)에 소개된 조사 결과를 참조했다.

사되었다. 순혈주의라고 부르는 이런 성향은 애국주의와 발맞추어 강해지는 것이 일반적이다. 예를 들어, 미국에서 "미국을 위대하게"라는 슬로건이 울려 퍼지면서 다른 나라뿐 아니라 자국 내의 유색인종마저 혐오하고 배격하는 풍토가 불거졌다. 그런데 일본의 젊은이의 경우에는 애국심은 강해졌지만 순혈주의와 배타주의는 줄어든 것이다. 달리 말하자면 "일본에서 태어나서 다행"이라는 자부심은 커졌지만, 공격성으로 변질되기 쉬운 성향은 약해졌다는 뜻이다. 일반적인 우경화 양상과는 거리가 있다.

다른 척도에서도 반전이 있었다. 사회적 안정과 권위, 질서를 중시하는 보수적 성향이 중장년층보다 젊은 층에서 오히려 더 크게 나타났다. 일반적으로 젊은이는 권력에 맞서고 기존 질서에 대항한다는 이미지가 있다. 그런데 최근 일본에서는 정반대로 젊은 세대일수록 권위에 복종하고 치안을 중시하는 성향이 현저했다.

한편, 경제적인 측면에서도 기존의 권위를 옹호하는 태도가 뚜렷했다. 사회문제가 있으면 공동체가 협력해서 함께 해결해야 한다는 의식보다는 개인적 차원에서 극복해야 한다는 사고방식이 지배적이고, 빈부 격차나 사회계층이 존재하는 것을 긍정한다. 예컨대, 일본의 젊은 층에서 원자력발전소를 지지하는 여론이 우세하다. 대대적인 변화를 예고하는 탈원전 정책보다, 일본 정부가 수십 년 동안 추진해 온 경제성장 중심 정책을 유지하는 것이 더 안정적이라는 것이다.

종합하자면 일본의 젊은 세대는 명확히 우파적 사상에 접근 중이라고 하기는 어렵지만, 사회적 권위나 기존 질서를 옹호하는 보수 성향은 더 강해지고 있다. 왜일까? 일본 사회의 정치적·경제적 상황, 나아가 취업, 가족, 연애 등 젊은이들이 일상생활에서 느끼는 불안정성이 높아지고 있기 때문이라는 설명이 대체로 받아들여진다. 미래에 대한 불안감이 큰 만큼 개혁보다는 기존 질서와 안정성을 선택할 수밖에 없다는 것이다.

한편, 부모 세대로부터 풍요로움을 제공받은 경험이 보수적인 태도를 부추긴다는 분석도 있다. 실제로 부모 세대에 경제적으로 의존하는 젊은이일수록 권위주의를 선호하는 성향이 있는 것으로 조사되었다. 정치적 우경화는 아니지만, 사회적·경제적으로는 보수적인 권위와 질서를 중시하는 이런 상황을 '이데올로기 없는 보수화'라고도 한다.

한일 젊은 세대, 문화 차이보다
세대 차이가 더 크다

— 한일 젊은이들은 외국에서 만나면 쉽게 친구가 된다. 역사 문제 등 정치적 이슈에 대한 이견도 있지만, 언어의 장벽만 넘으면 여러 가지 문제에 대해 비교적 말이 잘 통하기 때문이다. 국제 교류 프로그램에 참가한 한일 대학생들에게 "세대 차이와 문화 차이 중 어느 쪽이 더 크게 느껴지는가?"라는 질문을 한 적이 있는데, 전원 입을 모아 "세대 차이가 훨씬 더 크다"라고 답했다.

같은 문화권에 속하고 의식주 생활 습관이 비슷하다는 점도 있겠지만, 인터넷과 SNS(트위터, 인스타그램 등 소셜 네트워크 서비스) 등 동일한 미디어 환경 속에서 생활한다는 측면이 미치는 영향도 클 것이다. 실제로 세계 어디를 가나 구글로 검색하고, 트위터나 인스타그램 등에 일상생활을 차곡차곡 공개하는 젊은이를 흔하게 만날 수 있다. 젊은이들이 관심을 가진 주제도, 생각하는 것도, 좋아하거나 싫어하는 것도 비슷비슷하다. 더구나 한국과 일본은 문화적으로 비슷할 뿐 아니라 동질적인 사회문제를 안고 있다 보니, 취업이나 연애 등 고민도 크게 다르지 않다. 일본 젊은이의 정서를 이해하는 일이 한국의 젊은이들을 더 잘 알 수 있는 방법이기도 한 것이다.

젊은이들이 권위나 기존 질서에 저항하기는커녕 오히려 그것을 옹호하는 현상은, 개혁파와 수구파를 구분하는 구시대적 진영 논리에서는 '보수화'로 보인다. 하지만 일본의 젊은이들과 이야기를 나누어 보면, 정치적 이데올로기와의 결별이 과거의 질서를 지키자는 보수적 의지에 의한 것은 아닌 듯하다. 고달픈 경쟁에서 패배감을 맛보기 일쑤인 현실과 타협한 자연스러운 결과일 수도 있다. 그런 관점에서 보면 '이데올로기 없는 보수화'는 젊은 세대가 우경화하는 징조라기보다는, 좌파와 우파를 가르는 기성세대의 정치적 감각이 젊은이들에게는 아무런 공감을 불러일으키지 않는다는 뜻으로도 읽힌다. 한일을 막론하고 기성세대들이 진지하게 숙고할 필요가 있는 지점이다. 젊은 일본인의 '이데올로기 없는 보수화'를 그저 옆 나라의 남일로 치부할 일은 아닌 것이다.

일본 시민들은
왜 가만히 있는 것일까?

무능한 정부를 꾸짖지 않는
일본 시민사회

코로나19 사태에 대한 일본 정부의 헛발질이 계속되는 것을 보면서 한국의 지인들로부터 "일본 시민들은 왜 무능한 정부를 꾸짖지 않는가?"라는 질문을 받곤 했다. 폭주하는 권력을 시민의 힘으로 응징한 경험이 생생한 한국 사회에서 자연스럽게 나올 수 있는 궁금증이다.

2020년 초반 신종 전염병 사태가 불거질 때부터, 일본 정부의 방역 대책은 소극적이었다. 코로나 진단 검사를 가능한 한 적극적으로 실시해야 한다는 해외 전문가들의 조언과는 반대로, 일본 정부는 검사를 늘리면 의료 시스템이 붕괴될 가능성이 있다는 궤변을 늘어놓았다. '긴급 사태 선언'은 했지만 시민들에게 외출 자제를 요청할 뿐 이렇다 할 방역 대책이 없어 불안감은 커질 뿐이다. 국가 원수가 한가롭게 반려견과 노는 영상을 SNS에 올려 공분을

사는가 하면, 엄청난 국가 예산을 써서 지급한 천 마스크는 불량품이 속출한다. 게다가 이 마스크의 공급처는 정치권과의 유착이 의심되는 정체불명의 유령 회사란다.

이쯤 되면 시민의 인내심도 바닥날 만한데, 시민들이 정부를 꾸짖는 목소리는 좀처럼 들리지 않는다. 일본의 시민들은 스스로의 생명과 건강이 어떻게 되든 상관없다는 것인가? 일본의 시민들은 왜 무능하고 오만한 권력을 묵인하는 것일까?

일본의 현대사 뒤편으로 사라진 '데모의 시대'

— 한국에서는 정치적 이슈뿐 아니라 성차별, 직장 내 괴롭힘 등 다양한 사회문제에 대한 집단행동이 끊이지 않는다. 광화문 광장

은 늘 시끌벅적하고 혼란스럽지만, 덕분에 사회적 과제가 공론화되고 해결책을 모색하는 움직임도 활발하다.

대조적으로 일본에서는 시민들의 대규모 집단행동은 찾아보기 어렵다. '혐한 시위' 같은 인종차별적 집단행동은 종종 있지만, 이런 움직임은 배타주의와 혐오의 감정을 드러내는 정치적인 이벤트에 가깝다. 특정한 사회문제에 대한 의견을 주장하거나 분명한 해결을 요구하는 시민운동과 동급이라고 하기에는 무리가 있다.

과거 일본에도 지금의 한국에 못지않게 시민사회의 목소리가 우렁차던 시절이 있었다. 예를 들어, 1960년대 베트남전쟁이 터지자마자 일본의 시민들이 연대해서 대규모 반전시위를 지속적으로 실행에 옮겼던 일이 잘 알려져 있다. 전국의 300여 개의 단체가 연대한 '베트남에 평화를! 시민연합'(이하 베평련)이 주도한 시위에는 수백만 명이 자발적으로 참가했다.

베평련은 일본 정부에 전쟁에 협조하지 말라고 명확히 요구했을 뿐 아니라, 미국 정부에도 전쟁에 반대한다는 의견을 당당하게 전달했다. 1965년 11월 미국의 신문 《뉴욕타임스》 1면에, 베평련의 이름으로 "폭탄은 베트남에 평화를 갖다 주지 않는다"라는 호쾌한 캐치프레이즈를 담은 전면 광고를 게재할 정도였다. 무기력한 지금과는 전혀 딴판인 '데모의 시대'가 일본에도 있었던 것이다.

하지만 이런 일들은 어디까지나 반세기 전의 역사일 뿐이다. 급속한 경제성장과 사회 변화 속에서 정치에 대한 관심이 옅어졌다. 학생운동의 주역들이 정치권으로 대거 진출한 한국과는 달리, 일본에서 시민운동을 이끌던 리더들은 자취를 감추었다. '데모의 시대'에 대한 기억의 끄트머리에는 급진 좌파 학생들의 과격한 무장투쟁(일명 '전공투')에 대한 부정적인 이미지도 남아 있다.

후쿠시마 사고 이후 반짝 높아졌다가 시들해진 시민의 목소리

▃ 2011년 후쿠시마 원자력발전소 사고 이후, 시민들의 목소리가 반짝 커지는 듯도 했다. 그때에는 반원전 시위가 전국 곳곳에서 제법 오랫동안 계속되었다. 2012년에는, 동일본 대지진 이후 재집권한 보수 정권의 노골적인 우경화를 비판하는 대학생과 지식인의 조직적인 행동이 잠깐 활발해지기도 했지만, 결국은 뒷심 부족으로 흐지부지되고 말았다.

인터넷 공간의 시민 행동에 대해 연구하면서, 이 문제에 대해 일본의 지식인들과 의견을 나눌 기회가 적지 않다. 일본에서 시민의 집단행동은 이래저래 난감한 주제이다. 건강한 시민사회를 위해 권장해야 마땅하다는 원론적 입장도 있지만, '화합'('和'라고 쓰고 일본어로 '와'라고 읽는다)을 최우선에 두는 분위기 속에서 모난 돌의 역할을 자청하는 부담감을 떨쳐내기 어렵다. 삼키지는 못하겠고 뱉기에는 아까운 '뜨거운 감자' 같은 사안이다. 결국 '일상 속에서 묵묵히 할 일을 하는 것도 바람직한 시민'이라는 교과서적 역할론으로 무기력함을 정당화하기 일쑤이다.

2017년 일본 국립역사민속박물관에서 개최된 〈1968년전〉은
일본 사회의 역사 속으로 사라진 '데모의 시대'를
조명한 전시회였다.

한 일본인 동료는 일본 시민사회가 활력이 없는 이유에 대해 "폭주하는 권력으로 인한 파탄을 경험한 적이 없기 때문"이라고 진단했다. 한국 사회는 군사독재, 민주화 운동에 대한 폭력적 탄압 등 권력의 남용으로 인한 문제를 뼈아프게 경험했다. 그에 비해 일본 사회에서는, 적어도 표면적으로는 시민들이 권력의 폭거를 피부로 느낀 적이 없다는 것이다.

반세기 동안 대외 문제에 매달려 온 정치권과 시민사회

— 일본인의 관점에서는 그렇게 느낄 수도 있겠다 싶다. 하지만 제3자의 시각에서 보자면, 일본 사회 내부적으로 문제가 없었다기보다는, 곳곳에 산재한 모순이 '파탄적 위기 상황'인 양 표면화된 적이 없다는 말이 더 정확할 것 같다.

패전 이후 줄곧, 일본 사회는 '어떻게 다시 국제 무대에 자리매김할 것인가?'라는 문제를 주요 어젠다로 삼아왔다. 정부의 정책 과제도, 시민사회의 비판 의식도 외교나 국제 관계에 초점이 맞추어졌다. 다른 나라에 무력을 과시하려는 호전적인 시도 끝에 비참하게 20세기 전반을 마감한 패전국의 숙명이라고 해야 할지도 모르겠다.

그 결과, 일본 사회 내부의 모순과 문제들은 상대적으로 방치되어 왔다. 복잡한 사회문제를 단순한 경제적 과제로 치환하거나 외교적 문제인 양 해결하려는 사고방식도 자리 잡았다. 그러다 보니 후쿠시마 원전 사고를 극복하기 위해 도쿄 올림픽을 유치하자는 식의 무리한 주장이 설득력을 갖는 것이다. 전 세계에서 관심이 들끓는 '미투 운동'이나 디지털 정부 등의 움직임에 대해 일본 시민사회의 대응이 둔감하고, 심지어는 전근대적인 모습을 '일본 고유의 문화'라고 옹호하는 의아한 태도도 이런 경위와 관련이 있을 것이다.

코로나19 사태로 인한 '파탄'이
일본 시민사회의 변화를 이끌어 낼 수 있을까?

— 사회는 '파탄'을 경험하면서, 권력의 위험한 속성을 깨닫고 고통스럽게 과거와 결별한다. 한국만큼 파워풀한 집단행동은 아니지만, 일본에서도 SNS의 해시태그를 활용해 정부의 코로나 대응을 신랄하게 비판하는 '온라인 데모'가 조용히 번진 적이 있다. 이번 코로나19 사태를 통해 일본 사회가 건설적인 '파탄'을 경험하고 있을지도 모른다는 생각이 든다. 그런데 다른 한편으로는 코로나 팬데믹 속에서 치른 2021년 중의원 보궐 선거에서 집권당이 승리했다는 소식도 들린다. 변화의 기운이 도래했다지만 반세기 이상 굳게 자리 잡아온 사상의 관습이 그리 쉽게 깨지겠는가 싶기도 하다.

한국에는 금수저,
일본에는 오야가차

사회적 불공정 문제는
한일 공통의 과제

일본에서 종종 회자되는 '오야가차^{親ガチャ}'라는 말이 있다. 부모를 뜻하는 '오야^親'에, 장난감 캡슐을 자동판매기에서 무작위로 뽑는 게임을 지칭하는 '가차^{ガチャ}'가 붙어 '오야가차'이다. 한국어로 '부모 뽑기 게임' 정도로 옮겨지는 젊은이의 은어이다. 부모를 뽑기 장난감에 비교하는 표현에 눈살을 찌푸리는 사람도 있을 것 같다.

하지만 이 말은 "오야가차에서 꽝이 나왔다^{親ガチャに外れた}"라는 식의 자학적 뉘앙스로 자주 쓰인다. "부모를 잘못 만난 탓에 인생이 꼬였다"라고 한탄하는 일종의 풍자인 것이다. 뽑기 게임의 승패는 오로지 운에 달려 있다. 모두 선망하는 '레어템'을 뽑아 기뻐할 수 있는 사람은 몇몇 운 좋은 아이들뿐, 대다수의 아이들은 흔해빠지고 변변치 않은 장난감을 뽑고 자신의 불운을 탓한다.

뽑기 게임처럼 부모는 선택할 수 없는 존재이다. 부유한 부모

를 '뽑은' 소수의 누군가는 유복한 인생을 살고, 보통의 부모를 '뽑은' 대다수의 누군가는 그저 그런 인생을 산다. 누군가는 지독히 가난하거나 문제투성이인 부모를 '뽑은' 탓에 인생 초반부터 고생길을 견뎌야만 한다. "부모를 잘 '뽑아야' 인생이 술술 풀린다"라는 젊은이들의 풍자에는 빈부의 격차가 갈수록 고착화되는 현실에 대한 날카로운 비판이 서려 있다.

그리고 보니 한국에도 일맥상통하는 말이 있다. '금수저', '은수저', '흙수저' 등으로 표현되는, 이른바 '수저계급론'이다. 부유한 부모에게서 태어나면 금수저, 가난한 부모를 만나면 흙수저이다. 금수저는 부모의 아낌없는 금전적 지원에 힘입어 수월하게 입시, 취업, 결혼 등의 관문을 통과하고, 덕분에 비교적 쉽게 사회적 성공을 거머쥔다. 이에 비해 부모의 도움을 받을 수 없는 흙수저는 어렸을 때부터 매사에 불리하고 고달프다. 모든 것을 혼자의 힘으로 개척해야 하니 성공으로 가는 길도 험하다.

부모의 부와 지위가 후손들에게 그대로 대물림된다니, 대다수의 보통 사람에게는 힘이 쭉 빠지는 이야기이다. 물론 금수저라고 반드시 행복한 것은 아니라고 한다. 피나는 노력 끝에 남부럽지 않은 삶을 누린다는 흙수저의 성공담도 종종 들린다. 하지만 그런 결과론이 무슨 의미가 있겠는가? 당장 눈에 빤히 보이는 '기울어진 운동장'에서 경쟁해야 하는 당사자에게는 아무런 위로가 되지 않는다.

일본은 한국에 못지않은 격차 사회다

— 일본에서 대학 서열 1위라는 도쿄대 입학생의 부모 중 고소득 세대의 비율이 같은 해 전국 입학생 평균의 두 배라는 조사 결과가 발표된 적이 있다. 국립대라서 비교적 학비가 저렴한 도쿄대가 그 정도이니, 학비가 비싼 명문 사립대는 말할 것도 없다. 부모의 재력이 없으면 응시할 수조차 없다. 주머니 사정이 넉넉한 부모들은 자녀를 초중고 과정부터 사립 교육 재단이 운영하는 학교에 입학시킨다. 이렇게 하면 동일한 재단이 운영하는 유명한 사립대 입시에서 유리하기 때문에 비교적 수월하게 좋은 학벌을 손에 넣을 수 있다. 가정교사를 고용하거나 어렸을 때에 해외 유학을 경험시키는 등 사교육에 정성을 들이기도 한다.

일본도 한국에 못지않은 학력 사회이기 때문에, 이른바 좋은 대학을 졸업하면 엘리트 계층으로 편입될 가능성이 크다. 빈부 격차는 그저 재력의 차이에 머물지 않는다. 교육 격차, 문화 격차, 정보 격차 등 불평등한 사회 환경을 다방면으로 확대하는 힘이 있다. 이러니 오야가차라는 푸념이 나올 수밖에 없는 것이다.

일본 정계의 고질적인 세습 관행은 특히 사회 지도층에 오야가차가 만연하다는 사실을 보여주는 전형적인 사례이다. 지역의 후원회를 물려받는 방식으로 국회의원 부모나 친척의 선거구를 승계하거나, 정치인 부모의 인맥을 활용해 일찌감치 경력을 쌓고 이를 기반 삼아 정치인으로 데뷔하는 일이 비일비재하다.

2021년 11월 새 총리로 선출된 기시다 후미오岸田文雄 수상도 이른바 '정치 명문가'에서 배출된 대표적인 세습 정치가이다. 명문 사립대를 졸업하고, 일본 국회의 중의원이었던 부친의 비서로 어린 나이에 정계에 입문해 승승장구한 정치가이다. 정치가의 아들이 아버지를 본받아 정치가가 되겠다는 포부를 갖는 것까지 뭐라 할 수는 없지만, 보통 사람은 꿈도 꿀 수 없는 초고속 정가 입문의 길이 오직 그들에게만 열려 있다는 점에서 공정의 가치를 심각하게 훼손한다.

무엇보다 가업을 계승하듯이 정치권력을 세습하는 것은 민의를 대표하는 정치인의 본분과는 거리가 멀다. 국회의원의 세습 관행에 대한 비판이 꾸준히 제기되어 왔지만 이 관행이 쉽게 사라질 것 같지는 않다. 일본의 현역 국회의원 중 무려 3분의 1이 부모를 잘 '뽑은' 덕에 비교적 수월하게 사회적 지위를 획득한 세습 정치인이기 때문이다.

오야가차라는 말이 유행하는 것을 보면, 일본 젊은이들이 불공정한 사회구조에 분노를 느낀다는 점은 분명해 보인다. 그런데 이들의 삶에 대한 만족도나 행복감은 이전보다 높아진 것으로 조사되니 상황이 좀 묘하다. 예를 들어, 1980년대부터 일본의 젊은이들에 대해 줄곧 연구해 온 사회학자들의 모임인 청소년연구회青少年研究会가 10년마다 조사해 발표하는 연구 결과에 따르면,[•] 2010년대 젊은이들의 삶에 대한 만족도는 1990년대 이후 가장 높은 수치였다.

2020년대의 조사 결과는 발표되지 않았기 때문에 단순 비교는 어렵지만, 최근에 나온 다른 조사 결과에서도 젊은이들이 행복하다고 느끼는 비율은 다른 세대보다 높다. 사회적 환경이 불공정하다고 인식하는데도 삶에 대한 만족도는 올라가는 모순적 상황이다.

한 사회학자는 "생활환경이 좋아졌기 때문이라기보다는 사회에 대한 기대치가 낮아졌다는 뜻"이라고 해석한다. 자신의 노력이 보상받을 것이라는 기대치가 애초에 낮기 때문에 크게 실망할 일이 없다는 것이다. 그런 관점에서 보자면, 젊은이들의 냉소적 담

• 여기에서 언급한 일본 청소년연구회의 조사 결과는 『現代若者の幸福 : 不安感社会を生きる』(藤村正之·浅野智彦·羽渕一代 編, 恒星社厚生閣, 2016)에 실렸다.

론이 사회에 대한 불만을 타고난 운명 탓으로 치부하는 패배적 숙명론처럼 들리는 것도 사실이다. 실제로 태어날 때부터의 재능이나 용모를 타고난 운명이라고 야유하는 '재능 뽑기'나 '용모 뽑기', 태어난 나라에 따라 삶이 달라진다는 '나라 뽑기' 등 사회적 불평등이나 제도적 모순을 개인의 운명인 양 정당화하는 이야기가 여기저기서 들려온다.

일부 기성세대는 젊은이들이 오야가차 운운하며 소극적이고 수동적인 삶의 태도를 합리화한다고 비판한다. 하지만 기득권 세력만 승승장구하는 제도의 모순이 젊은이들을 무기력한 삶으로 내몰고 있다는 목소리도 있다. 불공정한 사회에서 경쟁을 강요당하는 젊은이를 과거의 잣대로 비판하는 것은 옳지 않다는 주장도 설득력을 얻고 있다.

불공정을 해소할 실천적 방법론이 더욱 중요하다

— 일본 사회에서 불공정성에 대한 논쟁이 일어나고 있는 것만으로도 고무적이다. 사회적 모순을 극복하기 위해서는 이를 일단 사회문제로 인식할 필요가 있는데, 일본의 기성세대는 사회적 모순을 개인적 문제로 치부하는 경향이 있다. 예를 들어, 젊은이들이 입시나 취업 등에서 현실적인 어려움을 많이 느낀다고 하면, 이를 사회가 함께 고민하고 풀어야 하는 사안으로 보기보다는, 젊은이들이 노력해서 극복해야 하는 개인적 고민으로 치부하기 일

쑤었다. 그런 면에서 젊은이들이 자기들의 언어로 제기한 오야가 차 담론이 일본 사회가 사회적 불공정성이라는 문제를 외면하지 않고 다방면에서 심도 있게 논의하는 첫걸음이 되기를 바란다.

그런데 논의에 그치지 않고 개선 방안을 실천하는 것이 더 중요하다. 한국 사회도 마찬가지 과제를 안고 있다. 일찌감치 수저 계급론이 제기되었음에도 사회 지도층 인사 자녀의 특혜 논란이 끊이지 않는다. 국회의원 자녀가 부모 덕에 굴러 들어온 특권을 마땅한 권리인 양 당연시하는 태도로 공분을 산다. 사회적 불공정성을 개선해야 한다는 과제가 공론화된 지 오래지만, 앞장서서 이를 실천해야 하는 사회 지도층이 오히려 걸림돌이 되고 있는 것이다. 결국 이 문제는 '기득권 계층에 어떻게 개혁의 칼날을 들이댈 것인가?'라는 난제로 귀결된다. 한국이나 일본이나 참 어려운 문제에 맞닥뜨렸다.

후쿠시마는
잊지 않는다

'위험사회'의 민낯을
생각하다

코로나 팬데믹 속에서 2022년을 맞았다. 바이러스와의 싸움이 이렇게 오래갈 줄은 몰랐다. 불필요한 만남을 자제하고, 외출할 때에는 마스크를 챙기며, 백신 접종의 유효기간을 꼼꼼히 챙겨야 하는, 그런 불편한 일상에는 어느 정도 적응했다. 사실 우리를 낙담케 하는 것은 이 팍팍한 삶이 끝난다는 기약이 없다는 사실이다. 마치 재난 영화가 현실이 된 듯한 상황이 벌써 3년째에 들어섰는데 말이다.

코로나 팬데믹을 겪으며 사회학자 울리히 벡 Ulrich Beck이 주장한 '위험사회 risk society'라는 개념을 자주 떠올린다. 그는 근대 과학기술의 발전이 인간에게 윤택하고 안락한 삶을 선사한 것은 사실이지만, 그와 동시에 지금까지 경험한 적 없는 위기에 인류를 노출시켰다고 주장한다. 실제로 우리는 환경오염, 지구온난화, 생태

후쿠시마는 언제 일상으로 돌아올 수 있을까……?

FUTABA Art District

© 2021 OVER ALLs Co., Ltd.

후쿠시마 원자력발전소 사고 이후 황폐해진 후쿠시마 지역의
새로운 문화적 정체성을 모색하는 실험이 진행되고 있다. 사진은 사고 이후
오랫동안 출입이 금지되었던 인근 마을 후타바마치에 등장한 그라피티 아트.
도넛으로 유명했던 명물 식당 주인의 모습을 재현하고 있다.
사진은 창작자 집단 오버올즈(www.overalls.jp) 제공.

계 파괴 등 과학기술의 발전과 함께 등장한 다양한 문제를 목격하고 경험하고 있다.

코로나 팬데믹 역시 현대의 기술 발전과 무관하지 않다. 비행기나 철도망 등 교통 기술의 발전과 함께 비약적으로 증대된 물리적 이동성이 치명적인 바이러스를 순식간에 전 세계로 퍼뜨렸다. 글로벌 시대에 신종 바이러스가 광범위한 재앙이 될 수 있다는 경고는 오래전부터 있었다. 그 불길한 예언이 현실이 되어 우리를 옥죄고 있는 것이다. 풍요로움에 안주하기보다는 전 지구적인 위기에 대처할 수 있는 성찰을 키워야 한다는 석학의 조언을 새삼스럽게 돌이켜 보게 된다.

후쿠시마 원전 사고는 '위험사회'의 민낯

━ 2011년 3월 11일 일본 후쿠시마에 있는 원자력발전소에서 방사능 누출 사고가 일어났다. 동일본 대지진과 뒤따른 지진해일로 손상된 원전에서 방사능이 대량으로 유출된, 세계 최악의 원전 사고였다. 사고 당시 상황과 관련해서 원전 운영사의 실책을 지적하는 목소리가 작지 않다.

다만, 당시 다급했던 상황을 찬찬히 복기하다 보면 훌륭하게 현장 대응을 했다고 한들 대형 사고를 막기는 어려웠을 것이라는 절망적인 생각을 떨쳐버리기 어렵다. 진도 9로 측량된 가공할 만한 흔들림이 전기 공급 설비에 치명적인 손상을 입혔고, 뒤이어 원전 건물 전체를 덮친 14미터 높이의 거대 해일은 비상용 발전기마저 쓸모없는 물건으로 만들어 버렸다. 매사에 안전, 안심을 금과옥조로 삼는 일본 사회이지만, 사용 가능한 모든 전력 공급원이 완전히 유실되는 상황은 예상 밖이었던 것이다.

원전 사고는 위험사회의 적나라한 민낯이다. 실제로 벡의 『위험사회』는 1986년 구소련 체르노빌 원전 사고 직후에 간행되어 더욱 유명세를 탔다. 원전 기술 덕분에 질 좋은 전기를 값싸게 공급받을 수 있지만, 자연 상태에서 인간의 힘만으로 완벽하게 컨트롤할 수 없는 기술이라면 애초에 근본적으로 한계가 있다. 인류의 스케일을 넘어서는 무지막지한 자연의 공격을 그 어떤 인공물이 버텨낼 수 있겠느냐는 말이다. 원전 사고로 지역 주민들은 삶의 터전을 잃고, 방사능에 오염된 토지는 순식간에 버려진 땅이 된다. 넓은 지역에 산재한 오염 물질을 제거하는 작업은 대단히 위험할 뿐 아니라 천문학적인 비용이 든다.

원전은 고도로 발달한 과학기술의 성과일 뿐 아니라 정치적, 경제적 요소가 복잡하게 얽혀 있는 사안인 만큼, 섣불리 찬반을 거론할 생각은 없다. 다만, 원전 기술은 작은 실패에도 문명사회를 크나큰 위기로 몰아넣을 수 있다는 점을 잊어서는 안 된다. 대중의 인기에 연연하는 정치가나 과학기술의 힘을 맹신하는 학자들에게 결정을 위임하기에는, 모두의 삶에 미치는 영향력이 너무 크다.

끝나지 않는 후쿠시마 재건의 길,
새로운 문화적 정체성을 모색하는 움직임도

— 원전 사고가 난 후쿠시마 제1원전은 '오쿠마마치^{大熊町}'와 '후타바마치^{双葉町}'에 걸쳐 자리 잡고 있다. 사고 직후 두 마을의 주민은 전원 강제 피난길에 올랐고, 이후 오랫동안 마을에는 자유로운 출입과 거주가 금지되었다. 2020년 이후에 이들 마을의 출입 금지가 차차 풀리기 시작했는데, 올해에는 10년 넘게 계속된 강제 피난 조치가 해제된다는 반가운 소식도 있다.

오쿠마마치 출신의 일본인 친구가 있다. 그는 도쿄에서 직장을 다녔지만 고향 사랑이 남달랐다. 원전 사고 전에 그의 부모님이 직접 재배한 복숭아나 배를 보내주셔서 나도 종종 그 덕을 보았다. 예전에는 후쿠시마산 과일처럼 맛난 것이 없었다. 원전 사고 이후 그는 돌아갈 고향집이 사라졌고, 부모님은 졸지에 실향민이 되었다.

원전 사고로부터 몇 년 뒤 이들에게 고향집에 들어가 보아도 좋다는 특별 허가가 떨어졌다. 두꺼운 방호복을 껴입고 단 몇 분 동안의 진입 허가를 받아 들어간 고향집. 거실의 시계는 대지진의 첫 진동이 집을 뒤흔들었을 2시 45분에 멈춘 채였다고 한다. 이후에도 친구는 오랫동안 고향집을 재건하겠다는 희망을 버리지 않았지만, 원전 사고 10년째인 지난해에 기약 없이 빈집으로 둘 수만은 없다는 가족 모두의 판단에 따라 고향집을 철거했다.

친구의 부모님처럼 원전 사고로 고향을 등진 후쿠시마 주민은

약 15만 명. 그들은 예전과 같이 정겨운 고향 마을은 이미 존재하지 않는다는 사실을 잘 알고 있다. 피해 지역의 강제 피난 조치가 차차로 해제되고 있지만 귀환 의사를 밝힌 후쿠시마 주민은 소수에 불과하다. 방사능 오염에 대한 우려도 있을뿐더러 그동안 거주환경이 악화되어 막상 돌아간다고 해도 제대로 생활할 수 있는 상황이 아니기 때문이다.

후쿠시마의 안타까운 상황을 새로운 문화적 정체성으로 재정립하려는 실험적인 프로젝트도 진행되고 있다. 심각한 재해나 사건, 사고 등이 있었던 지역이나 시설을 방문하는 견학 여행을 '다크 투어리즘dark tourism'이라고 하는데, 후쿠시마에도 이런 개념을 적용할 수 있지 않겠느냐는 것이다. 체르노빌에도 소수의 방문자들이 원전 사고의 피해 지역을 돌아보는 관광 프로그램이 존재한다. 후쿠시마는 가장 최근에 발생한 대규모 원전 사고의 피해를 고스란히 떠안은 지역이다. 그 괴로운 경험을 사회적으로 소통하는 계기로 삼자는 반전의 발상이다.

한편, 후타바마치에는 형형색색의 그라피티 아트(거리의 벽에 낙서처럼 긁거나 스프레이 페인트로 그림을 그리는 예술)가 여기저기에 출현하고 있다. 창작자 집단과 마을 주민이 협력해서, 시간이 멈춘 듯 황폐해진 동네에 예술로 활기를 불어넣는 일종의 '실험'을 전개하고 있다.

이 도전이 어떤 결과를 낳을지는 알 수 없다. 마을의 활기찼던 모습을 재현한 벽화를 보고 기뻐하는 옛 주민들도 있고, 그라피티 아트를 마을의 새로운 명물로 만들자는 의견도 있다고 한다. 시민들의 크고 작은 노력으로 후쿠시마의 미래를 모색하는 움직임이 있는 것은 사실이다. 언젠가는 후쿠시마도 활기가 넘치는 일상으로 되돌아올 수 있을까? 언제가 될 것인지, 그때의 후쿠시마가 어떤 얼굴을 하고 있을지 누구도 장담할 수 없다.

누구도 안전할 수 없는 시대, 후쿠시마의 현주소에 귀를 기울여야

▬ 한국에서는 후쿠시마 원전 사고라면 일본산 먹거리의 안전성에 대한 우려가 가장 먼저 거론된다. 자연환경이 맞닿아 있는 이웃 나라인 만큼 먹거리 문제가 제일 크게 다가오는 것은 당연하지만, 사실 그 문제는 원전 사고와 관련된 수많은 이슈 중 극히 일부에 지나지 않는다. 미래지향적인 에너지원으로서 원전의 실효성에 관한 논의는 한국에서도 진행 중이다. 10년이 넘도록 원전 사고의 심각한 후유증에서 회복하지 못하는 후쿠시마의 현주소에 귀를 기울여야 하는 이유는 충분하다. 백은 말한다. 누구도 안전할 수 없는 시대에는 '불안'이야말로 사람들의 연대를 이끌어 내는 힘이라고. 위험사회를 살아가는 우리에게 후쿠시마의 교훈은 결코 작지 않다.

'어떤 집을 살까?'가 아닌
'어떤 집에 살까?'
일본의 부동산 사정

한국에서 집값은 늘 가장 핫한 이슈이다. 누구는 부동산으로 큰돈을 벌었다고 하고, 또 누구는 부동산 때문에 빚더미에 앉았다고도 한다. 살 집을 마련할 돈이 없어서 결혼을 마다하는 젊은이도 적지 않고, 부동산으로 벼락부자가 된 지인 때문에, 안정적으로 살면서도 박탈감에 시달린다는 사람도 있다. 대통령 선거에서도 집값은 중요한 키워드이다. 후보들은 앞다투어 부동산 정책을 내놓고, 이에 대한 판단이 지지 후보를 선택하는 결정적인 요인이 되기도 한다.

집 문제에 관한 한 일본은 사정이 많이 다르다. 1980년대에 도쿄, 오사카 등 대도시를 중심으로 부동산 가격이 폭등했던 이른바 '버블 경제' 시기도 있었다. 하지만 1990년대에 거품이 꺼지면서 자산 가격이 급락했다. 다소간의 오르락내리락은 있었지만 이후

수십 년 동안 완만한 하락세를 그려왔다. 경기 부양책과 도쿄 올림픽 특수 덕분에 부동산 경기가 반짝 호황을 맞기도 했는데, 이 역시 도쿄의 도심부 등 극히 일부 지역에 한한 이야기이다. 부동산 매매 절차도 꽤 복잡하고 수수료 등의 비용도 한국의 몇 배나 든다. 그러다 보니 개인이 집을 사고팔면서 자산을 불려나가는 경우는 흔치 않다.

투자 가치보다는
거주환경이 선택의 이유

— 일본에서는 주택이나 아파트(일본에서는 한국의 '아파트'를 맨션이라고 한다. 일본에서 '아파트'라고 하면 목조로 된 저층 공동주택을 뜻

한다)는 시간이 지날수록 낡은 집이 되어가는 만큼 지속적으로 가격이 하락하는 것이 일반적이다. 직장인들은 수십 년에 걸쳐 상환하는 대출을 받아 집을 사는데, 대출금을 모두 갚을 즈음이면 집값은 절반 정도로 쪼그라들어 있을 것을 각오해야 한다. 그렇다 보니 주택을 구입할 때에 투자 개념으로 접근하지 않는다. 나이가 든 뒤에 살고 싶은 곳에 집을 사 보금자리를 꾸린다. 딱히 정착하고 싶은 곳이 없을 때에는 임대도 방법이다.

물론 그런 와중에도 부동산으로 돈을 버는 사람도 없지는 않은 것 같다. 다만, 많은 일본인들에게는 '어떤 집을 살까buy?'라는 부동산 문제보다 '어떤 집에 살까live?'라는 거주의 문제가 훨씬 더 중요한 화두이다.

자본주의사회에서는 '어떤 집에 살까?'라는 문제 역시 경제적인 요인에서 완전히 자유로울 수 없다. 일본에서도 대도시의 고가 주택에 사는 사람들은 소득이 높거나 자산이 넉넉하기 마련이고, 집값이 다소 저렴한 교외에 사는 주민은 중산층일 확률이 높다. 다만, 어디에 살든 어차피 집값은 떨어진다는 전제는 동일하다. 고가의 고급 주택에 거주한다는 것은 비싼 주거 비용을 감당할 만한 여유가 있다는 뜻일 뿐, 부동산 덕분에 자산이 늘어날 가능성은 희박하다.

예를 들어, 일본의 큰 부동산 회사가 매년 조사해 발표하는 '간토 지역(도쿄 및 수도권을 중심으로 하는 일본 열도 동쪽 지역)에서 살고 싶은 동네 랭킹' 1위는 몇 년째 요코하마이다. 도쿄의 중심부에서 다소 벗어난 기치조지나 사이타마현의 오미야 등도 늘 베스트 5에 포함된다. 이런 지역들에 대규모 재개발 프로젝트 등 부동산 값을 견인할 만한 조건은 없다. 병원, 상점, 쇼핑몰 등 편의 시설이 잘 갖추어져 있다거나, 큰 공원이 주변에 있다거나, 다양한 문화를 즐길 수 있다는 등 거주환경이 좋아서 선택을 받은 지역들이다.

주거 스타일을
스스로 '디자인'하다

— 벌써 몇 년째 도쿄와 나가노현을 오가면서 '두집살이'를 해온 친구가 있다. 프리랜서로도 충분히 생계를 꾸릴 수 있는 전문 직종에 종사하는 그는 도쿄에서는 도심에서 멀지 않은 셰어하우스에 거점을 마련하고, 신칸센(일본의 고속철도)으로 한 시간 남짓 걸리는 나가노현의 산골에도 허름한 일본식 가옥을 한 채 빌렸다.

일이 있을 때에는 도쿄의 셰어하우스에 머무르지만, 일주일 중 절반은 시골집에서 고즈넉하게 생활한다. 시골집은 주인의 취향에 따라 소박하지만 꽤 멋들어진 스타일로 꾸며놓았다. 마당이 널찍하고 방이 많은 그의 집에 다 같이 몰려가서 하룻밤 실컷 놀다온 적도 있다. 사교적인 성격의 친구는 누구든지 금방 친해지는 '인싸'여서, 도쿄의 셰어하우스에서는 동네 식사 모임이나 주말 이벤트에 참여하고, 시골집에서는 취향이 맞는 동네 사람들과 힘을 모아 벼룩시장이나 로컬 축제를 함께 조직한다.

그가 두집살이를 선택한 이유는 간단하다. 정기적으로 출퇴근할 필요가 없는 직업의 이점을 살려, 도시와 시골 생활의 장점을 모두 누리려는 것이다. 도시와 시골을 오가는 '이중의 삶'이 꽤 즐길 만해서, 아예 그 시골집을 구입할 계획도 있단다.

한국에서는 셰어하우스라고 하면 자유분방하고 주머니 사정이 넉넉지 않은 젊은이들이 일시적으로 머무는 곳으로 많이들 생각하지만, 일본에서는 꼭 그렇지도 않다. 도쿄의 셰어하우스를 거점으로 쓰는 그 친구는 40대 독신남이다. 그의 말에 따르면, 셰어하우스에 젊은이가 많이 입주하는 것은 사실이지만 젊은이의 문화가 셰어하우스의 분위기를 독점하는 것은 아니어서 쉽게 어우러질 수 있었다고 한다.

이 친구와 같은 자유분방한 두집살이는 일본에서도 '튀는' 스타일이라는 점은 분명하다. 일본 역시 전체적으로는 직장 출퇴근이나 자녀 교육 등을 위해 안정적인 주거 형태를 선호하는 분위기가 있다. 하지만 개인의 진로와 취향을 고려해 자신의 주거 스타일을 스스로 '디자인'한다는 사고방식도 낯설지 않다. 의외로 다양한 주거 형태와 거주 스타일이 존재한다.

코로나 팬데믹의 사회적 영향이 본격화되면서 도시를 떠나 교외나 지방으로 이주하는 사례가 늘고 있다는 보고도 있다. 일본 정부의 발표에 따르면 2021년에 도쿄에서 다른 지역으로 이사한 전출자 수가 다른 지역에서 도쿄로 유입된 전입자 수보다 많았다. 내국인 집계로는 1990년대 중반 이후 처음이다. 코로나 팬데믹이 장기화하는 상황과 무관치 않을 것이다. 코로나19 사태의 직격탄을 맞아 실직하는 등 어려움에 처해 어쩔 수 없이 귀향한 사례도 적지 않을 것이다.

그런데 재택 근무나 원격 근무가 가능한 업종에서 일해서, 코로나 사태로 인한 타격이 적은데도 도시를 떠나 교외로 이주한 경우가 꽤 있다고 한다. 생활비가 비싸고 감염 위험이 높은 도시를 떠나 자연 친화적인 교외에서 살고 싶다는 수요가 커지고 있는 것이다. 코로나19 사태를 계기로, 한 지역에 붙박이로 눌러앉는 주거 형태에 대한 선호도가 더욱 낮아질 것이라는 전망도 나온다.

집에 관해 새로운 질문을 던질 때

— 일본처럼 수십 년 동안 부동산 가격이 완만하게 하락하거나 정체되는 현상을 '장기적인 침체'라는 부정적인 뉘앙스로 묘사하는 경우가 많다. 지속적인 경제성장을 지향하는 거시적 모델에서는 그렇게 보일 수도 있다. 하지만 개인의 입장에서는 집값이 안정되는 만큼 긍정적인 측면도 있다. 부동산으로 큰돈을 벌 수 있는 (혹은 잃을지도 모르는) 기회는 없겠지만, 널뛰는 부동산 시장에 좌지우지되지 않고 내 집 마련을 위한 계획을 차근차근 실천할 길이 열린다. 또 개인의 취향과 가치관에 맞게 삶의 방식을 모색할 수도 있으니, 문화적 다양성이라는 점에서도 바람직하다.

한국에서는 집값이 오르면 오르는 대로 아우성이고, 내리면 내리는 대로 걱정인 상황이 오랫동안 계속되었다. 언젠가 부동산 거품이 꺼질 것이라는 경고가 나온 지도 한참 되었다. 한편, 젊은 층에서는 다양한 주거 스타일에 대한 실험도 활발하다고 한다. 천편일률적인 도시 생활에서 벗어나 시골에서 '한달살기'를 한다든가, 일찌감치 귀농이나 귀촌을 실천하는 젊은이도 늘고 있다고 한다. 한국의 부동산 문제가 앞으로 어떻게 전개될지는 누구도 모를 일이다. 다만, '어떤 집을 살까?' 대신 '어떤 집에 살까?'라는 질문을 진지하게 던져볼 때가 되었다는 생각은 든다.

'성차별'인가, '성 차이'인가?

성역할 고정관념을 보는
일본 사회의 시각

"여성은 말이 많아 회의가 오래 걸린다"라는 발언으로 도쿄 올림픽 조직위원회 회장이 사임하는 소동이 있었다. 사임한 모리 요시로森喜朗 전 회장은 이전에도 차별적 발언 때문에 여러 차례 문제가 되었다. "출산하지 않은 여성을 세금으로 뒷바라지할 필요가 없다"라는 실언을 한 적도 있어서, 성별에 대한 왜곡된 신념으로 일생을 살아온 인물인가 싶다. 그의 성차별적 발언이 국제적으로도 비난 여론을 불러일으키면서 일본 사회도 들끓고 있다. 시대착오적인 정치인이 권력을 차지하는 사태에 대해 시민사회가 반성해야 한다는 이야기도 나온다.

　일본의 매스미디어 역시 이번 소동을 큰 문제로 보도하고는 있는데, 공적·사회적 책임을 시사하는 '성차별'이라는 단어 대신 '여성 멸시'라는 미묘한 뉘앙스의 단어를 쓰고 있다. 마치 그의 발언

이 사적인 일인 양 선을 긋는 인상이 있다. 내게는 이 점이 영 석연치 않다.

한국과 일본, 꼴찌를 다투는
양성평등 지표

━ 한국과 일본은 OECD 가입국 중 성별 임금 격차가 매우 큰 두 나라(2017~2020년 기준 OECD 성별 임금 격차는 한국이 31.5퍼센트로 꼴찌, 일본이 22.5퍼센트로 꼴찌에서 세 번째[•])이다. 다른 선진국과 비교하면 일하는 여성의 노동 조건이 남성에 비해 현저히 떨어

● https://data.oecd.org/earnwage/gender-wage-gap.htm.

진다는 뜻이다. 실제로 한국과 일본에서 직장 생활을 해본 경험에 비춰보아도, 두 나라 공통으로 일하는 여성이 차별받는다고 느낄 만한 점이 많았다. 능력이 있어도 여성에게는 조직에서 중요한 업무가 잘 주어지지 않을뿐더러, 여성이 꾸준히 전문성을 쌓을 수 있는 사회적 환경도 제대로 갖추어지지 않았다. '남자는 직장에서 돈을 벌고 여자는 집에서 가정을 돌본다'라는 고정관념이 여전히 강하다.

예전에 비해 삶을 살아가는 방식이 다양해진 만큼, 이런 사고방식이 반드시 여성의 사회적 역할을 축소한다고 볼 수만은 없다. 남자라고 모두 직장 생활을 원하는 것도 아니고, 남녀를 불문하고 자신의 의지로 가정을 돌보는 일에 전념하고 이에 만족하는 경우도 적지 않다.

그럼에도 남자보다 여자가 사회 활동을 하면서 크고 작은 장애에 더 많이 부딪히는 것은 여전한 현실이다. 예를 들어, 남자는 가사일에 충실하면 칭찬을 받지만, 여자는 직장일에 충실하면 '전문성이 있다'라는 칭찬을 듣기보다 '가정을 내팽개쳤다'라는 비난에 시달리기 쉽다. 결국 이런 사회적 분위기가 한일의 낮은 양성평등 지표에도 반영되었을 것이다.

한국이나 일본이나 직장 여성이 부딪히는 벽은 크게 다르지 않다. 취업이나 승진 등에서 공공연한 차별도 존재할 뿐 아니라, 여성에게 불리할 수밖에 없는 암묵적인 벽이 높다. 여성은 직장이 있어도 결혼 후 출산, 육아 등 가사일을 전담하는 경우가 많고, 그

것이 원인이 되어 직장에서 중요한 업무를 못 맡기도 한다. 여성이 고위직에 오르는 일도 드물다. 그나마 전문직에서 승승장구하는 여성은 가정을 돌보는 부담이 적은 독신이 대부분이다.

한국에서는 이런 현실을 극복해야 한다는 목소리가 높고, 특히 당사자인 여성들이 나서서 스스로의 사회적 지위를 개선하기 위해 노력하는 움직임이 있다. 일본에서도 '남존여비'는 극복해야 하는 적폐 중 하나로 자주 언급되고 있는데, 정작 당사자인 여성을 포함해 일본 사회가 이 문제를 받아들이는 방식은 약간 이질적이다.

성역할에 대한 고정관념은 '차별'인가, '차이'인가?

— 얼마 전 오랜만에 일본인 친구와 수다를 떨었다. 그녀와의 친분은 오래되었다. 대학 시절에 서로 알게 되어 30년 가까이 교류해 오고 있다. 그녀는 외국어 학부를 졸업한 뒤 오사카에 근거지를 둔 무역 회사에서 바이어로 일했지만 결혼한 뒤 전업주부가 되었다. 남편이 회사에서 요코하마로 발령받는 바람에 회사를 다닐 수 없게 되었기 때문이었다. 이후 두 아이를 출산하고 육아에 전념하면서 취업의 길은 더 멀어졌다.

그러던 친구가 이번에 재취업 소식을 전해 왔다. 두 아이가 중고생이 되어 다시 일할 수 있게 된 것은 기쁜 소식이지만, 안타깝게도 10여 년 동안 육아와 가사에만 전념한 그녀에게 전문적인 업무를 할 기회는 주어지지 않았다. 데이터를 입력하는 단순 작업이 대부분인 연구 보조직이란다. 그녀의 멋졌던 커리어 우먼 시절을 잘 아는 나로서는 출산과 육아에 떠밀려 경력이 단절되어 무역 분야의 전문성을 살리지 못한 것이 안타깝다는 생각이 먼저 들었다.

하지만 친구는 자신의 상황을 좀 다른 방식으로 읽고 있었다. 여성이 직장 생활을 계속하기에 사회적 환경이 불리하다는 점에는 동의하지만, 전업주부의 길을 가기로 한 것은 자발적 선택이었다는 것이다. 친구의 말에 따르면 무역업이 적성에 잘 맞았고 일도 재미있었지만 자녀를 출산하는 것은 여성만이 할 수 있는 일인 만큼 자신의 선택에 후회는 없다는 것이다. 그녀는 스스로의 상황을 사회의 부조리라기보다는, 여성이므로 감내해야 하는 조건으로 이해하고 있었다.

일본에서는 남성과 여성으로 구분되는 성역할을 남녀 간 신체적, 문화적 차이 때문에 생기는 필연적 결과라고 보는 시각이 강하다. 고등교육을 받은 여성이 '경력단절녀'로 살아갈 수밖에 없다면, 한국에서는 성차별적이라고 성토할 만한 상황이지만 일본에서는 당사자조차도 어쩔 수 없는 남녀의 차이라고 온건하게 정당화하고 마는 경향이 있다.

예를 들어, 일본의 디지털 대사전에 당당하게 수록된 '여자력女子力'이라는 신조어가 있다. '여성이 자신의 삶을 향상시키는 능력, 혹은 여성이 자신의 존재를 나타낼 줄 아는 능력'이라고 그럴싸하게 정의되어 있지만, 구체적인 내용을 보면 참으로 난감하다. '자신을 아름답게 가꿀 줄 아는 미의식', '철저한 자기 관리', '부드러운 말솜씨', '요리 솜씨를 가꾸는 것' 등 남성의 구미에 맞는 여성을 묘사하는 항목으로 가득 차 있기 때문이다.

　여자력이라는 단어는 2000년대 초반, 여성 대상의 패션잡지 등에서 유행시키기 시작했다. 젊은 여성층을 중심으로 거부감 없이 받아들여졌고, 2009년에 그해의 유행어 대상 후보에 오른 뒤 지금까지도 자주 회자된다. 일부에서는 성차별적이라는 비판도 있다. 하지만 이 개념을 옹호하는 측에서는, 여성의 고유한 장점을 살리기 위한 전략적 방향성을 뜻하는 것이지, 남성에게 어필하기 위한 방법을 의미하는 것이 아니라고 설명한다. 여자력이 지향하는 바는, 남성을 통해 자기실현을 꾀하는 전근대적인 여성상이 아니라, 오히려 적극적으로 사회 활동을 하면서 매력을 발산하는 현대적인 여성상이라는 것이다.

　내게는 이런 이야기가 남성에게 매력을 인정받음으로써 비로소 여성이 사회적 지위를 획득할 수 있다는, 지독하게 성차별적인 주장으로 들린다. 하지만 많은 일본의 여성들이 사회생활에서 여성 고유의 장점을 활용해야 한다는 이 조언에 기꺼이 귀를 기울인다. 이 역시 남녀의 사회적 역할을 바라보는 하나의 생각인 만큼, 그것만으로 비판할 만한 일은 아니다. 개인의 삶을 충실하게 영위하기 위한 인생관으로서는 이점도 있을 것이다. 하지만 그런 안이한 상황 인식이라면 남녀의 성역할에 대한 뿌리 깊은 고정관념 때문에 좌절하는 이들의 삶이 더 나아질 수 있겠는가 하는 의구심도 든다.

한일 모두 양성평등 사회를 만들기 위한 '해답'을 찾는 것이 과제

— 한국과 일본이 양성 불평등이라는 공통의 과제에 접근하는 방식은 좀 다른 듯하다. 일본 사회에서는 전체적으로 남녀 간의 신체적, 문화적 차이에 대한 결정론적 사고방식이 비교적 폭넓게 받아들여지고 있다. 이런 사고방식이 여성에게 과도하게 배려와 양보의 짐을 지우고 억압을 합리화하는 듯 보인다.

이에 비해, 한국 사회에서는 남녀의 성역할에 대한 구분이 그 자체로 정치권력적 이데올로기라는 문제의식이 비교적 분명하게 표명되어 왔다. 그렇다 보니 어떨 때에는 군이 맞설 필요가 없는 상황에 대해서도 남녀가 과도하게 대립하기도 한다. 성역할에 대한 고정관념을 타파해야 한다는 문제의식은 공유하면서도 남녀가 서로 편을 먹고 싸우는 듯한 투쟁 구도가 건전한 의견 교환을 막는 듯한 인상도 있다.

사실 성역할에 대한 고정관념을 차별로 볼 것인가, 혹은 차이로 볼 것인가 하는 문제에 '정답'은 없다. 관점에 따라 이렇게 볼 수도, 저렇게 볼 수도 있다. 어찌 보면 그것이 차별인가 차이인가 하는 추상적 논란보다, 성역할에 대한 고정관념이 개인을 억압하지 않는 사회를 어떻게 만들 수 있을지 구체적 방법론을 찾아나가는 것이 더 중요하다. 양성평등 문제는 '정답'보다는 '해답'이 필요하다. 일본도 한국도 아직 그 '해답'을 찾지는 못한 것 같다.

LGBT에 대한
인식이 바뀌고 있다

사회적 소수자의 보편적 인권을 둘러싼
한일 공통의 과제

일본에서 이른바 'LGBT'(레즈비언, 게이, 양성애자, 트랜스젠더를 뜻하는 영어 단어의 앞 글자를 딴 표현으로, 성소수자를 포괄적으로 칭하는 단어)에 대한 사회적 인식이 바뀌고 있는 것을 느낀다. 성소수자에 대한 시선이 많이 유연해졌고, 특히 그들의 인권에 대한 문제의식에 공감하는 젊은 층이 늘어나고 있다. 예전부터 일본의 TV 프로그램에는 게이나 여성으로 성전환을 한 트랜스젠더가 자주 등장했다. 개중에는 상당한 인기를 끌어 연예인으로 크게 성공한 경우도 있었다. 이런 분위기를 접하고 '일본 사회는 원래 성소수자에게 관대하다'라는 인상을 갖는 경향도 있는 것 같다.

하지만 실상은 꼭 그렇다고 할 수 없다. 특정 TV 프로그램에 '괴짜에다 유난스러운 성격인 게이 남성'의 캐릭터가 허용되었을 뿐이다. 그것도 웃음거리나 조롱의 대상으로 삼는 경우가 대부분

사진은 2019년 스페인 마드리드에서 열린 성소수자들의 축제, 퀴어 퍼레이드의 모습이다. 화려한 복장과 기발한 분장을 한 성소수자와 시민들이 함께 어우러져 길거리 축제를 즐긴다.

이어서, 성소수자에 대한 편견을 오히려 강화한다는 비판이 일 정도였다.

그랬던 분위기가 최근에는 조금씩 바뀌고 있다. 게이 커플의 일상을 아기자기하게 각색한 TV 드라마가 큰 인기를 끌었다. 〈어제 뭐 먹었어^{きのう何食べた}?〉라는 동명의 만화가 먼저 인기를 끌었던 작품인데, 변호사나 헤어 디자이너 등 성실한 직업인으로서 평범한 삶을 영위하는 성소수자의 모습이 그려졌다. 중년이 되어 여장의 즐거움을 발견하고 성정체성에 혼란을 겪는 대기업 부장의 스토리를 그린 심야 드라마 〈미우라 부장, 오늘부터 여성이 됩니다^{三浦部長、本日付けで女性になります}〉가 공영 전파를 타기도 했다. 아직 갈 길은 멀지만 매스미디어가 다양한 성소수자의 모습을 묘사하기 시작한 것이다.

무엇보다 변화하는 사회 분위기를 실감케 하는 것은, 지방자치단체를 중심으로 동성 간 파트너십 제도가 속속 도입되고 있다는 사실이다. 성소수자들의 커플을 공식적으로 인정하는 제도로, 2015년 도쿄를 중심으로 하는 일부 지자체에서 처음 도입했다. 지금은 도쿄도 23개구 중 시부야구 등 8개구, 오사카부, 군마현, 이바라키현 등 주변 지자체로 확대되는 모양새이다.

도쿄도도 2022년에 이 제도를 도입하는 방안을 긍정적으로 검토하고 있다. 동성 간의 혼인을 공식적으로 인정하는 것은 아니지만, 공공기관이 배우자 증명에 준하는 서류를 공식적으로 발행하는 만큼 성소수자의 인권에 있어 긍정적인 의미가 있다. 아시아에서는 대만과 태국에서만 동성 간의 결혼이 공식적으로 인정되고 있다. 일본 시민사회는 하루빨리 이 제도가 일본에도 도입되어 성소수자의 인권을 개선하는 계기가 되기를 바라고 있다.[●]

LGBT 문제에 비교적 유연한
개인주의적 사고방식

— 도덕적 집단주의가 강한 한국 사회에 비해, 일본 사회는 사적인 영역에서는 개인의 선택과 취향을 중시하는 개인주의 성향이 강한 편이다. 개인이 누구에게 성적 호감을 느끼는가 하는 문제는 지극히 사적인 사안이다. 그렇기 때문에 이 문제에 공적인 판단을 개입시키는 것은 그 자체로 인권침해라는 생각에 공감하는 일본인이 많다. LGBT와 관련한 사안이 곧잘 동성애에 대한 찬반 논란으로 번지는 한국 사회보다는, 당사자가 감당해야 하는 심리적 장벽이 조금은 낮다.

일본에서도 성소수자가 자신을 드러내는 것은 여전히 어려운 일이다. 가족이나 친구들에게 어떻게 받아들여질지 혹은 직장 등 사회적 관계에 영향을 미치지는 않을지 정신적 부담이 상당하다. 하지만 자신이 게이나 레즈비언이라는 사실로부터 문제의식을

● 2022년 6월, 도쿄도의 동성 파트너십을 인정하는 조례가 도의회를 통과했다. 11월부터 정식으로 실시되는 '파트너십 선서제도'는, 당사자의 프라이버시 보호를 위해 파트너십을 등록하고 증명서를 발급받는 등의 과정을 모두 온라인으로 실행하도록 했다.

발전시켜 독창적인 논문을 쓰는 일본인 연구자를 만날 수 있다. 트랜스젠더라는 자기의 성정체성을 당당히 드러내고 대학에서 '젠더론'을 강의하는 동료도 있다. 한국 사회에서는 좀처럼 일어나기 어려운 일이다.

개인적으로는 이런 일도 있었다. 대학 강의의 첫 수업이 끝난 뒤 한 남학생이 다가와 작은 쪽지를 내게 건네었다. 쪽지에는 실은 자신이 트랜스젠더라는 설명과 함께 '앞으로는 바뀐 남자 이름으로 불러주었으면 좋겠다'라는 부탁이 쓰어 있었다. 그러고 보니 출석을 부를 때에 대답이 없어 결석으로 처리된 여학생이 한 명 있었는데, 성별을 바꾸기 전 그의 본명이 출석부에 등록되어 있던 모양이다. 그의 바람대로 출석부의 이름을 수정했고, 이후 그 학생은 남성으로서 수업에 참가했다. 생기발랄한 태도와 명석한 질문으로 토론 수업에 늘 활기를 불어넣어 준 그 학생에게 고마운 기억이 있다.

물론 일본 사회 전체가 이런 분위기는 아니다. 다만, 연구자 커뮤니티나 대학 등 다양성이라는 키워드를 중시하는 분야에서는 성소수자에 대한 편견이 많이 옅어졌다. 이에 힘입어 성소수자가 조금씩이나마 스스로를 드러내고 건강하게 사회생활을 할 수 있는 여지도 생기고 있다.

문제의 본질은
사회적 약자에 대한 차별

— LGBT 문제에 전향적인 시민사회와는 딴판으로, 일본 정계는 성소수자에 대한 차가운 시선을 거두지 않고 있다. 일본에서는 최근 성소수자에 대한 차별을 금지하는 이른바 '이해 증진 법안'의 입법이 보수파의 강경한 반대에 부딪혀 무산될 위기에 처했다. 2016년 이 법안에 대한 검토가 시작된 배경부터 자연스럽지는 않았다. 성소수자에 대한 인권 의식이 높아졌다기보다는 올림픽 개최국이라는 대외적 명분을 중시한 입법 활동이었기 때문이다. 올림픽 헌장에는 '성적 지향을 포함, 어떤 종류의 차별도 받지 않을 권리'가 명시되어 있다. 올림픽 개최국으로서 이에 부합하는 법을 선포해 모범을 보이겠다는 의도가 있었다.

경위야 어떻든 사회적 약자를 보호하겠다는 취지는 높이 평가할 만하지만, 논의 과정에서 성소수자에 대한 차별과 편견을 조장하는 폭언이 불거지는 등 형편없는 인권 인식이 적나라하게 드러났다. 특히 '차별을 허용하지 않는다'라고 포괄적으로 명시한 법안의 목적에 대해 보수 강경파가 반대하고 나섰다. "과도한 차별금지 운동으로 번지는 것은 바람직하지 않다", "차별의 범위가 명확하지 않아서 의도치 않은 가해자가 생길 수 있다"라는 등 사실상 사회적 차별을 옹호하는 발언이 정치인의 입에서 공공연하게 나왔다. 서로 다른 견해의 합의점을 찾지 못한 채 법안은 결국 총회 안건으로 제출조차 못 되었다. 차별에 고통받는 사회적 약자를 보호하기는커녕 국가가 나서서 차별을 조장하는 결과가 된 것이다.

LGBT 문제를 바라보는 시선이 유연해지고 있다고 해서, 일본 사회의 보편적 인권 의식이 높아졌다고 생각하지는 않는다. 자이니치 코리안在日コリアン(8·15 해방 이후 일본에 남은 한국인과 북한 국적의 조선인을 아울러 부르는 일본어. 이하 '자이니치')에 대한 편견이나 외국인 노동자에 대한 배타적 인식이 좀처럼 바뀌지 않고, 남성과 여성의 사회적 역할을 둘러싼 차별적 관행도 뿌리 깊다. 결국 법안은 무산되었지만, 일본에서 성소수자의 인권 문제가 정치적으로 공론화되었던 것은 그나마 고무적인 측면이 있다. LGBT 사안이 사회적 약자에 대한 차별과 관련되어 있다는 점을 가시화할 수 있었기 때문이다.

종교적 신념이나 가치관 등에 따라 성정체성 문제에 대해 서로 다른 판단과 평가가 있을 수 있다. 다만 이러한 판단의 옳고 그름을 따지는 것이 LGBT 문제의 본질은 아니다. '지극히 사적인 영역에서의 개인적 선택을 문제 삼아 사회적 차별을 정당화해도 좋은가'라는 점이야말로 이 문제의 본질이다.

이 사안에 관한 한 한국 사회도 과제가 적지 않다. 2021년 3월에는 "성소수자의 축제를 반대할 권리를 존중해야 한다"라는 정치가의 발언이 알려진 뒤 얼마 되지 않아, 퀴어 문화 운동을 이끌던 활동가가 극단적인 선택을 했다. 성전환 수술을 받은 뒤 군에서 강제 전역 조치를 당한 트랜스젠더 운동가도 스스로 세상을 등졌다. 사회적 차별이 어떤 이에게는 목숨을 끊을 정도의 고통이 된 것이다. 모든 사람은 사적인 선택을 존중받을 권리가 있다. 적어도 이 문제에 대해서는 일본 사회의 '지극한 개인주의'에 참고할 점이 있지 않겠는가?

연애에 시큰둥한 일본의 젊은이들

"연애가 행복의 본질은 아니다", 변화하는 연애관

일본 젊은이들의 소극적인 연애 풍조는 어제오늘 시작된 것이 아니다. 예를 들어, 이미 10여 년 전에 '초식남草食男'이라는 신조어가 나올 정도였다. 초식남은 일본의 한 문화평론가가 만든 말인데, 연애와 완전히 담을 쌓지는 않았지만 상대방에게 적극적으로 들이대지도 않는 남성을 일컫는다. 한국에서도 연애에 관심을 보이지 않는 남성을 초식남이라고 부르는 것을 심심치 않게 들었다.

TV 인기 드라마에서 시작된 '건어물녀干物女'라는 요상한 단어도 있다. 세상만사가 귀찮은 '귀차니즘' 때문에 연애를 포기한 젊은 여성을 뜻하는데, 연애 세포가 건어물처럼 바싹 말랐다는 재치 있는 비유를 담은 말이다. 초식남만큼 자주는 아니지만 이 말 역시 한국에서 은근히 회자되고 있다. 젊은이들이 연애에 목숨을 걸지 않는 풍토는 한일 공통인 듯하다.

　일본의 젊은이들은 왜 연애를 하지 않을까? 2020년 도쿄대의 한 연구팀에서 일본 성인 남녀의 연애 동향을 분석해 발표한 결과를 참조해서 살펴보자.● 지난 30년간 18~39세의 미혼 남녀 중 이성 교제를 하지 않는 사람의 비율은 착실히 증가했다. 2015년 기준으로 30대 미혼 남성 세 명 중 한 명, 미혼 여성 네 명 중 한 명이 연인이 없는 것으로 조사되었다. 일본 젊은이들의 '초식화'가 실제로 진행 중임이 사실로 확인된 것이다.

　분석 결과 중에는 일반적인 인식을 뒤엎는 내용도 있었다. TV 광고 등에서는 싱글라이프가 개인적으로 좋아하는 일에 몰두하

●「日本成人における草食化(異性間交際及び交際への感心の有無)の傾向及び関連する因子について〜出生動向基準調査の分析, 1987−2015年〜」(東京大学大学院医学系研究科 国際保健学専攻国際保健政策学分野 上田ピーター 等, 2020)를 참조했다.

며 즐거움을 추구하는 화려한 모습으로 그려지기 일쑤이다. 그런데 조사에서는 그와는 정반대의 실상이 드러났다. 남녀 모두 수입이 적고, 학력이 낮으며, 직장이 불안할수록 싱글이 많았다. 즉, 많은 젊은이가 경제적인 궁핍과 생활에 대한 불안감 때문에 연애도 못 하는 독신으로 내몰리고 있다는 것이다. 이 연구 보고서는 고용 기회의 개선을 통해 젊은 층의 경제적 불안정성을 해소함으로써 젊은이의 연애 기피 현상을 해결할 수 있다고 조언한다.

변화하는 연애관, "연애를 '못' 하는 게 아니라 '안' 하는 것"

— 일본 젊은이들이 경제적 궁핍 때문에 원치 않은 싱글로 내몰린다는 분석을 어느 정도는 납득한다. 당장 생활이 불안정한데 연인을 만나 사랑을 속삭일 여유가 생기겠는가? 다만, 고용의 불안정성이 해소되고 경제적으로 여유가 생기면 젊은이들이 다시 연애 전선으로 복귀하리라는 낙관적 해법에 100퍼센트 수긍하기는 어렵다. 경제적인 요인이 큰 영향을 미치는 것은 분명하지만, 그것만으로 설명하기 어려운 측면도 있기 때문이다.

사실 일본의 많은 대학생이 "연인이 없어 아쉽다"라기보다는 "연인의 필요성을 느끼지 않는다"라고 말한다. 누군가와 교제하기 위해 노력을 기울이지도 않고, 그 결과 연인이 없다는 사실에 큰 불만도 없다. SNS에는 언제 어디서든 관심사를 공유하는 디지털 인맥이 존재한다. 온라인 커뮤니티에서 정서적으로 공감하는 이들과 친밀하게 교류할 수도 있다. 때때로 밖으로 불러낼 오프라인 친구가 있으면 금상첨화지만, 온라인 공간에서만 활동해도 외로움을 곱씹을 시간이 길지 않다. 결과적으로 연인이 없어도 고독하지 않고, 연애를 하지 않아도 충분히 즐겁고 바쁘다. 그들의 입장에서는 연애를 '못' 한다기보다는 연애를 '안' 하는 것이다.

한편, 연애를 부담스럽고 불편하게 생각하는 경향도 있다. 상대방과 친밀한 관계를 지속하기 위해서는 노력을 기울여야 하는데, 그럴 만한 의지가 잘 생기지 않는다는 것이다. 졸업 논문을 지도했던 한 학생은 "연인이 생기면 살도 빼고 화장을 해야 하는데, 그런 일들에 소질도 없고 힘을 쏟고 싶지 않다"라고 말했다. '여자는 남자를 위해 꾸며야 한다'라는 전근대적인 이성관은 뜻밖이었지만, 여행과 사진 찍기를 좋아하는 그녀의 발랄하고 활동적인 성격을 생각하면 고개가 끄덕여졌다.

그녀는 학기 중에 부지런히 아르바이트를 해서 돈을 모으고, 방학 때에는 다른 나라로 출사 여행을 떠나곤 했다. 이런 취미 활동을 잘 이해해 주고, 혹은 함께 할 수 있는 상대를 찾기는 쉽지 않을 것이다. 처음에는 좋은 감정에서 시작해도 연애를 하다 보면 생각지도 않은 고민이 줄줄이 생기기 마련이다. 자기 나름의 방식으로 충실하게 행복을 추구하는 젊은이에게 험난한 연애의 길을 경험해 보라고, 굳이 권할 이유가 있겠는가?

사실 연애도 수많은 사회관계 중 하나일 뿐이다. 가족 관계에서 심리적 안정감을 얻고 친구 관계에서는 사회적 소속감을 얻는다. 사회적 교류의 폭이 제한적이었던 과거에는 연인 관계가 타인과 정서적 친밀감을 쌓을 수 있는 드문 기회였다. 그런데 지금은 어떤가? 온라인 공간에서 자신의 입맛과 사정에 맞게 사회관계를 설계하고 운영할 수 있다. SNS에서 친구를 사귀고, 온라인 커뮤니티에 고민 상담을 하며, 15초짜리 짧은 영상 클립에서 세상사를 배운다. 배타적이고 끈끈한 연인 관계를 통해 얻는 상대적 만족감이 예전 같지 않은 것이다. 게다가 코로나19 사태로 오프라인 공간에서의 만남과 사회적 교류는 더욱 줄었다. 팬데믹 사태는 언젠가 종지부를 찍겠지만, 앞으로도 연애의 필요성이 와닿지 않는다는 젊은이가 늘면 늘었지 줄지는 않을 듯하다.

젊은 세대가 추구하는 행복의 본질

— 연애라는 지극히 사적인 사안이 사회적인 관심사가 된 배경에는, 현대사회의 근간인 결혼 제도가 위협받고 있다는 위기의식이 있다. 10여 년 전에 65세 이상 인구 비율이 20퍼센트가 넘는 '초고령화 사회'에 진입한 일본에서 젊은 층의 비혼과 저출생은 심각한 문제로 인식되고 있다. 한국과 마찬가지로 일본에서도 결혼과 출산을 '패키지'로 생각하는 경향이 있다 보니, 자연스럽게 젊은이들이 연애에 무관심한 사정에 대해 우려가 터져 나온다.

하지만 연인이 없다는 이유 때문에 삶의 자세가 무기력하다는 잔소리를 듣고, 결혼과 출산을 선뜻 실행하지 않는다는 이유 때문에 무책임한 성인이라며 손가락질을 받을 이유는 없다. 인생의 반려자를 찾고 행복을 추구하는 방식은 개인의 취향과 선택에 온전히 맡겨진 사적 영역이기 때문이다. 이대로는 사회가 존립할 수 없다는 기성세대의 위기의식을 모르는 바는 아니지만, 개인적인 삶의 방식이 다르다고 비판하는 것은 부당하다.

일본의 젊은이가 처한 현실과 다른 점도 많지만, 연애를 행복과 자아실현의 필수 조건이라고 생각하지 않는 경향은 한국의 젊은이들도 마찬가지이다. 사실 저출생으로 인한 인구 절벽의 위기는 일본보다 한국이 더 심각하다. 결혼과 출산을 가로막는 장벽을 낮추는 것을 목표로 삼은 정책도 쏟아지고 있다. 이런 정책 자체를 문제 삼고 싶지는 않다. 지속 가능한 사회를 고민하는 것은 기성세대의 임무이기 때문이다. 다만, 이런 정책이 단지 결혼율 혹은 출산율을 높이는 것에만 급급해서는 안 된다는 문제의식이 있다. 경제적 어려움 때문에 결혼을 '못' 하는 엄중한 상황을 힘을 모아 해결해야 한다는 당위성은 의심할 여지가 없다.

하지만 그렇다고 해서 결혼이나 출산을 '안' 하겠다는 이들을 문제시하는 것은 바람직하지 않다. 그보다는 사적인 결정의 다양성을 인정하고 누구나 행복을 추구할 수 있는 사회를 만드는 것이 중요하다. 아기를 낳고 기르기 좋은 사회를 만드는 것만큼, 오로지 결혼만이 연애의 종착역이 아닌 사회, 출산이 결혼의 조건으로 받아들여지지 않는 사회를 만드는 것도 중요하다.

일본의 젊은이들은
왜 소비를 멀리할까?

'제로의 소비문화'를 추구하는
새로운 흐름

일본의 젊은이들은 소비에 소극적이다. 자동차나 고가의 명품을 사겠다는 의지도 없고, 맛집을 찾아다니는 외식에도 큰 열정을 보이지 않는다. 과거 샐러리맨의 꿈이었던 해외여행에도 무관심한 편이고, 1980년대 말에서 1990년대 초반의 '버블 시대'(일본 사회에서 호경기가 계속되고 자산 가격이 급등하면서 과잉 소비가 사회현상이 되던 시기를 뜻한다. 1990년대에 급격히 경기가 악화되면서 '버블 붕괴'를 맞는다)를 상징하는 무절제하고 호탕한 음주 문화에는 되레 비판적이다. 실제로 소비 통계를 보면, 젊은 층의 자동차 보유율은 떨어지는 추세이다. 명품이나 해외여행 같은 사치성 소비에 대한 선호도 높지 않다.

대학생들과 이야기를 나누어 보면, 자동차를 열혈 취미로 삼은 마니아는 있어도 언젠가 차를 꼭 사겠다는 젊은이는 드물다. 렌터

카를 이용하면 되지, 굳이 내 차를 살 필요가 있겠느냐는 의견이 우세하다. 사실 일본에서 자기 차를 유지하는 데에 돈이 꽤 든다. 맨션이나 아파트 등 공동주택에서도 매달 몇만 엔이 넘는 주차장 이용료를 추가로 부담해야 하고, 자동차 검사 비용이나 세금도 한국보다 훨씬 비싸다. 그럼에도 과거에는 '마이 카'를 구입하는 '플렉스'(자기만족이나 자기 과시를 위해 값비싼 물건을 구입하는 일)를 하는 젊은이가 적지 않았다는 것이니, 더 비싼 것, 더 좋은 것을 소비하고 싶다는 욕망이 일본의 고도 경제성장을 이끌어 온 저력이라고 할 수도 있겠다.

구루마 바나레, 알코올 바나레, 해외여행 바나레

— 실제로 버블 시대를 직접 경험한 세대로부터 이야기를 들으면, 당시 일본 사회에 팽배했던 과시적인 소비문화는 상상을 초월한다. 1990년대 초에는 평범한 대학생 연인이 크리스마스이브를 위한 데이트에 쓴 비용이 최소한 약 20만 엔, 한국 돈으로는 200만 원에 달하는 거금이었다고 한다. 근사한 레스토랑에서 값비싼 샴페인을 곁들여 식사를 하고, 최고급 호텔 스위트룸에서 하룻밤을 보내는 것이 서로의 사랑을 확인하는 방법이었다는 것이다. 또, 대기업에서는 직원뿐 아니라 가족을 모두 대동하고 온천 시설이 구비된 고급 료칸旅館(일본 전통 양식의 숙박 시설)으로 단체 연수회를 가곤 했다. 직원 단합을 위한다는 명목이 있지만, 실제로는 직원 가족까지 모두 함께 고급스러운 연회를 즐기는 대단히 소비적인 관행이었다.

버블 시대와 같은 과시적 소비는 많이 수그러졌지만, 예로부터 지금까지 활발한 소비 활동은 일본 경제의 지지대 역할을 해왔다. 그러다 보니, 일본 젊은이들의 식어버린 소비 욕망에 대해 걱정들이 많다. 젊은이들의 이른바 '바나레'('멀리하다'라는 뜻의 일본어 '離れ'의 훈독) 현상이 자주 회자된다. 자동차를 사지 않는 '구루마(자동차를 뜻하는 '車'의 훈독) 바나레', 술을 마시지 않는 '알코올 바나레', 열도 밖 세계로 눈을 돌리지 않는 '해외여행 바나레' 등의 말에는 젊은이들의 소극적인 소비에 대한 우려가 고스란히 드러나 있

다. 일본의 기성세대에게 적극적인 소비 활동은 더 좋은 삶을 위해 노력하는 도전 정신을 의미했다. 그들에게는 소비하지 않는 요즘 젊은이들의 태도가 무기력함으로 비추어지는 것이다.

지금의 시대정신에 맞는
담백한 소비

 일본의 젊은이들은 왜 소비하지 않을까? 누구나 쉽게 예상할 수 있는 답변은 '돈이 없기 때문'일 것 같다. 비싼 차나 고가의 명품을 갖고는 싶으나 그럴 만한 여유가 없다는 것이다. 실제로 젊은 층의 절제된 소비를 장기적 불황과 디플레이션으로 인한 위축 효과로 분석하는 의견이 지속적으로 제시되어 왔다. 그런데 이 경제적 가설은 의외로 근거가 희박하다.

계속된 불황으로 양질의 직장이 줄어든 것은 사실이고, 결과적으로 일본 젊은이들의 지갑 사정이 썩 좋지는 않다. 하지만 젊은이들의 지갑이 얇은 것이 어제오늘의 일은 아니다. 사회 경험이 적은 젊은이들은 어느 사회에서나 필연적으로 상대적 빈곤층이기 마련이다. 특히 요즘 젊은이들이 돈이 없기 때문에 소비하지 않는다는 주장이 성립하려면, 과거의 젊은이들보다 지금의 젊은이들이 쓸 돈이 없다는 것을 입증해야 한다.

그런데 통계 지표는 정반대의 상황을 가리킨다. 요즘 젊은이들의 가처분소득은 과거보다 증가했다. 일하는 여성이 늘어난 한편, 독신을 선택하거나 결혼을 늦추는 경향이 두드러지면서 남녀 불문 원하는 대로 돈을 쓰는 '생활 자유도'도 높아진 것으로 조사되었다. [•] 요즘의 일본 젊은이들이 '돈이 없기 때문에 소비하지 않는다'라는 가설은 설득력이 부족하다.

다음으로 생각하기 쉬운 답변은 '미래가 비관적이기 때문에 소비보다 저축을 택한다'라는 심리적 관점에서의 설명이다. 앞으로 더 살기 어려워질 것이라는 비관적 전망 때문에, 젊은이들이 당장의 소비 대신 현금을 비축하는 보수적인 선택을 한다는 것이다. 실제로 일본의 20대들과의 술자리에서 '복권이 당첨되어 갑자기 큰돈이 생기면 무엇을 할까?'라는 화제가 나온 적이 있다. 새로운 사업에 도전한다든가 내 가게를 열겠다든가 하는 패기만만한 이야기가 나올 줄 알았더니, 입을 맞춘 듯 '돈을 은행에 넣어놓고 두고두고 생활비로 쓰겠다'라는 김빠지는 답변이 돌아왔다.

이들의 선택이 소극적인 소비 행동이라는 점에는 이견이 없다. 하지만 요동치는 글로벌 경제, 빈발하는 자연재해, 글로벌 팬데믹 위기 등 격변하는 시대의 동시대인으로서 충분히 공감할 수 있는 생활 전략이기도 하다. 어떻게 보자면 버블 시대의 젊은이들이 자동차나 고가의 브랜드를 구입하는 배짱을 부릴 수 있었던 것은, 세상이 더 좋아질 것이라는 낙관적인 전망이 팽배했던 시대였기 때문이다. 당시 일본 경제가 줄곧 성장 가도를 달리고 있었기 때

● 일본 총무성 '전국소비실태조사' 결과(https://www.stat.go.jp/data/zensho/2014/index.htm)를 참조했다.

문에, 젊은이들도 도전 정신을 발휘할 수 있었다. 그런 점에 주목한다면, 지금의 젊은이들이 버블 시대처럼 과시성 소비에 편승하지 않는 것을, '도전 정신이 없다'라고 평가절하 할 일은 아니다.

어떻게 보자면 많은 일본의 젊은이들이 선택하는 실용적이고 담백한 소비가 지금의 시대정신에는 더 잘 맞는다. 젊은이들이 새 차를 구입하지 않는 것은 멋진 차를 굴려보겠다는 패기가 없어서가 아니다. 필요에 따라 렌터카를 활용하는 것이 더 합리적이고 환경친화적이라고 생각하기 때문이다. 명품 소비에 큰 매력을 느끼지 못하는 것은 브랜드보다 나만의 개성을 더 중시하기 때문이다. 외식에 애먼 돈을 쓰지 않으려는 것은, 반조리식품을 활용하면 집에서도 훌륭한 식사를 할 수 있기 때문이다. 주변 분위기에 휩쓸리기 쉬운 술자리보다는 디저트를 혼자 즐길 때 더 행복하다. 인터넷에서 전 세계의 '신박한' 정보를 늘 접하다 보니 외국에 대한 호기심과 동경도 옅어졌다. 기성세대에게는 도전 정신의 결여인 양 비칠지 몰라도, 젊은이들의 선택은 그들 나름의 문화적 가치를 추구하는 소비 전략이다.

정신적, 문화적 가치를 추구하는 '제로의 소비문화'

— 일본의 한 사회학자는 젊은 층의 이런 소비 전략을 '0(제로)의 소비문화'라고 이름 붙였다.[*] 물질적 풍요로움을 추구하던 기성세대와는 달리, 요즘 젊은이들은 소비를 통해 정신적, 문화적 가

치(예를 들어, 자연환경과의 친화, 채식주의 등)를 추구하는 경향이 있다. 과시적 소비에 대해 비판적이고, 경우에 따라 소비를 포기하는 '반소비주의적' 태도도 나타나는데, 이런 경향 역시 시대상을 반영한 일종의 소비문화라는 것이다. 이들의 새로운 소비 전략이, 기성세대의 왕성한 소비 욕구를 지렛대로 성장한 기업 입장에서는 반가울 리가 없다. 실제로 젊은 층의 소비를 문제시하는 담론은, 자동차 회사나 대형 유통업체의 어려움에 초점을 맞추어 왔다.

하지만 관점만 달리하면 젊은이들의 소극적인 소비 성향은 기후변화나 환경 파괴 등 이 시대의 당면 문제를 의식한 적극적인 행동 전략으로 해석할 수도 있다. 젊은이들의 절제된 소비 행동 속에서 이전과는 다른 문화적 가치가 싹터 부지런히 자라고 있다고 볼 수 있다.

어떻게 보자면, '소비가 미덕'이라는 생각은 고도성장과 버블 시대를 경험하면서 만들어진 고정관념에 불과하다. 산전수전 다 겪었다고 해서 기성세대의 관점이 항상 옳은 것은 아니다. 오히려 경험 속에서 고착화된 관념이, 있는 그대로의 실상을 가리는 장애물이 된다. 구시대의 고정관념을 걷어내지 않으면, 젊은이들의 새로운 소비 취향과 전략을 제대로 파악하고 정당하게 평가할 수 없다. 우리 사회에도 반면교사로 삼을 만한 교훈이다.

●『21世紀の消費: 無謀, 絶望, そして希望』(間々田孝夫, ミネルヴァ書房, 2016)를 참조했다.

중장년이 된 히키코모리

일본이 앞서 경험하는
고령사회 문제를 반면교사로

일본에서는 사회와 담을 쌓고 방에서 나오지 않는 사람을 '히키코모리 ひきこもり('틀어박히다'라는 뜻의 일본어 동사의 명사형)라고 한다. 같은 집에 사는 가족 이외에는 사회적 접촉이 없다. 학교에도 가지 않고 직업도 가지려 하지 않기 때문에 스스로의 힘으로는 살아나가기 어려운 사람들이다. 1980년대에 등교를 거부하는 10대를 지칭하는 말로 처음 등장했는데, 1990년대 이후에는 학교나 직장, 사회적 교류를 일체 거부하는 사람을 폭넓게 뜻하는 용어로 자리 잡았다.

일본 정부에서는 사회 활동을 하지 않고 집에만 틀어박혀 지내는 상태가 6개월 이상 지속되는 경우를 히키코모리로 정의하는데, 2020년 발표에 따르면 120만 명 이상 존재하는 것으로 추정된다. 단, 집에서 한 발자국도 나가려 하지 않는 '중증', 집 앞 편의

점에 다녀오는 외출 정도는 감수하는 '경증', 한때는 버젓한 직장을 다녔지만 언제부터인가 외출을 꺼리게 된 사회적 부적응자의 경우까지 패턴이 다양해서, 실제로는 정부의 추정치를 한참 웃도는 히키코모리가 존재한다고 해도 무방할 것이다.

이런 히키코모리를 거두고 돌보는 것은 대체로 부모의 몫이다. 사회인으로서의 역할을 포기했다고 부모가 자식을 버릴 수는 없는 노릇이니, 의식주를 해결해 주면서 스스로 방 밖으로 나오기를 기다리는 것이다.

일본 사회의 장기 불황 속에서 커진 히키코모리 문제

— 히키코모리가 되는 이유는 다양하다. 당사자의 성격이나 정신

병리적 문제, 가족 관계에서의 갈등 등이 영향을 미쳤을 가능성도 있지만, 일본 사회의 변화와도 무관하지 않다. 일본에서 히키코모리가 급속히 증가한 1990년대 중반 이후는 갑작스러운 '버블 붕괴' 이후 취업 시장이 급속도로 냉각된 시기이다. 수많은 젊은 이가 사회에 첫발을 내딛는 중요한 시기에 좌절을 경험했고, 그들 중 상당수가 사회적으로 고립된 채 히키코모리 신세가 되었다는 것이다.

한편, 고도 경제성장을 거치면서 부를 제법 축적한 부모 세대는 사회 적응에 문제를 겪는 자식을 기꺼이 부양했다. 히키코모리 당사자들보다 자식을 감싸기만 한 부모의 빗나간 애정이 더 문제였다는 일각의 시각도 있다. 스스로의 힘으로 시련을 극복하도록 놓아두었다면 사회생활을 할 만한 자신감을 쌓을 수 있지 않았겠냐는 것이다.

그나마 다행스럽게도 일본 사회는 히키코모리 문제가 개인이나 가족이 감당해야 하는 단순한 이슈가 아님을 인식하고 있다. 1990년대 말부터 히키코모리 본인의 사회적 자립을 돕고, 가족 구성원이 고립되지 않도록 지원하는 NGO 단체가 발족해 활동하고 있고, 정부도 '히키코모리 지원 센터'를 운영하는 등 노력을 기울여 왔다. 2021년 일본 정부는 내각관방 산하에 고령자 보호, 고독사 방지 등을 정책 목표로 내건 '고독·고립 대책 담당실'을 신설하기도 했다. 코로나19 사태로 재택 근무와 외출 자제가 장기화되면서 개인의 사회적 고립과 고독감이 더욱 심각한 사회문제가 되었다는 인식에 따른 것이다.

그럼에도 히키코모리가 쉽사리 줄어들 것 같지는 않다. 사회적 요인과 개인의 성향, 가족 관계의 특징 등 여러 요인이 복잡하게 뒤엉켜서 드러나는 현상이기 때문에, 사회적 제도만으로 극복하기 어려운 경우도 많다.

중장년이 된 히키코모리,
'8050 문제'에서 '9060 문제'로

━ 시간이 흐르면서 히키코모리 문제가 새로운 국면을 맞았다. 히키코모리가 젊은 세대의 문제라는 기존 인식과는 달리, 적지 않은 수의 중장년층이 사회 부적응 문제를 겪고 있다는 사실이 확인된 것이다. 2021년 발표된 일본 정부의 추정치에 따르면, 40~64세 중장년층의 히키코모리 인구는 61만여 명으로 15~39세 청년층(54만여 명)을 넘어섰다. 그동안 꾸준히 히키코모리의 고령화에 대한 우려가 제기되어 왔다. 그래서 처음으로 40대 이상 인구 집단을 히키코모리 실태 조사에 포함한 것인데, 아니나 다를까 충격적인 결과가 나온 것이다.

중장년층 히키코모리 중에는 젊을 때부터 방에서 나오지 않으면서 나이를 먹은 경우도 있지만, 한동안 사회생활을 하면서 직장이나 인간관계, 질병 등으로 어려움을 겪다가 사회 부적응자가 된 경우도 있었다. 일반적으로 중장년층이라면, 경제적으로도 사회적으로도 가장 윤택한 삶을 즐길 수 있는 '인생의 전성기'에 있는 세대이다. 하지만 스스로 생계를 해결할 수 없는 40, 50대 히키코모리는 그저 부모의 지원에 의존할 뿐이다.

문제는 이들의 부모 역시 사회적 돌봄이 절실한 고령이라는 점이다. 노년이 되어도 중장년 자녀의 의식주를 해결하고 뒷바라지를 계속할 만한 경제적, 체력적, 정신적 여력을 갖추기는 쉽지 않다. 80대 부모가 50대 히키코모리 자녀를 돌보는 딱한 상황을 빗대어, '8050 문제'라는 냉소적인 말이 회자된다. 더 나아가 90대 부모가 60대 히키코모리를 보살피는 '9060 문제'를 걱정해야 한다는 목소리까지 나온다.

2019년에는 70대 남성이 자택에서 40대 중반의 장남을 살해한 뒤 자수하는 끔찍한 사건이 있었다. 이 남성은 명문대를 졸업하고 정부 중앙 부처에서 오랫동안 일하면서 차관급 고위직에 오른, 이른바 사회 지도층 인사였다. 아들은 아예 집 밖으로 나가지 않는 중증은 아니었지만, 10년 가까이 이렇다 할 사회생활을 하지 않는 히키코모리 상태였다. 학업과 직장에서 몇 차례 실패를 경험한 뒤 부모의 경제적 원조에 의존해 살아가고 있었던 것인데, 자주 폭력적 성향을 드러냈다. 장남이 쏟아내는 격렬한 분노를 견디기 어려웠던 아버지가 '남들에게 해를 끼치기 전에 차라리 내가 책임을 지겠다'라는 생각으로 아들을 해친 것이다. 일본 사회가 직면한 '8050 문제'의 처참한 단면을 드러낸 사건이었다.

그 어떤 이유가 있다 하더라도 아들을 살해한 아버지의 아둔한 선택을 이해할 수 없다. 다만, 히키코모리의 가족들 역시 감당하기 어려운 심리적, 정신적 고통을 겪고 있다는 점을 간과해서는 안 된다고 생각한다.

초고령사회를 먼저 경험하는 일본

━ 사회 부적응자의 문제가 일본에 한정된 것만은 아닌 듯하다. 한국에서도 히키코모리와 유사한 '은둔형 외톨이'가 늘어나고 있다. 일본의 히키코모리와 한국의 은둔형 외톨이 문제가 동일한 현상이라는 뜻은 아니다. 사회적 접촉을 거부하는 삶의 방식과 이유는 다양하고, 이를 부추기는 사회적 배경도 다르다. 겉으로 드러나는 현상이 비슷하다고 해서 동일한 이유와 배경에서 비롯되었다고 섣불리 진단 내릴 만한 사안은 아니다. 사실 언제 어디에나 스스로 고립된 삶을 선택하는 사람은 있다. 인기 TV 프로그램에 등장하는 '자연인'들도 자기 자신에 집중하기 위해 사회적 교류를 거부하고 은둔하는 삶을 선택하지 않았는가? 역사적으로도 사회 적응에 어려움을 겪고 스스로 고립된 삶을 산 위인도 적지 않다.

다만, 한국이나 일본처럼 고도로 발전된 자본주의사회에서는 일본의 히키코모리도 한국의 은둔형 외톨이도 촘촘히 돌아가는 경제활동의 톱니바퀴와 교육 시스템에서 낙오한 부적응자로 인식된다는 공통점이 있다. 특히 한국에서는 은둔형 외톨이를 일부 젊은 층의 문제로 한정 짓는 경향이 있는데, 일본 사회의 중장년 히키코모리 문제를 반면교사로 삼을 필요가 있다.

일본은 고령 인구 비율이 세계에서 가장 높은 나라이다. 그렇다 보니 고령화가 진행 중인 다른 나라는 겪지 않은 사회문제가 앞서 나타나는 경향이 있다. 일본의 '8050 문제' 역시 사회 부적응자의 고령화가 앞으로 심각한 사회문제가 될 수 있다는 신호로 받아들여진다.

현재 한국 사회에서 고령화가 진행되는 속도는 일본보다 더 빠르다고 한다. 이 추세가 계속된다면 10여 년 뒤에는 일본보다도 고령 인구 비율이 높아진다니, 그때에는 한국이 세계에서 가장 먼저 기상천외한 사회문제를 경험하게 될지도 모르겠다. 앞서는 것이 반드시 좋지만은 않다는 생각이 든다.

아톰에서 페퍼까지, 휴머노이드 로봇과 일본 사회

과학기술과 상상력

20대 대통령 선거 캠페인이 한창이던 시절, 한 후보가 로봇 전시회를 참관하면서 사족 보행 로봇을 밀어 넘어뜨린 장면이 논란이 된 적이 있다. 몇몇 언론에서 '학대'라는 자극적인 용어를 동원해 "로봇을 가혹하게 취급했다"라고 후보의 태도를 비판했고, 일부 지식인들이 이에 편승해 소동을 키웠다.

디지털 미디어 연구 분야에서도 로봇은 첨예한 키워드이다. 인간과 의사소통을 하고 정보를 주고받는 인터페이스라는 점에서 로봇 역시 미디어이다. 과거에 전기 미디어나 인터넷이 사회를 크게 변화시킨 것처럼, 로봇이라는 미디어가 인류 역사의 극적 전환점이 될 가능성이 높다. 디지털 인문학적인 관점에서 볼 때에 '로봇 학대' 소동은, 로봇 관련 이슈에 대한 사회적 몰이해를 드러내는 사안으로, 눈살이 절로 찌푸려졌다.

사진은 '헨나호텔'(일본어로 '이상한 호텔'이라는 장난스러운 이름이다)에서
고객을 맞는 휴머노이드 로봇의 모습이다.

'로봇 폭행 사건'인가,
기물손괴죄인가?

━ 일본에서도 인간이 로봇을 폭행한 사건이 화제가 된 적이 있다. 이동통신 기업인 소프트뱅크에서 개발한 양산형 휴머노이드 humanoid (인간을 뜻하는 'human'과 닮은 것을 뜻하는 접미사 '-oid'의 합성어로 인간형 로봇을 총칭한다) '페퍼pepper'를 둘러싼 해프닝이었다.

페퍼는 독자적인 감정 알고리즘을 탑재해서 인간과 정서적인 소통이 가능한 로봇으로 2014년에 일반 판매를 시작했다. 본체 가격이 19만 8,000엔(한국 돈으로 200만 원 내외) 정도로, 가전제품으로서 저렴하지는 않지만, 최첨단 로봇치고는 경제적이다. 개인용으로는 쓰임새가 한정적이어서 널리 사용되지는 않았지만 점포에서 간단한 접객 업무와 소통을 위해 페퍼를 활용하는 경우는 가끔 보았다.

해프닝은 2015년 한 휴대폰 매장에서 일어났다. 술에 취한 손님이 직원과의 말다툼 끝에 화풀이로 페퍼에게 발길질을 한 것이었다. 처음에는 '로봇 폭행 사건'이라고 기사화되었지만 현행범으로 체포된 용의자의 죄명은 기물손괴죄였다. 로봇은 인간이 아니기 때문에 폭행죄가 성립하지 않는다는 것이다. 발길질로 쓰러진 페퍼는 외부 자극에 대한 반응이 느려지는 등의 문제가 있었지만 곧 업무에 복귀했다고 한다.

페퍼는 인간의 감정을 이해하고 정서적으로 반응할 수 있는 로봇이었기 때문에, 이 사건은 특히 세간의 관심을 끌었다. 이 사건은 감정이 있는 로봇에게 인간이 폭력을 휘두른 해프닝이었던 만큼 인간과 로봇이 공존하는 미래 사회의 윤리적 논쟁을 예고하는 서막으로 받아들여졌다.

로봇에게도 감정과 기분이 있다면 어느 정도까지 '인간적'인 대접을 해야 할 것인가? 인간처럼 정서가 있는 로봇을 둘러싼 윤리적 논쟁이 존재하는 것은 사실이다. 하지만 정서적 기능이 없이 사족보행이 주기능인 로봇의 완성도를 가늠하기 위해 균형을 무너뜨려 보는 시도를 '학대'라고 왜곡한 언론의 무지에는 실소가 나온다.

이 사안에는 인간과 휴머노이드의 정서적 접점에 대한 해석이 끼어들 여지가 전혀 없기 때문이다. 전문적인 사안을 자의적으로 왜곡하는 보도는 건강한 논의를 가로막고 결과적으로 사회적 비용을 증가시킬 뿐이다. 이런 사안을 여과 없이 정쟁에 끌어들이는 무책임한 언론에는 귀를 기울이지 말라고 조언하고 싶다. 다만, 덕분에 일본 사회와 로봇에 대한 주제를 소개할 계기가 생긴 것은 사실이니, 어처구니없는 언론 보도도 긍정적인 역할을 할 때가 있다고나 할까?

휴머노이드에 대한
일본 사회의 상상력

— 일본 사회에서 로봇은 오래전부터 각별한 존재감을 발휘했다. 휴머노이드를 개발하려는 노력이 꾸준히 있었고 성과도 적지 않았다. 2000년에 세계 최초로 두 발로 걷는 로봇 '아시모'가 상용화

되었다. 앞서 소개한 페퍼는 정서적 공감 능력과 학습 능력을 갖춘 선구적인 휴머노이드였다. 로봇이 서비스하는 무인 숙박 시설 '헨나호텔変なホテル'도 있다. 2020년에는 로봇 승려 '로보우ロボウ(로봇에 일본어로 승려를 뜻하는 '보우坊, ボウ'를 합성한 이름이다)가 사람들과 선문답을 나누는 장면이 화제가 되기도 했다.

시도가 늘 성공적이지는 않았다. 아시모는 축구도 하고 악기도 연주할 수 있지만, 실생활에서의 쓰임새가 거의 없어서 상용 모델로는 재미를 못 보았다. 페퍼와 몇 번 대화를 해보니 이야기가 뚝뚝 끊어져서 스마트폰의 음성 인식 서비스에 말하는 것이 낫다고 느낄 정도였다. 헨나호텔도 가보았는데, 로봇만으로는 대처 불가능한 사안이 많아서 직원이 상주하고 있었다.

다만, 이런 실패 역시 휴머노이드 기술의 사회적인 효용을 검증할 수 있는 소중한 경험이라는 점은 틀림없다. 특히, 사회가 고령화할수록 중요해지는 의료, 간호, 방재 등의 분야에서 휴머노이드의 활약이 기대된다. 이 분야에 관한 한 일본 사회에 축적된 풍부한 경험과 노하우를 무시하기는 어려울 것이다.

일본의 전설적인 만화가 데즈카 오사무手塚治虫가 1950년대에 선보인 만화 〈철완 아톰〉의 주인공은 휴머노이드 '아톰'이다. 그는 정의감이 뛰어나고 선악을 구분할 줄 알지만, 로봇이라는 자기 정체성에 대해 고민도 많고 마음속 갈등도 겪는다. 인형처럼 귀여운 용모에 인간적인 면모가 적지 않아 누구나 친근감을 느낄 수 있는, 아주 특별한 로봇이다. 많은 어린이의 사랑을 받는 캐릭터

'도라에몽' 역시 오동통한 고양이 모습의 로봇이다. 미래에서 타임머신을 타고 왔는데 주인공이 곤란에 빠질 때마다 기발한 도움을 준다. '건담', '마징가Z', '에반게리온' 등 인간이 조종하는 전투형 휴머노이드 캐릭터도 꾸준히 인기를 끌고 있다.

일본의 SF 장르에서 로봇들은 한마디로 '좋은 녀석들'로 묘사된다. 인간을 돕고, 인류를 구원하고, 귀엽고 친근해서 늘 곁에 두고 싶은 친구 같은 존재이다. 실제로 일본의 많은 로봇 연구자는 아톰이나 도라에몽을 동경하여 로봇 분야에 뛰어들었다고 실토한다. 긍정적이든 부정적이든, 일본에서 휴머노이드 기술이 눈부시게 발전한 이면에는 SF 만화나 애니메이션 등 대중문화 장르에서 무럭무럭 커온 상상력의 영향을 부정하기 어렵다.

'과학기술 입국'의 꿈, 로봇

— '로봇은 친구'라는 일본의 낙관적인 '로봇관'을 서양 사회는 이질적으로 받아들인다. 서양적 사고방식에서는 로봇이 스토리의 주인공이 되거나, 인간을 구원하는 주체가 되기도 하는 일본의 만화나 애니메이션의 세계관은 무척 낯설게 느껴진다. '인간은 신의 피조물'이라는 기독교적 세계관과 관련이 있을 것이다. 기본적으로 인간이 아닌 존재에 대한 뿌리 깊은 거부감이 있다 보니, 인간과 비슷하지만 인간이 아닌 휴머노이드에 대한 저항이 크다. 로봇에 대한 이미지는 친근함보다는 공포에 가깝다. 실제로 할리우드에서 제작된 많은 SF 영화에서 로봇은 높은 확률로 위험한 존재

로 묘사된다.

그러다 보니 '온갖 사물에 마음이 깃들어 있다'라는 일본의 전통적 종교관이 휴머노이드라는 개념을 오래전부터 잉태하고 있었다는 독특한 분석도 나온다. 신비주의적인 관점에서 동양 사회를 해석하는 경향이 있는 서양적 사고방식에는 그렇게 보일 수도 있겠다. 하지만 그보다는 근대 이후 일본 사회의 궤적 속에서 로봇에 대한 각별한 관심이 커질 만한 점이 있었다고 생각한다.

19세기 말 메이지유신 이후 일본 사회는 지속적으로 '과학기술 입국'을 부르짖어 왔다. 실제로 과학기술의 비약적인 발전을 이룬 것까지는 좋았는데, 잘못된 방향으로 나아가 전쟁을 일으켰다. 일본이 미국, 영국 등 선진국들이 힘을 모은 연합군과의 전투에서 쉬이 물러서지 않았던 것은, 독자적으로 개발한 전투기나 병기 제조 기술, 무선 레이더 기술 등의 힘이 컸다. 과학기술의 힘을 빌려 일으킨 전쟁이었지만, 결국 원자폭탄이라는 최첨단 과학기술이 만든 병기로 패전을 맞은 것이다.

한편, 패전 이후 빠르게 나라를 재건할 수 있었던 것도 과학기술의 힘이었다. 연구 개발에 신중하게 공을 들인 일본의 최첨단 제조업이 1960년대 고도 경제성장을 이끌었다. 그런 점에서 보자면, 일본에서는 과학기술 분야에 대한 사회적 관심이 줄곧 높았다. 그런 사회적 분위기 속에서 만화나 애니메이션 등 SF 장르도 마음껏 상상력을 부풀릴 수 있었다. 일본 사회에서 로봇은 '과학기술 입국'의 꿈을 실현하는 상징적인 존재였던 것이다.

일본 사회,
올림픽과의 악연

글로벌 팬데믹 속에서 강행한 도쿄 올림픽

글로벌 팬데믹이라는 암초를 만나, 2020년 도쿄 올림픽(개최가 1년 연기되어도 정식 명칭은 '2020년 도쿄 올림픽'으로 유지되었다)은 2021년에 개최되었다. 1년 뒤로 연기된 개막일이 코앞으로 다가왔을 때까지도 일본의 코로나19 사태는 악화일로였다. 한동안 주춤하던 확진자 증가세가 다시 시작되면서 매일 수천 명씩 확진자가 나오고 있었기 때문에, 개최 연기를 결정했던 때보다도 상황이 안 좋아졌다. 백신 공급도 시작은 되었지만 인구 대비 접종 속도가 느려서 집단 면역에 도달하기까지는 요원했다. 사정이 안 좋았던 것은 일본만이 아니었다. 선제적으로 백신 접종을 시작한 일부를 제외한 대부분의 나라가 국제 행사에 선수단을 파견할 여건이 되지 않았다. 전 세계가 글로벌 팬데믹의 기나긴 터널 속에서 신음하는 상황에서 올림픽이 성공적으로 개최된다면 그것이 오히려 이상하게 느껴질 정도였다.

전 세계 규모의 대규모 행사를 한 차례 연기한 것만으로도 개최국의 경제적, 정치적 부담은 이만저만이 아니다. 올림픽 경기장과 선수촌의 신축도 헛일이 될 판이고, 올림픽 특수를 노리고 우후죽순으로 생겨난 숙박, 관광 시설 역시 무용지물이 된다. 유력한 우익 정치인이 도쿄 올림픽을 두고 '저주받았다'라는 표현을 입에 올릴 정도였으니, 개최가 되었다고 하더라도 반쪽짜리라는 혹평을 면하기 어렵다. 정치적 부담을 떠안고 중지를 선언하면 오히려 피해를 최소화할 수 있었을지도 모르지만, 그럴 만한 리더십도 부재했다. 결국 '2020년 도쿄 올림픽'을 강행했지만 '실패한 올림픽'이라는 오명을 벗어나기는 힘들 것 같다. 일본이 하계 올림픽을 유치한 것은 지금까지 세 번이었다. 그중 '성공한 올림픽'이라고 할 만한 것은 단 한 번이다.

한 번의 '사라진 올림픽,' 한 번의 '성공한 올림픽'

일본은 올림픽 개최권을 자진 반납했던 흑역사가 있다. 1931년 일본군이 만주 지역에 무력으로 진입해 괴뢰정부를 세운 이른바 '만주사변' 직후, 일본 정부는 서양인의 전유물이던 올림픽을 도쿄에 유치하겠다는 의사를 공식화한다. 아시아 대륙에서 최초로 큰 국제 대회를 개최하겠다는 야심 찬 계획이었는데, 만주사변 때문에 악화되는 국제 여론을 무마하겠다는 외교전의 의미도 있었다. 1936년, 국제올림픽위원회[IOC] 총회에서 1940년 도쿄 하계 올림픽 개최가 결정되었다. 하계 대회 개최국이 동계 대회 개최지 결정에서 우선권을 갖는다는 당시 관행에 따라 같은 해의 동계 올림픽도 일본 삿포로에서 개최하기로 결정되었다.

도쿄 외곽에 주 경기장 예정지가 결정되고 부설 경기장 건설 준비도 한창이던 1937년, 중일전쟁이 터지면서 상황은 급변했다. 복잡하게 얽힌 열

강들의 대립 속에서 영국과 미국 등이 도쿄 올림픽 참가를 보이콧했고, 급기야는 IOC에서 일본 정부에 개최권 반환을 요청하는 사태가 벌어졌다. 전쟁 물자에 대한 수요가 급격히 커지면서 일본 국내에서도 올림픽 준비를 위한 자원이 부족하다는 볼멘소리가 터져 나오던 중이었다.

1938년 일본 정부는 하계 올림픽과 동계 올림픽 개최권을 차례로 반납했다. 도쿄와 경쟁했던 핀란드의 헬싱키가 올림픽 개최권을 이어받았지만, 제2차세계대전 발발(1939)로 이마저 쉽지 않았다. 1940년, 올림픽은 세계 어디에서도 열리지 못했다.

유럽 대륙에서 전운이 고조되던 와중에 개최된 1936년 베를린 올림픽은 독일의 집권 세력이었던 나치가 정치 선전을 위해 스포츠 행사를 악용한 최초이자 최악의 사례였다. 예를 들어, 고대 올림픽의 발상지인 그리스 올림피아에서 채화한 성화를 성대한 가두 퍼레이드를 벌이면서 봉송하는 관행은 베를린 올림픽 때에 처음으로 등장했다. 당시 나치 정부를 이끌던 히틀러는 올림픽이 독일 민족의 우월함을 전 세계에 보여줄 수 있는 절호의 기회라고 생각했다. 성화 봉송 퍼레이드는 게르만 민족이 유럽 문명의 적통을 이어받았음을 대대적으로 가시화하는 이벤트로 기획되었다.

사실, 1940년 도쿄 올림픽도 준비 과정에서 이에 못지않게 호전적인 의도가 드러났다. 그리스에서 일본 열도까지 성화를 운반하는 과정에서 첨단 기술을 적극 활용함으로써, 다른 나라에 군사적 우월함을 과시할 기회로 삼고자 했다. 당시의 운송 기술로서는 유럽에서 지핀 성화를 수천 킬로미터 떨어진 먼 섬나라로 운반하는 것이 결코 쉬운 일이 아니었다. 처음에 IOC는 아라비아반도에서 중국 내륙과 한반도를 지나 육로로 성화를 운반하자고 제안했다.

하지만 식민주의 약탈과 전쟁으로 소요가 끊이지 않는 이들 지역을 관통하는 것은 사실상 불가능했다. 이에 일본 정부는 군함을 활용해 해로로 운반하는 방안, 혹은 일본제 전투기(이후 '가미카제호'라고 불리게 되는 최신 정찰기)에 성화를 싣고 남아시아를 횡단하는 방안 등을 적극 검토했다. 만에 하나 1940년 도쿄 올림픽이 개최되었다면, 일본 제국주의의 오만한 폭주가 얼마나 더 극단적으로 치달았을 것인가? 생각만 해도 오싹하다.

전쟁의 어두운 그림자에 가려 수포로 돌아간 1940년 올림픽과는 대조적으로, 1964년 도쿄 올림픽은 '성공한 올림픽'이었다. 한 차례 개최권을 반납한 뒤 어렵사리 다시 유치했다는 의미도 각별했지만, 패전 이후 재기를 위해 안간힘을 써온 일본 사회가 대내외적으로 자신감을 회복하는 중요한 계기였다.

베를린 올림픽에서 처음으로 스포츠 경기를 TV로 중계하는 실험이 이루어졌고, 도쿄 올림픽에서는 인공위성으로 전파를 송출해 지구 반대편으로 실시간 영상을 보내는 생중계가 최초로 실현되었다. 지금은 스포츠 중계의 필수 요소인 '슬로모션', 즉 선수들의 움직임을 느린 화면으로 재현하는 방송 기법도 이때에 처음 등장했다. 또, 최첨단 시계와 컴퓨터를 이용한 실시간 기록 관리도 가능해졌다. 이전에는 경기 기록을 그 자리에서 즉시 확인·전송할 수 있는 기술이 없었기 때문에, 경기 결과가 올림픽 공식 기록으로 확정될 때까지 몇 달이 걸리곤 했다.

도쿄 올림픽에서는 다양한 경기의 생중계가 가능해졌을 뿐 아니라, 경기 기록을 실시간으로 발표하게 되었으니, 스포츠 중계의 기술적 토대가 비로소 마련되었다고 해도 과언이 아니다. 올림픽을 전후로 세대별 TV 보급률도 23.6퍼센트(1959)에서 90퍼센트(1965)로 급등했다. 어떻게 보자면 1964년 도쿄 올림픽의 최대 수혜자는 매스미디어였다.

'미디어 이벤트'라는 올림픽의 민낯을 직시할 필요

공공연한 전쟁 야욕을 드러내며 추진되었던 1940년 도쿄 올림픽은 바로 그 전쟁 때문에 수포로 돌아갔다. 반면, 1964년 도쿄 올림픽은 매스미디어와 자본이 강력한 협력자 역할을 성공적으로 수행하며 '세기의 감동'을 준 이벤트로 기억되고 있다. 한편, 2020년 도쿄 올림픽은 개최 여부와 무관하게 인명을 희생양으로 삼아 국가주의를 추진했다는 비난을 피하기 어렵게 되었다. 일본 사회는 한 번의 '사라진 올림픽', 한 번의 '성공한 올림픽'을 경험했고, 2021년 또 한 번의 '실패한 올림픽'을 경험했다. 이를 통해 무엇을 배우고 성찰할 것인가? 일본 사회의 큰 숙제이다.

한편, 근대 올림픽은 권력과 자본의 충복 역할을 자처하면서 덩치를 키워온 것이 사실이다. 국가권력과 자본의 이익을 위해 기획된 일종의 '미디어 이벤트'라는 점을 무시할 수 없는 것이다. 스포츠를 사랑하고 즐기는 수많은 이들의 열정과는 거리가 멀지만, 이 역시 올림픽의 또 다른 얼굴이다. 이 본질을 직시하는 것은 미디어 이벤트가 범람하는 시대를 사는 우리 모두의 과제일지도 모른다.

2부

11가지 키워드로
알아보는 일본 문화

소속 의식을 통해 자기실현을 추구하는 집단주의 문화

다시 읽는 『국화와 칼』

미국의 문화인류학자 루스 베네딕트 $^{Ruth\ Benedict}$가 쓴 『국화와 칼』(1946)은 아마도 세계에서 가장 많이 읽힌 일본 문화 연구서일 것이다. 학문적으로는 허점도 있지만, 서양 사람의 눈에 비친 일본 문화의 특징을 심층적으로 읽어낸 역작임에는 틀림없다. 첫 문장은 이렇게 시작된다.

"일본인은 미국이 진심으로 싸워본 상대 중 가장 낯선 적이다(The Japanese were the most alien enemy the United States had ever fought in an all-out struggle)."

일본인을 '낯선 적'이라고 묘사한 첫 문장이 암시하듯이, 이 책은 1940년대 미국과 일본이 맞선 태평양전쟁 중에 쓰였다. 당시 베네딕트는 미국 정부의 의뢰로 일본 문화에 대한 연구를 수행했는데, 전쟁 중이었기 때문에 일본을 직접 방문해서 조사할 방법이

없었다. 두 눈으로 일본 사회를 관찰할 기회는 없었지만, 그 대신
방대한 양의 일본 관련 자료를 검토했고 미국에서 만난 일본인과
장시간 토론했다.

태평양전쟁은 1945년 히로시마 등지에 원자폭탄이 투하된 뒤
에야 끝났다. 민간인의 사상을 포함해 미국과 일본 모두 이루 말
할 수 없는 큰 피해를 입었다. 사실 미군의 입장에서는 훨씬 이른
시기에 끝났어야 마땅한 전쟁이었다. 미드웨이해전으로 일찌감

치 승기를 잡았고, 몇 번이나 일본에 치명적인 피해를 입혔다. 그런데 전쟁을 수행할 여력이 바닥났음에도 일본군은 좀처럼 항복하지 않았다. 이러한 일본군의 태도에 미군은 크게 당황했다.

서양 사회의 '프로토콜'이 통하지 않았던 일본과의 전쟁

— 전쟁 역시 일종의 '프로토콜'(통신규약)이 존재하는 커뮤니케이션의 형태이다. 폭력과 힘겨루기라는 비문명적인 수단에 의존하는, 자기 파괴적이고 유치한 방식이기는 하지만 말이다. 전쟁의 암묵적인 프로토콜은 상대방에 치명상을 입히면 항복을 얻어낸다는 것. 싸움의 목표가 자기 파괴가 아닌 다음에야, 어느 쪽이 더 강한지 명백한 상황이라면 불필요한 피해를 줄이는 것이 서로에게 이득이기 때문이다.

그런데 일본과의 전쟁에서는 이 암묵적인 전제가 번번이 빗나갔다. 수많은 일본 병사들이 목숨을 잃었는데도, 수도인 도쿄가 불바다가 되었는데도, 일본군은 항복하지 않았다. 오히려 패배가 거듭될수록 "세계의 웃음거리가 되지 말자. 정신력으로 위기를 극복하자"라는 프로파간다가 국민들의 더 큰 지지를 받았다. 당시 일본 정부가 선전에 능수능란했다고 해도, 명분 없는 전쟁에 대한 일본인의 맹목적인 지지는 불가사의했다.

미군에게 생포된 일본군 병사들은 치욕스럽게 포로가 되느니 죽는 게 낫겠다며 목숨을 끊었다. 치열한 전투에서 힘들게 살아남

있는데 스스로 목숨을 끊다니, 그것만으로도 충분히 이상한 일이었다. 그런데 그보다 더 이해할 수 없었던 것은, 그토록 격렬하게 저항했던 일본군 병사가 투항한 뒤에는 난데없이 전향을 선택하고, 한때 목숨 바칠 각오로 싸웠던 아군의 정보를 낱낱이 알려주었던 점이다. "나를 죽이시오. 만약 그렇게 해줄 수 없다면 '모범적인 포로'가 되겠소"라는 일본군 병사의 제안은 미군을 어리둥절하게 만들었다. 이런 상황에서 일본인의 행동을 해명해 달라는 연구 과제가 문화인류학자에게 전달되었던 것이다. 연구 결과를 집대성한『국화와 칼』이 미국에서 처음 출간된 것은 전쟁이 끝난 직후인 1946년이었다.

집단에 대한 충성심은
수치스럽지 않은 삶의 필수 조건

─『국화와 칼』은 전시 미국을 혼란에 빠뜨렸던 일본군의 태도가 동양적인 가치관에 근거한 문화적 행동 양식이라고 설명한다. 개인의 행복보다 집단의 이해를 우선시하는 일본의 집단주의적 문화가 명분 없는 전쟁에 대한 무조건적인 수용을 부추겼다는 것이다. 일본 문화를 이해하는 데에 있어서 '집단주의'라는 프레임이 딱히 틀렸다고 생각지는 않으나, 가까이에서 일본 사회를 관찰한 결과 미묘한 뉘앙스의 차이가 있다고 생각한다.

일반적으로 집단주의에 대한 순응이란, 개인을 버리고 집단에 희생할 것을 강요하는 외부의 힘에 기꺼이 화답하는 태도를 뜻한다. 개개인의 행복 추구를 중요한 가치로 삼는 시민사회적인 관점에서 볼 때에 집단주의는 바람직하지 않다. 외부적인 동기를 들어 개인에게 이타적인 희생을 강요하는 것은 억압적이기 때문이다.

그런데 일본 사회에서는 집단주의가 내부적인 동기에 의해 구동되는 측면이 있다. 그 문화에서는 집단에 대한 충성심 그 자체가 수치스럽지 않은 삶의 필수 조건으로 받아들여지기 때문이다. 즉, 충성심은 나라를 위하는 마음이기도 하지만, 다른 한편으로는 부끄럼 없이 살고 싶다는 나를 위한 마음이라고도 해석할 수 있다. 『국화와 칼』은 일본 문화의 근저를 이루는 정서가 수치심이라고 분석한다. 바꾸어 말하자면 남 보기에 당당한 삶을 살겠다는 이기적이고 자기만족적인 동기야말로 일본의 집단주의를 부양하는 힘이라고 할 수 있는 것이다.

이런 점에서 보자면 일왕에게 충성을 맹세했던 일본의 병사들이 의외로 쉽게 미군에 투항한 이유를 이해할 수 있다. 주군에 대한 맹세를 지킬 수 없다면 목숨을 끊는 것이 도리이지만, 충성을 맹세할 다른 대상을 발견하는 것도 방법이다. 처음부터 충성을 맹세할 대상이 아니라, 충성을 실천하는 자신의 성실함이 중요하기 때문이다. 내적 동기를 충족할 수 있다면 충성의 대상이 바뀌는 것도 기꺼이 받아들인다. 미군의 눈에는 일본인 포로의 뒤끝 없는 전향이 얼토당토않은 배신으로 보였을 것이다. 하지만 더 이상 일본에 봉사할 수 없게 된 병사에게는 미국이라는 새로운 집단에 충성을 맹세하는 것이야말로 수치스럽지 않은 삶을 유지할 수 있는 유일한 길이었을 것이다. 충성심이라고 해서 다 같은 충성심이 아닌 것이다.

팬데믹 속에서 고개를 드는
일본 사회의 집단주의

— 세계적인 전염병 유행 속에서 도쿄 올림픽 개최를 앞둔 어려운 시기에, 일본 사회에 이기주의와 결합한 기묘한 집단주의가 다시 고개를 드는 듯해 우려스럽다.● 일본 정부의 코로나 바이러스 대응은 허점투성이로 보인다. 감염자 수가 적다는 것을 근거로 "다른 나라에 비해 잘 막고 있다"라는 것이 정부의 일관된 입장이지만, 대응이 허술하다는 지적에는 제대로 된 답변을 내놓지 못한다. 일본뿐 아니라 세계 어느 나라의 정부도 100퍼센트 신뢰할 수 있는 대응 역량을 갖추지 못한 채, 글로벌 팬데믹의 격랑에 휘말려 들어간 것은 사실이다. 시민의 건강과 안전을 위해 더 책임감 있는 방역 정책을 요구하는 시민사회의 비판이 거세지는 것도 당연한 일인 것이다.

불가사의한 것은 일본 사회에서는 나라가 하는 일인 만큼 일단 믿고 견뎌야 한다는 쪽으로 의견이 수렴 중이라는 사실이다. 인터넷을 중심으로 정부의 소극적 대응을 지적하는 일부 의견이 없지 않지만, 대세에는 큰 영향을 주지 못한다. 오히려 유언비어가 나

● 2020년 3월 18일에 게재된 칼럼이다.

도는 인터넷을 경계해야 한다는 설교가 힘을 받는다. 매스미디어 역시 정부의 소극적인 대응책에 대해 우려를 표하다가도 "전염병 진단을 열심히 하면 의료 시스템에 혼란을 불러일으킨다"라는 정당화에 힘을 싣는다. 잇따르는 헛발질에도 불구하고 여론조사도 일관되게 정부의 대책을 지지한다.

신종 감염병 사태 초기에 일본 소프트뱅크 그룹의 손 마사요시(한국에서는 '손정의孫正義'라는 이름으로 더 알려졌다) 대표가 100만 명에게 무료로 코로나 바이러스 진단 검사를 제공하겠다는 손 큰 제안을 했다가 "의료기관에 혼란만 초래한다"라는 비난 여론에 철회하는 소동이 있었다. '미운 털'이 박힌 자이니치라는 점, SNS에 트윗을 올리는 뜬금없는 고지 방식도 거부감을 불러일으켰을 것이다.

하지만 그의 SNS로 몰려든 수많은 사람들은 콕 집어 코로나 진단 검사를 제공하겠다는 구체적인 방법론을 비난했다. 그의 제안이 마치 진단 검사의 확대에 소극적인 정부 방침을 비판하는 듯한 모양새를 취한 것이 문제였던 것이다. 결국 논란이 작은, 마스크를 기부하는 것으로 소동은 일단락되었다. 기부라는 좋은 의도보다도, 나랏일에 토를 달면 안 된다는 집단주의가 승리한 모양새가 되었다.

일본 정부의 전염병 대응에 대해서 옳다 그르다는 판단을 누가 당장 할 수 있겠는가? 다만, 결과와는 무관하게 논리가 결여된 국가의 리더십을 감싸려는 집단주의가 위태롭게 보이는 것은 사실이다. 어떻게 보면 나와 가족의 건강보다 국가의 방침을 우선시하는 무모함처럼 보이기도 하고, 불편한 현실은 보지 않겠다는 무기력함처럼 보이기도 한다. 『국화와 칼』이 역설한 일본 문화라는 렌즈를 통해 보자면, 이런 정서의 근저에 국가라는 집단주의에 귀의함으로써 자기실현을 도모하는 이기심이 작용하고 있을지도 모른다. 글로벌한 전염병 시국에, 폭주하는 권력과 이기적인 집단주의의 조마조마한 결합이 걱정스럽다.

지진을 모르면
일본을 이해하기 어렵다

재난은 그 사회의 세계관에
영향을 미친다

새해가 밝았으나 팬데믹의 출구가 보이지 않는다. 원래 '코로나 corona'란 태양 대기 바깥에 위치한 얇은 가스층을 뜻한다. 이 가스층이 일식 혹은 월식 때 태양이나 달 주변에 아름다운 빛의 궤적을 만들어 낸다. 이 찬란한 자연현상의 이름을 딴 바이러스가 전 세계 사람들의 건강을, 더 정확히 말하자면 사람들의 건강을 지키는 의료 시스템을 위협한 지 어언 1년이다. 인류가 미지의 바이러스와 대치한 것이 역사적으로 처음 있는 일은 아니다. 이전에도 비슷한 위기를 겪었고 결국은 공존의 방식을 찾아냈다. 그 역사를 거울삼아 이 비일상적인 상황도 언젠가는 끝나리라고 믿는다.

하지만 그렇다고 해서 코로나 이전의 사회로 고스란히 돌아갈

● 2021년 1월 6일에 게재된 칼럼이다.

것이라 생각하는 이는 많지 않다. 호사가들은 벌써 '포스트 코로나Post Corona'니 '뉴 노멀New Normal'이니 경제 회복에 초점을 둔 전망들을 쏟아내고 있다. 이런 예측들을 쉽게 신뢰하지는 못하겠다. 자본주의사회에서 살고 있지만 우리의 삶은 경제적인 수치만으로 설명할 정도로 단순하지 않다. 더구나 지금은 모두 함께 팬데믹 동굴에 갇힌 상태이다. 수많은 주체가 맞닥뜨린 제각각의 고통과 대응 전략을 그 누가 총체적으로 파악할 수 있겠는가. 전대미문의 코로나 팬데믹이 인류에 드리울 명암은 시간이 한참 흐른 뒤에야 전모를 드러낼 것이다.

거시적인 재난은 사회 구성원의 세계관에 흔적을 남긴다

— 거시적인 재난 상황은 어떤 방식으로든 사회 구성원의 세계관에 흔적을 남긴다. 한 사회에서 통용되는 세계관에는 그 사회 구성원들이 함께 겪은 공통의 경험이 반영되어 있다는 뜻이다. 일본 사회의 중요한 공통 경험은 지진이다. 단언컨대, 땅이 통째로 흔들리는 이 혹독한 자연 재난을 떼어놓고 일본 사회를 깊이 이해할 수 없다.

일본은 자타 공인 지진 대국이다. 2011년, 수도권을 포함해 일본 열도의 광범위한 동쪽 지역에 피해를 입힌 '동일본 대지진'(리히터 규모 M 9.0)은 1만 5,000여 명의 목숨을 앗아 갔고, 곧이어 후쿠시마현을 덮친 지진해일은 최첨단 원자력발전소를 재기 불능 상태로 몰아넣었다. 1994년, '한신 아와지 대지진'(M 7.3, 이하 '한신 대지진') 때에는 고베의 시가지가 무참하게 파괴되었고 6,000여 명이 목숨을 잃었다. 거슬러 올라가 1923년에 도쿄와 요코하마 인근에 엄청난 피해를 입힌 '간토 대지진'(최대 추정 M 8.3)의 사망자는 10만 명이 넘는다.

일본은 불과 1세기도 안 되는, 짧다면 짧은 기간에 순식간에 삶의 근거지가 폐허로 변하는 끔찍한 재난을 세 번이나 경험했다. 전 세계에서 일어나는 강진의 20퍼센트가 일본 열도와 인근 바다에서 일어난다고 한다. 요 몇 년 사이 한국에서도 지진 발생이 늘고 있다지만 일본 사회가 경험하는 것과는 차원이 다르다.

2011년 동일본 대지진 때 도쿄에 있었다. 갑작스러운 진동에 위험을 느끼고 휘청거리는 건물에서 황급히 뛰쳐나왔지만 안전한 곳이 없었다. 땅 전체가 통째로 흔들리는 상황에서 무엇이 나를 보호할 수 있으며, 누가 나를 구할 수 있을 것인가? 눈앞이 캄캄해지는 기분이었다. 진원지에서 수백 킬로미터 떨어진 도쿄에서도 이런 암담한 경험을 했는데, 가장 진동이 컸던 동북 지역에서는 어땠을지 상상만으로도 쭈뼛하다.

동일본 대지진 같은 대규모 재난뿐 아니라 일본 내에서도 잘 보도되지 않는 작은 규모의 지진도 빈번하게 발생한다. 다른 나라에서는 인명 피해를 낳을 수 있는 진도● 4~5 내외의 지진도 별반 피해를 주지 않고 지나가는 경우가 많다. 건축물이나 도로의 내진 설계가 비교적 충실하고 개인들도 지진을 대처하는 방법을 잘 숙지하고 있기 때문이다. 일본에서 살게 된 지 얼마 되지 않아 처음으로 진도 4를 경험했을 때에는 적지 않게 당황했다. 돌연 흔들리

● 리히터 규모가 지진이 일어난 진앙지의 에너지 총량을 계산한 결과인 반면, 진도는 지구 표면에서 관측된 흔들림과 피해를 관측해 척도화한 결과이다. 리히터 규모가 커도 진도가 낮은 경우도 있고, 리히터 규모가 작은데도 진도가 커서 피해를 입히는 경우도 있다.

는 책상과 의자에 깜짝 놀란 데다가, 사방의 벽이 삐걱거리니 당장 건물이 무너질지도 모른다는 공포를 느꼈다. 같이 있던 일본인 친구들은 전혀 동요하지 않고 "이 정도 지진에 호들갑이면 도쿄에서 못 산다"라며 웃어넘겼다.

지금은 나도 그때의 그들처럼 진도 4 정도에는 덤덤하다. 흔들림이 좀 오래간다 싶을 때에나 SNS에서 진원지를 확인하는 정도이다. 일본은 사회 전체적으로 철저하게 지진 대책을 수립해 놓았다. 하지만 동일본 대지진과 같이 무지막지한 규모의 재난에는 속수무책임을 다들 안다. 지진에 대한 대화의 끝은 "자연은 인간의 힘으로는 어쩔 수 없으니까……"라는 다소 비관적인 운명론으로 마무리된다. 진취적인 도전 정신이 부족하다고도 하겠지만, 인간에게는 대자연에 맞설 힘이 없는 것도 사실이 아닌가? 일찌감치 자연에 굴복하고 마음의 평안함을 얻는 것도 일종의 전략이다.

18세기 계몽주의 철학자 볼테르Voltaire가 쓴 『캉디드』는 1755년 남유럽과 북아프리카 일대를 초토화시킨 리스본 대지진을 보고 겪은 경험이 고스란히 반영된 풍자소설이다. 주인공인 캉디드는 지식과 사랑, 종교의 힘을 의심하지 않는 낙천적인 청년이다. 하지만 그는 대지진과 역병, 그리고 자연재해를 빌미로 격화되는 마녀사냥과 종교전쟁 등 참혹한 현실을 목격한 뒤 당시에 팽배했던 낙관주의적 세계관이 근거 없다는 결론에 다다른다. 지식은 위선적이고, 사랑은 이루어지지 않으며, 종교는 폭력을 정당화한다는 것이다. 깨달음을 얻은 그는 "눈앞의 밭을 가꾸는 데에나 힘쓰자"

라는 지극히 현세주의적인 조언을 건넨다. 가혹한 재난을 겪으면서 세계관의 변화를 경험한 것이다.

살면서 적어도 한 번은 하늘이 무너지고 땅이 갈라지는 듯한 대지진을 직접 경험하는 일본인들은 캉디드의 비관적이지만 세속적인 삶의 전략에 어렵지 않게 공감할 것이다. 실제로 동일본 대지진과 후쿠시마 원자력발전소 사고 이후 일본 사회의 분위기가 바뀐 것을 실감한다. 사회 구성원들 사이에서는 집단주의적 결속력이 더욱 강화되는 한편, 외부에 대한 배타적인 시각도 한층 강해졌다.

대지진을 경험한 뒤 캉디드는 종교에 환멸을 느끼고 삶에 대한 낙관주의적 태도를 거두었다. 동일본 대지진 이후의 일본 사회에서 글로벌한 연대와 개방성을 지향하는 시민사회의 이상주의보다, 당장 눈앞의 이익을 가져다주는 듯이 보이는 배타적인 쇄국주의가 설득력을 얻는 것도 이런 태도와 무관치 않을 것이다. 비관적인 세계관은 정치적 우경화를 부채질하는 힘이 되기도 한다. 재난은 사회 구성원의 세계관을 변화시키고, 결과적으로는 사회가 나아갈 방향에 영향을 미친다.

'포스트 코로나'의 과제, 정보의 위기

— 코로나 팬데믹 이후 우리는 어떤 사회를 마주하게 될 것인가? 바이러스와의 싸움은 대지진과는 전혀 다른 종류의 재난이다. 대

지진은 내 몸으로 진동을 체험하고, 시가지를 폐허로 만드는 가시적 파괴력이 있다. 하지만 바이러스의 재난은 그렇지 않다. 현장에서 사투를 벌이는 의료 종사자나 환자가 아니라면, 보통 사람들이 재난의 심각성을 알 수 있는 것은 미디어가 전달하는 뉴스를 통해서이다. 많은 사람들이 오로지 '정보'의 형태로 위기를 확인한다.

그런 이들에게는 평범한 어느 날 갑자기 팬데믹 위기가 '선언'된 뒤 일상의 질서가 어그러지는 것인 양 느껴질 수 있다. 사회를 위협하는 바이러스는 눈에 보이지 않는다. 많은 이들에게는 방역 당국이 매일 발표하는 환자의 숫자가 유일한 재난의 실체인 것이다. 업데이트되는 바이러스 확산 정보에 늘 귀를 기울이면서 일상생활 속의 고통을 감내하다 보면, 문득 재난 정보의 신뢰성에 대한 회의가 느껴지는 것도 그 때문일 것이다.

의료진과 바이러스가 사투를 벌이는 방역 현장이 글로벌 팬데믹의 주된 싸움터라면, '정보' 역시 많은 이에게 재난의 실체로 기능하는 또 하나의 전선이다. 그렇다 보니 방역 당국의 정책을 놓고 갑론을박이 치열하고, 정보의 신뢰성에 대한 의견도 분분하다. 과학을 가장한 가짜 뉴스가 쏟아져 나오고 음모론이 판치는 한편, 전문 정보와 전문가에 대한 사회적 불신도 커지고 있다. 장기적으로는 과학이나 의료 등 전문 분야에 대한 시민의 신뢰도가 저하되는 것이야말로 사회의 발전을 크게 방해할 것이다. 팬데믹보다 '인포데믹 infodemic'(인터넷 공간에서 증폭되는 과잉 정보의 부작용)이해롭다는 말을 실감한다.

재난 상황은 언젠가는 수습된다. 하지만 재난을 겪으면서 변화한 세계관은 이후 사회에 지속적으로 영향을 미친다. 계몽주의자 볼테르가 캉디드의 입을 빌려 주장한, 신학적 사고방식에 대한 비판은 근대사회의 중요한 사상적 흐름이 되었고, 동일본 대지진은 일본 시민사회에 배타주의와 회의주의의 그림자를 드리우고 있다. 코로나 팬데믹도 언젠가는 종식될 것이나, 정보의 신뢰성을 둘러싼 위기는 쉽게 끝나지 않을 것이다. 어쩌면 코로나 이후의 세계가 떠안을 가장 큰 과제일지 모른다.

'타인에게 폐 끼치기 싫다'라는 일본의 거리두기 실천

문화마다 다른 사회적 거리두기

하루빨리 일상으로 돌아가고 싶은 모두의 바람과는 달리 코로나 19 사태가 장기화하는 모양새이다. 타인과 거리를 두고 붐비는 곳을 피하라는 '사회적 거리두기 social distancing'가 한동안 금과옥조가 될 듯하다.

사회적 거리두기는 전염병 예방 때문에 고안된 새로운 개념이 아니다. 타인과의 사이에 어느 정도 거리를 두는 것이 적절한가에 관한 문화적 개념으로 오래전부터 인지되었고, 재미있는 비교 연구도 많다. 북유럽에서는 한 공간에 있는 타인과 몇 미터씩 거리를 두는 것이 일반적이다. 이런 문화권에서는 제법 큰 홀에 대여섯 명만 함께 있어도 붐빈다는 말이 나온다. 대조적으로 아랍에서는 시장이나 길거리 등 공공장소에 사람들이 바글바글해도 그러려니 한다. 그렇다고 아랍 사람들이 붐비는 공간을 좋아하느냐 하

면 그것은 아니다. 오히려 자택 등 사적인 공간은 그 어떤 문화권보다도 널찍하고 여유가 있는 것을 선호한다.

즉, 문화권에 따라 '붐빈다'라는 기준은 다르다. 얼마나 많은 사람이 모여야 붐비는 상태인지, 어느 정도 붐벼야 참을 만한지 혹은 거슬리는지 등을 판단하는 기준이 제각각이다. '붐비는 곳을 피하라'라는 애매한 표현은 문화권에 따라 서로 다르게 해석될 가능성이 있다. 코로나 방역 당국이 사회적 거리두기의 행동 지침으로 '옆 사람과 2미터 이상 거리를 둘 것'이라는 객관적인 수치를 제시한 것도 이 때문일 터이다.

프라이버시에 대한 동서양의 인식 차이, '나=신체' VS '나=정신'

── 예전에 서양의 연구자들은, 일본인은 붐비는 곳을 좋아한다고 주장했다. 일본 문화는 타인과 부대끼는 것이나 밀집된 공간을 선호하는 경향이 있다고 보았다. 도시화가 진행되기 전 일본의 전통적인 문화에서는 그렇게 보일 만한 여지가 있었다. 전통 방식 가옥에서는 다다미(일본의 전통 가옥에서 사용하는, 짚으로 만든 바닥재)방에 옹기종기 모여 앉아 식사를 하고, 가족들끼리 사이좋게 방을 공유했다. 미국의 한 연구자는 "일본에는 프라이버시privacy라는 개념이 아예 존재하지 않는다"라고 단언하기도 했다.

프라이버시라고 하면 지금은 인터넷이나 휴대폰 등 디지털 정보환경에서의 개인 정보를 떠올리는 사람이 대부분일 것 같다. 하지만 사회적 거리두기가 그렇듯이, 프라이버시도 문화적인 개념이다. '나'라는 존재를 어떻게 해석하느냐에 따라 프라이버시의 정의가 달라지고, 사회적 거리두기를 실천하는 양상도 달라진다.

예를 들어, 서양 문화권에서는 '나=나의 신체'라는 생각이 강하다. 허락 없이 누군가가 몸에 손을 대는 것은 자아에 대한 심각한 도전으로 받아들여진다. 공공장소에서도 굳이 나만의 공간(프라이버시)을 확보하려는 성향이 강한 것은 이 때문이다. 영어로 '붐빈다^{crowded}'라는 단어는 부정적인 뉘앙스가 강한데, 이는 '내 몸이 나를 대변한다'라는 생각과도 관계가 있다. 북적이는 공간에서는 필연적으로 다른 사람과 몸이 부딪히게 되는데, 이것이 나에 대한 예기치 않은 공격으로 받아들여질 여지가 있는 것이다. 서양에서는 인사를 위해 악수나 볼에 하는 입맞춤 등을 주고받는다. 가벼운 신체 접촉으로 서로 공격할 의사가 없음을 확인하는 절차이기도 하다.

반면, 동양 문화권에서는 '나=나의 정신'이라는 생각이 우세하다. 몸의 존재를 부인하지는 않지만, 나의 진짜 중요한 정수는 몸 어딘가에 깃들어 있는 정신이라는 것이다. 그래서 모욕적인 언사로 정신에 상처를 입히는 행위는 자아에 대한 심각한 도전이다. 또한, 한국이나 일본 등 동아시아 문화에서는 부모나 조상의 삶이 나의 정체성과 연결되어 있는 경우가 많다. 이 때문에, 선조에 대한 비하나 모욕적 발언은 견디기 힘든 공격으로 받아들여지곤 한다.

이렇게 생각하면, 서양의 연구자들이 왜 일본에는 프라이버시 개념이 없다고 오해했는지 알 듯하다. 과거의 일본인들이 타인과의 물리적인 접촉을 큰 거부감 없이 받아들였던 것은 특별히 붐비는 것을 좋아하거나 인내심이 강해서가 아니었다. 타인의 몸이 닿는 것을 자신에 대한 공격이라고 여기지 않았기 때문에, 굳이 저항할 이유가 없었을 뿐이었다. 프라이버시 개념이 없는 것이 아니라, 프라이버시를 이해하는 방식이 서양과 달랐던 것이다.

일본 사회의 거리두기 실천과
도덕적 나르시시즘

▬ 지금은, 일본에 프라이버시라는 개념이 없다는 주장에 많은 사람들이 어리둥절한 표정을 짓지 않을까 싶다. 한국인 여행객은 물론이요, 일본을 방문하는 많은 외국인들이 "일본에서는 타인과 거리를 두려는 경향이 강하고, 프라이버시에 대한 의식도 높다"라고 입을 모으기 때문이다. 실제로 일본의 대도시에서는 일상생활에서 타인과의 거리두기가 비교적 엄격하게 실천되고 있다. 공공장소에서 다른 사람과 몸이 닿지 않도록 주의를 기울이고, 선뜻 다가오는 사람에 대한 경계심도 강하다.

어떤 면에서는 사회적 거리두기가 너무 유난해서 피곤할 지경이다. 길거리에서 목소리를 높여 이야기하는 사람이 드물고, 휴대폰도 진동이나 무음 설정이 기본이다. 덕분에 지하철이나 버스 등 대중교통 수단은 도서관처럼 조용하다. 또한 승객들이 들여다보고 있는 휴대폰 화면에는 엿보기 방지 기능을 갖춘 보호 필름이 붙어 있는 경우도 많다.

그렇다면 지금의 일본 사회에서 '나=나의 신체'라는 서양적 관념이 온전히 받아들여진 것일까? 그렇게 볼 수만은 없는 의외의 장면이 적지 않다. 꽃놀이나 전통적인 축제(일본에는 '마쓰리祭り'라고 부르는 크고 작은 축제 행사가 자주 개최된다) 등 많은 사람이 북적이는 행사에서는 거부감 없이 타인과 몸을 부대낀다. 평소에는 깍듯이 예의를 갖추던 회사 동료가 운동회나 회식 등의 친밀한 자리

에서는 어깨나 팔이 닿아도 크게 신경 쓰지 않는다. 어떤 경우에도 붐비는 상황을 달가워하지 않는 서양 문화와는 사뭇 느낌이 다르다.

사실 일본의 사회적 거리두기는, 사적 영역을 지키겠다는 의지보다는, 다른 사람에게 피해를 주어서는 안 된다는 인식에 의한 측면이 크다. 그 때문에 크게 실례가 되지 않는다고 판단이 될 때에는 거부감 없이 타인과 몸을 맞대는 것이다. 어찌 보면, '사회적 규범을 철저하게 지키는 나'를 철저하게 연출하는 이기적인 도덕 관념이 작용하는 것인데, 그런 면에서 보자면 '나=나의 정신'이라는 전제는 여전히 굳건하다.

포스트 코로나 시대의
사회적 거리두기

— 코로나 팬데믹 속에서 요구되는 사회적 거리두기의 실천이 쉽지 않다는 것을 실감한다. 일상적으로 사람들을 만나고, 수다를 떨고, 함께 일을 도모하는 즐거움이 사라졌다는 점도 스트레스이지만, 사실 서로를 바이러스의 잠재적 전달자로 간주해야 한다는 기본 전제가 여간 불편한 것이 아니다. 전염병 시대에 요구되는 사회적 거리두기는, 나의 독립성을 위한 프라이버시 실천도 아니요, 남에게 피해를 끼치지 않으려는 노력도 아니다. 단지 인간이 바이러스의 도구가 되어서는 안 된다는 절실한 몸부림일 뿐이다.

전대미문의 전염병 사태도 언젠가는 종결될 테지만, 그렇다고 한들 많은 이를 죽음으로 몰아넣은, 보이지 않는 존재에 대한 공포가 순식간에 사라지겠는가. 이 '비인간적'인 행동 지침이 당분간 계속되리라 생각하면 아득하다.

일본 사람은
겉과 속이 다를까?

들켜야 하는 '혼네'와
들키기 위한 '다테마에'

"일본 사람은 정말로 겉과 속이 다른가요?"라는 질문을 종종 받는다. 이런 질문에는 "글쎄요……"라는 애매한 답변만 나온다. 십수 년 동안 일본에서 사회생활을 하면서 직선적이고 솔직한 '돌직구' 전략이 늘 최선은 아니라는 것을 실감했다. 하지만 그렇다고 해서 진솔하고 담백한 교제가 불가능하다는 뜻은 아닐뿐더러, 일본인 친구에게서 겉과 속이 다른 표리부동한 태도를 느낀 적도 없기 때문이다.

삐걱거리는 한일 관계 속에서, '일본인은 겉과 속이 다르다'라는 속설이 부정적 뉘앙스를 풍기며 한층 더 많이 회자되는 경향도 있는 듯하다. 이런 속설을 뒷받침하는 근거로 '다테마에建前'와 '혼네本音'라는, 일본 문화 특유의 화법과 태도가 언급되기도 한다. 다테마에란 원래 집의 골격이 되는 기본 요소를 의미하는데 여기에서

는 '외부에 밝히는 공식적 생각'을 뜻한다. 짝지어서 언급되는 혼네는 '진짜 속마음'이라는 뜻이다. 이런 개념이 존재한다는 사실 자체가, 일본인에게는 공식적으로 드러내는 생각(다테마에)과는 다른, 진짜 속마음(혼네)이 공존한다는 의미로도 읽힌다. 과연 그 럴까?

우회적, 간접적 화법은
한일 문화의 공통분모

— 일본에서는 선물을 상대에게 건넬 때에 "보잘것없는 물건입니다만……"이라는 말을 덧붙이는 습관이 있다. 이런 식의 표현은 군더더기 없이 직설적인 화법을 구사하는 영어 문화권에서는 오해를 사기 쉽다. 말뜻을 곧이곧대로 이해하면 보잘것없는 물건을

선물하는 실례를 스스로 인정하는 말인 양 어색하게 들리기 때문이다.

하지만 일본인의 관점에서 보자면 이는 억울하기 짝이 없는 해석이다. 이 관용구는 정말로 보잘것없는 물건을 선물한다는 의미가 아니라, 자신을 낮춤으로써 상대방을 높이는 겸양의 화법을 예의 바르게 실천한 것일 뿐이기 때문이다.

한국에서도 선물을 줄 때에 "대단한 건 아닙니다만……"이라는 말을 덧붙이는 경우가 있다. 이 역시 선물이 정말로 대단치 않다는 뜻이 아니라 상대방에게 정중함을 표현하기 위한 관용구이다. 실제로는 이런 관용구가 붙는 선물이야말로 정성스레 준비했을 가능성이 높다. 그만큼 깍듯이 대해야 하는, 어려운 상대라는 뜻도 되기 때문이다.

이런 화법의 근저에는 스스로를 추켜올리는 태도가 볼썽사납다고 생각하는 정서가 있다. 이런 정서를 공유하는 한국과 일본에는 자기를 낮추고 겸손을 연출하는 화법과 태도가 공통의 문화적 습관으로 자리 잡고 있다.

문화는 상대적이다. 서양인이, 자신을 낮추는 화법을 겉과 속이 다른 이중적 태도라고 느끼는 것은 어쩔 수 없지만, 존댓말과 겸양의 정서를 잘 아는 한국인이 일본인의 간접적인 화법이 표리부동하다고 단언하는 것은 편견이다. 한국도 일본에 못지않게 우회적인 화법을 선호하지 않는가? 한국인 친구의 "조만간 식사 한번 합시다"라는 인사치레를 곧이곧대로 받아들였다가 낙담했다는 외국인의 이야기가 우스갯소리만은 아닌 것이다.

들켜야 하는 속마음 '혼네', 속마음을 들키기 위한 '다테마에'

— 그렇다면 다테마에와 혼네는, 일본의 고유문화인 양 서양인의 눈에 왜곡되어 투영된 아시아 문화의 단면이라고 해야 할까? 꼭 그렇다고 하기 어려운 일본 고유의 맥락도 존재한다. 예를 들어 직장에서 업무를 마친 상사가 직원에게 회식을 제안했다고 하자. 하루 종일 업무에 시달려 혼자만의 시간이 간절했던 직원은 "안타깝지만 업무가 남아서 회식에 갈 수 없습니다"라고 거절했다. 이 말을 들은 상사가 "그래? 그렇다면 업무가 끝날 때까지 기다리지"라고 대답한다면 아주 큰 '삑사리'이다. 직원은 업무가 남아 있다는 말(다테마에)로 회식에 갈 마음이 없다는 본인의 의사(혼네)를 에둘러서, 하지만 명확하게 표명했기 때문이다. 그 진의를 눈치채지 못하는 상사는 눈치 없고 꽉 막힌 인간임에 틀림없다.

즉, 혼네는 아무도 모르게 꽁꽁 숨겨두는 속마음이 아니라, 상대방에게 들켜야 하는 속마음이다. 달리 표현하면 다테마에는 속마음을 감추는 수단이 아니라, 속마음을 들키기 위한 수단이다. 다테마에로 혼네를 감추는 것이 아니라, 다테마에로 혼네를 에둘러 드러낸다는 해석이 더 어울린다. 그런 점에서 다테마에와 혼네의 문화는 속내를 감추는 이중성과는 거리가 멀다. 정반대로, 간접적이나마 속내를 분명히 드러내는 능동적인 방법이라고 할 만하다.

일반적으로 다테마에와 혼네는 집단에서의 조화로움을 미덕으로 삼는 풍조에서 비롯되었다고 여겨진다. 집단 내의 조화로움을 최고의 가치로 삼는 만큼 구성원 간의 불협화음이 외부로 드러나는 것은 바람직하지 않다. 그렇다 보니 의견이 대립하거나 갈등하는 불편한 상황에서 다테마에와 혼네라는 문화적 코드가 동원된다. 다테마에를 내세움으로써 상대방의 마음을 상하게 할 수도 있는 생각(혼네)을 우회적으로 밝히고, 그 덕분에 상대방도 불편하지 않게 거절이나 반대 의사를 받아들일 수 있다. 갈등 상황을 미연에 방지하고 집단의 조화로움을 유지하기 위한 문화적 해법인 것이다.

다테마에와 혼네는 본질적으로는 상대방의 기분이 상하지 않게 배려하고 미리 갈등이 불거지지 않도록 어루만지는 사교술이지만, 문화적 코드를 공유하지 않은 외국인과의 의사소통에서는 장애물이다. 일본인은 혼네를 알아차려 줄 것을 기대하고 다테마에 발언을 하지만, 혼네를 알아차리지 못한 외국인이 말 그대로 다테마에를 받아들이는 경우에는 소통에 문제가 생긴다. 간접적인 화법에 어느 정도 익숙한 한국인도 일본 사회의 다테마에와 혼네의 감각을 자연스럽게 이해할 때까지는 시간이 필요하다. 한국어로는 각각 '명분'과 '속내' 정도로 번역되지만 문화적으로는 훨씬 복잡한 사회적 맥락을 감추고 있기 때문이다.

뜨뜻미지근한 의사 표명의 관행이
시민사회에는 걸림돌

— 일본에서 코로나 바이러스의 재확산 기세가 심상치 않다.[●] 방역을 강화하기는커녕 관광 지원에 힘 쏟는 정부에 대한 시민사회의 여론은 대단히 부정적이다. 그런데 이 비판 여론이 사회적으로 드러나는 방식은 한국 사회의 감각에서는 그저 뜨뜻미지근할 뿐이다.

예를 들어 야당은 정부에 '감염병 시국에 관광 지원 사업을 벌이는 경위를 제대로 설명하라'라는 의견을 전달했다고 하는데, 분명하게 정부의 방침에 반대한다는 뜻인지, 혹은 경위만 제대로 설명하면 찬성이라는 뜻인지 말뜻이 영 알쏭달쏭하다. 이런 요구가 나왔다는 사실 그 자체가 비판적 여론을 드러낸다고 볼 수는 있다. 하지만 그 우회적인 표현 방식 덕분에 정부가 '경위를 설명할 수 있다'라고 둘러대며 비판을 피해 갈 수 있는 여지가 생긴 것도 사실이다.

다테마에와 혼네라는 일본 특유의 문화적 해법은, 사적인 교류에서 상대방을 배려하고 불필요한 갈등을 회피하는 긍정적 효과를 낳는다. 뭐니 뭐니 해도 직장 상사의 회식 요청을 불편하지 않게 거절하는 정도로 잘 활용된다면 원만한 사회생활을 위한 전술로 삼을 만하다.

● 2020년 8월 5일에 게재된 칼럼이다.

하지만 공적인 의사 표명의 장에서는 오히려 역작용을 부른다. 우회적인 의사 표명이 적절한 강도의 비판과 다양한 의견 수렴을 방해하기 때문이다. 과도하게 다테마에의 조화로움을 추구하다 보면 상황의 심각성을 외면하게 될 뿐 아니라 권력에는 비판을 비껴갈 명분을 줄 수도 있다. 갈등과 불협화음을 피하기 위한 문화적 관행이 정치적으로는 부정적인 요인이 될 수 있다는 생각도 든다.

'아날로그 원어민'이 주도하는 일본 사회

일본에서 디지털 경제의 정착이 더딘 이유

일본에서는 아직 많은 것이 아날로그이다. 내가 사는 도쿄의 맨션의 현관문은 열쇠로만 열 수 있다. 최신식 맨션은 아니지만, 시설이 낡은 단지도 아니다. 일본에서는 도어록이나 카드키 등 디지털 잠금장치보다 열쇠가 안전하다는 인식이 있다. 열쇠를 몸에 지니는 불편이나 분실로 인한 위험성보다, 비밀번호가 유출되거나 카드키의 디지털 정보가 악용될 리스크가 더 크다고 보는 것이다. 그래서 주민들이 함께 쓰는 공동 현관에는 디지털 잠금장치를 도입해도, 집의 현관문은 아날로그 방식을 고수한다.

외국인들은 일본에서 신용카드 사용이 불가능한 가게가 많다는 점에 깜짝 놀란다. 인공지능 로봇이 휴대폰을 팔고, 가상현실 게임기가 세계에서 제일 먼저 상용화되는 나라이지만, 정작 신용카드나 모바일 지불 등 전자화폐는 정착되지 않았다. 사람들이 물

일본에는 시설은 최첨단이지만 신용카드 사용은 불가능한 가게가 적지 않다.
디지털 테크놀로지는 발전했지만, 아날로그 방식에 대한 선호도가 높다.
배경 사진은 도쿄 오다이바^{お台場}에서 촬영한 레인보우 브리지이다.

건을 살 때에 지폐나 동전으로 직접 지불하는 비율이 압도적으로 높다. 2019년 조사 결과에 따르면, 일본의 전자화폐 거래 비율은 20퍼센트도 안 된다. 신용카드 발급 심사 기준이나 세금 투명성 등 금융 정책과도 관련이 있는 만큼 단순 비교는 어렵지만, 이 비율이 90퍼센트에 육박하는 한국과는 차이가 크다.

왜 일본에서는 전자화폐가 정착되지 않을까?

— 일본에서 전자화폐가 정착되지 않는 이유를 둘러싸고 의견이 분분하다. 세뱃돈이나 축의금 등 친한 사람들끼리 현금을 주고받는 전통 때문에, 혹은 거스름돈을 빠르고 정확하게 계산하는 가게 점원들의 능력 덕분에, 현금 선호가 일종의 '문화'가 되었다는 주장도 있다. 하지만 전자화폐 보급률이 높은 한국과 중국에도 세뱃돈이나 축의금 문화가 뿌리내려 있다. 또, 거스름돈 계산 능력이라면 스피드가 생명인 마트나 시장에서 단련된 한국의 자영업자들이 뒤처질 리가 없다. 어설픈 문화론보다는 지갑에 현금이 있어야 안심이 된다는 근거 없는 '심리학'이 설득력 있게 들린다.

분명한 것은, '하이테크 사회'를 자부하는 일본이지만, 아날로그 방식에 대한 선호도가 높다는 점이다. 65세 이상 인구 비율이 세계에서 가장 높은 초고령화사회라는 사실이 그 원인 중 하나이다. 행정이나 금융 등 공공 부문을 포함해 다양한 사회적 서비스의 이용자는 주머니는 넉넉하고 아날로그가 훨씬 편한 노년층이다. 그렇다 보니 젊은이보다는 노년층이 살기 좋은 생활환경을 만드는 것이 우선순위가 되었다. 디지털화를 서둘러 대다수에게 불편한 세상을 부채질할 필요가 없다는 것이다.

디지털과 아날로그, 어느 쪽이 정서적 안정감을 주는가?

— 2000년대 초반에 '디지털 원어민'('디지털 네이티브digital native'라고도 한다)이라는 개념이 세계적으로 화제가 되었다. 태어날 때부터 디지털 미디어가 세상에 존재해, 아날로그보다 디지털 환경에 익숙한 젊은이를 지칭하는 말이었다. 이 말이 나온 것이 벌써 20세기 초쯤이니 그때에 디지털 원어민이라고 불리던 젊은이들도 지금은 불혹을 앞두었다.

당시에 디지털 원어민과 '디지털 이민자digital immigrant'의 차이를 확인하는 방법으로 이런 이야기가 있었다. 이메일을 보내고 '이메일을 보냈으니 체크하라'라고 전화로 확인해야 안심되면 디지털 이민자, 반대로 전화 통화보다 이메일이 더 안심되면 디지털 원어민이라는 것이다. 더 오래전에는, 전자계산기의 결과를 손으로 풀어 확인해야 마음이 놓이면 나이 든 세대, 손으로 계산한 결과를 전자계산기로 검산해야 마음이 놓이면 젊은 세대라는 우스갯소리도 있었다. 실제로 간단한 계산이라면 전자계산기보다 직접 공책에 써서 풀어봐야 더 마음이 놓인다는 사람이 많던 시대가 있었다.

디지털화로 인해 많은 일이 편하고 빨라지는 것은 사실이다. 하지만 모든 일이 편리함과 스피드를 요구하는 것은 아니다. 한번 익숙해지면 외출할 때 현관 열쇠를 챙기는 것이 크게 불편하지 않다. 지갑 속에 두툼하게 지폐를 넣어놓거나 동전을 세는 것도 의외로 기분 좋은 취미이다. 디지털이냐 아날로그냐 하는 선택에는 기능성이나 편리함뿐 아니라, 이유 없는 안도감, 습관이 주는 편안함 등 정서적 요인이 영향을 미친다. 디지털 원어민과 디지털 이민자를 구분하는 경계선도 결국 디지털과 아날로그, 어느 쪽에 정서적 안정감을 느끼느냐는 지점일지도 모른다.

'디지털 원어민'보다 '아날로그 원어민'을 우선시해 온 일본 사회

— 일본에서는 디지털 업무 환경이 갖추어져도 아날로그 매체를 중심으로 업무가 돌아가는 경우가 많다. 나이 든 세대는 이메일에 익숙하지 않은 만큼 전화로 일을 처리하는 것이 더 깍듯한 태도로 받아들여진다. 일본에서는 이렇게 예의 바름의 기준이 나이 든 세대의 정서적 안정감에 맞춰져 있다. 예나 지금이나 일본 사회를 주도하는 이 계층은, 어떻게 보면 아날로그 세계에서 단 한 번도 벗어난 적이 없었다. 디지털 이민자보다도 '아날로그 원어민'이라는 말이 더 어울린다.

공직자를 뽑는 선거는 일본 사회가 아날로그 원어민의 감성에 얼마나 충실한지 적나라하게 보여준다. 투표 용지에 후보의 이름을 자필로 쓰는, 반세기 전 방식이 아직도 유지되고 있다. 후보자 이름의 한자를 잘못 쓴 무효표가 적지 않게 나온다. 디지털 미디어의 자동 변환 기능을 활용한 글쓰기에 익숙한 젊은이에게는 투표 용지에 한자로 이름을 쓰는 방식이 어렵고 어색하다. 디지털 원어민에게 더없이 불편한 선거 시스템을 만들어 놓았으니, 젊은 층의 투표율이 낮다고 탓할 것만은 아니다.

그러던 일본 사회가 코로나19 사태 이후, 디지털 원어민의 목소리에 귀를 기울이는 쪽으로 방향 전환을 모색하고 있다. 감염병 사태에 대응하는 행정 서비스의 느리고 복잡한 절차가 골칫거리로 떠올랐기 때문이다. 디지털의 장점인 스피드와 편리함, 절차의 간소화가 절실하다는 목소리가 커졌다. 정부가 앞장서서 공문서의 전자화, 온라인 행정 처리의 강화 등을 적극적으로 추진하겠다는 것은 좋은데, 도장을 대신할 '전자 인감' 제도를 도입하겠다는 등 답답한 구체안을 보면 아날로그 원어민의 발상에서 벗어나기는 쉽지 않겠다 싶다.

디지털이 항상
좋은 것은 아니다

— 일본 사회와 비교하자면, 한국은 디지털 원어민을 위한 사회로 연착륙한 듯이 보인다. 나이 든 세대도 문제없이 채팅 앱으로 동영상을 주고받고 인터넷 검색도 뚝딱 해낸다. 많은 아날로그 원어민이 디지털 이민자로 무사히 정착한 것은 긍정적이지만, 한국

에서는 디지털이라면 무조건 바람직한 일인 양 진행하고 보는 성급함이 문제가 된다. 인류 역사에서 디지털이 더 최근에 등장했다는 것은 팩트이지만, 모든 면에서 '앞선다'라고 말하기에는 무리가 있다.

특히 디지털 미디어의 사회적 영향을 연구하는 입장에서는 아날로그가 디지털보다 평등한 기회를 제공하는 사례를 적지 않게 발견한다. 예전 방식에 익숙한 고령자들이나 경제적인 이유로 디지털 플랫폼에 접근하기 어려운 사정에 있는 사람들도 있다. 그들에게는 디지털 서비스가 무용지물일 뿐 아니라, 아날로그 플랫폼이 훨씬 이용하기 편리한 도구인 것이다. 또, 나날이 증가하는 디지털 범죄의 위험을 피한다는 점에서도, 아날로그를 단순하게 과거의 '적폐' 취급할 일은 아니라는 생각도 든다.

일본처럼 아날로그만을 고수하는 것도 어리석지만, 한국처럼 다양한 디지털 주민에 대한 배려가 부족한 것도 문제가 될 수 있다. 다양한 디지털 주민이 공존하는 환경이 앞으로 좋은 세상의 중요한 조건이라는 점은 의심할 여지가 없다.

간토와 간사이,
일본에 공존하는 다른 문화
도쿄와 오사카의 '이문화'를 이해하기

도쿄에서 신칸센을 타고 두 시간 남짓 달리면 일본에서 두 번째로 큰 도시 오사카에 다다른다. 기차에서 내리자마자 오사카에 왔다는 것을 실감하는 순간이 있다. 개찰구로 향하는 에스컬레이터를 탈 때이다. 보행자를 위해 에스컬레이터 한쪽 줄을 비워놓는 관행은 동일한데, 도쿄에서는 오른쪽 줄을 비우고 오사카에서는 왼쪽 줄을 비운다. 도쿄에서처럼 무심코 오른쪽을 비웠다가는 십중팔구 걸어서 에스컬레이터를 오르는 바쁜 여행자들과 몸을 부딪힌다. 그제야 깨닫는다. "아차, 여기는 도쿄가 아니라 오사카였지!"

간토와 간사이,
두 문화는 어떻게 다를까?

— 외국인에게는 도쿄나 오사카나 뭉뚱그려 똑같은 일본 문화로

보인다. 하지만 일본인의 눈에는 이 두 도시의 문화적 차이가 크다. 일본은 크게 '간토^{関東}'와 '간사이^{関西}' 지방으로 구분된다. 간토 지방은 수도 도쿄가 중심인 일본 열도의 동쪽을, 간사이 지방은 오사카가 중심인 서쪽을 가리킨다. 간토와 간사이의 명확한 경계선이 어디인지를 둘러싸고 시대마다 해석이 분분한데, 그만큼 두 지방을 이질적인 문화권으로 구분한 역사가 길다.

'이문화 커뮤니케이션'이라는 과목을 가르치는 동료는 '이문화inter-cultural, cross-cultural'라는 개념을 해설하기 위해 간토와 간사이의 문화적 차이를 사례로 든다고 한다. 일반적으로 이문화라는 용어는 동서양처럼 지역적으로나 역사적으로나 매우 동떨어진 상황, 혹은 영어권과 중국어권처럼 언어, 종교, 생활 습관 등이 명백히 다른 상황을 설명하는 개념이다. 같은 일본에서, 그것도 고속철도로 두세 시간이면 오가는 두 지역인데 '이문화'라니, 처음에는 그의 말이 농담인가도 싶었다.

일본인의 눈에는 크게 보이는 간토와 간사이의 문화적 차이란 무엇일까? 우선 거론되는 것은 사람들의 기질이 다르다는 점이다. 간사이 사람은 성질이 급하고 외향적이다. 유머 감각을 중시하고 처음 보는 사람에게도 선뜻 말을 건넨다. 간사이 사람들과의 모임에서는 쉴 새 없이 농담이 오가고 분위기가 화기애애하다. 반면 간토 사람은 진지한 성격에 개인주의적 성향이 강하다. 예의바르지만 인간적으로는 건조하다는 평이 많다. 아무래도 간사이에 화려하고 주목받는 캐릭터가 많다. 인기 있는 희극배우 중에는 간사이 출신이 압도적으로 많고, 오사카 사투리는 개그 유행어의 단골 레퍼토리이다.

이런 간사이 사람에게 간토 사람의 차분함은 위선적이고 의뭉스럽게 보인다. 인생을 즐길 줄 모르는 외골수라는 혹평도 따라붙는다. 물론 간토 사람도 간사이 사람에 대한 평가가 박하다. 간토 사람이 볼 때 간사이 사람은 풍류를 아는 멋쟁이와는 거리가 멀다. 여과 없이 자기 의견을 들이미는 사귀기 피곤한 부류이다. 서로에 대한 가혹한 평가는 피차 일반인 것이다.

개인의 성격이 출신지로 정해지겠느냐마는 도쿄와 오사카의 거리를 걷다 보면 두 도시의 분위기가 다른 것이 피부로 느껴진다. 예를 들어, 도쿄에서는 지하철 안에서 목소리를 높여 떠드는 사람을 보기 힘들다. 거리는 차분하고 서로에게 상관하지 않는 분위기라서 귀찮은 일에 휘말릴 일도 없다. 반면, 오사카의 거리나 가게는 제법 떠들썩하고 흥겹다. 처음 보는 사람이 불쑥 말을 거는 친근함은 좋지만 부담스럽기도 하다. 이런 차이를 경험하다 보면 간토·간사이 이문화 가설에 은근히 납득하고 마는 것이다.

사실 다르다는 데에 방점을 찍고 보면 간토와 간사이 지방의 차이점은 셀 수 없이 많다. 예를 들어, 간토 지방의 우동 국물은 멸치나 가쓰오부시 등 건어물로 맛을 내고 간장으로 간을 맞추어 검정에 가까운 짙은 색이다. 반면, 간사이 지방의 우동 국물은 다시마로 맛을 내고 소금으로 간을 맞추어 맑고 옅다. 한국의 음식점에서 매운맛, 순한 맛을 선택하듯이, 국물 맛을 간토풍, 간사이풍 중에서 선택하도록 배려하는 국숫집도 있다. 주먹밥도 간토 지방에서는 위가 뾰족한 삼각뿔 모양의 '오무스비おむすび'가 대세, 간사이 지방에서는 동글납작한 쌀 가마니 모양의 '오니기리おにぎり'가 대세이다.

같은 한자인데도 간토와 간사이의 읽는 방법이 다른 경우도 있다. 도쿄에도 오사카에도 한자어로는 동일하게 '日本橋'라고 표기하는 전철역이 있는데 도쿄는 '니혼바시nihonbashi, にほんばし', 오사카는 '닛폰바시nipponbashi, にっぽんばし'가 정식 명칭이다. 심지어는 사용하는 전기 주파수도 간토는 50헤르츠, 간사이는 60헤르츠로 서로 달라서, 가전제품을 교차해 사용할 때에는 주의가 필요하다.

'우리는 도쿄와는 다르다'라는
간사이 지역의 뿌리 깊은 정서

— 지역에 따라 서로 다른 문화적 관습이 존재하는 것은 자연스럽다. 넓지 않은 한반도만 해도 남도와 북도의 음식 맛이 다르고 지역마다 독특한 생활 습관과 사투리가 있지 않은가. 그런데 자질구레한 지역 간의 차이를 굳이 이문화라고 해석하는 것은 좀 다른 맥락에서 볼 필요도 있다.

예를 들어, 앞서 소개한 에스컬레이터 한 줄 서기 관행의 차이는 도쿄와 오사카의 이문화를 상징하는 사례로 자주 언급된다. 하지만 에스컬레이터의 어느 쪽 줄을 비워놓을까 하는 문제는 도시의 역사나 자연환경 등 지역 특성이 영향을 미칠 만한 사안은 아니다. 그보다는 도쿄와는 다른 방식을 고집하는 오사카 사람들의 반골 기질에서 굳어진 사회적 관행이라고 해야 할 것이다. 동일한 한자를 굳이 다르게 읽거나, 혹은 서로 다른 주파수의 전력을 고집하는 일 등도 불편함과 혼란을 감수하더라도 도쿄와는 다른 노선을 고수하겠다는 지역사회의 의지가 반영된 결과로 보인다.

간사이 사람들에게는 역사적, 문화적으로 도쿄에 귀속되지 않는다는 뚜렷한 자부심과 정체성이 있다. '우리는 도쿄와는 다르다'라는 암묵적 정서에 기반해서, 간토와는 다른 생활양식과 습관을 의도적으로 실천해 온 역사가 있는 것이다.

도쿄가 올림픽 준비로 열을 올리고 있을 때에도, 오사카의 반응은 뜨뜻미지근했다. 올림픽 개최에 대해 냉소적인 의견도 적지 않아서, 올림픽을 위해 일사불란하게 움직이던 도쿄와는 사뭇 다른 분위기였다. 사실 오사카 사람들에게는 개최가 코앞으로 다가온 도쿄 올림픽보다도 2025년에 오사카에서 열릴 만국박람회가 훨씬 더 설레는 일이다. 최근에는 오사카시와 인근 지역을 통폐합해서 도쿄와 동급의 '도道'(한국의 '특별시'에 해당하는 상위 행정구역)로 승급하는 행정 개편안이 주민투표에 부쳐지는 일이 있었다. 정치적으로는 좀 더 복잡한 사정이 얽혀 있었고, 개편안의 내용도 부실해서 결국은 부결되고 말았다. 하지만 도쿄에 집중된 사회적 인프라를 지방으로 분산해야 한다는 본격적인 주장이 나올 수 있는 곳은 역시 오사카인 것이다.

도쿄가 일본 사회와 문화의 모든 것을 대변하지는 않는다

━ 수도인 도쿄가 정치, 경제, 행정의 구심점으로 일본을 대표하는 역할을 하는 것은 사실이다. 도쿄에는 외교관이나 매스미디어의 특파원도 상주한다. 그곳의 사회적 분위기가 일본 사회 전체의 일인 양 전해지는 것도 무리는 아니다. 하지만 도쿄가 일본 사회와 문화 전체를 대변하지는 않는다. 일본에서 재일 한국인을 타깃으로 하는 '혐오 발언'이 눈에 띄게 늘어나고 있는 것은 한국에도 알려져 있다. 하지만 오사카에서 이런 '혐오 발언'을 금지하는 조례를 앞장서 도입했다는 점, 혐오 발언을 한 인물의 신상을 공표하도록 정한 이 조례가 프라이버시를 침해한다며 극우 단체가 제

기한 위헌 소송이 최근 기각되었다는 점은 알려지지 않았다. 정치적인 우경화가 일본 전체적으로 두드러지고 있는 것은 사실이지만, 적어도 간사이 지방에서는 다른 목소리가 나오고 있다.

오사카처럼 도쿄와의 대결 정서가 강한 지역도 있고 여기에서는 언급하지 않았지만 규슈나 홋카이도처럼 독자적인 특성이 강한 지역사회도 있다. 같은 나라라고 해서 단 하나의 얼굴로 이해할 필요는 없는 것이다.

노익장의 일본 사회

'새로움'보다 '원숙함'을
높이 평가한다

지난주● 일본에서 한 만화가의 은퇴 소식이 깜짝 뉴스로 회자되었다. 1958년 18세 나이에 만화가로 데뷔한 이후 무려 62년 동안 야구 만화를 그린 원로 만화가 미즈시마 신지水島新司 씨가 현역 은퇴를 공식적으로 발표한 것이다. 〈도카벤〉, 〈아부상〉 등 인기 있는 정통파 야구 만화를 그린 만화가로, 한국에서도 작품을 접한 이가 있을 듯하다. "앞으로도 만화계와 야구계의 발전을 진심으로 기원한다"라는 작별의 말에 결연함이 서려 있었다.

그의 만화를 즐겨 보지는 않았지만 이 은퇴 소식은 내게도 인상적이었다. 무엇보다 은퇴를 발표한 그의 나이가 만 81세라는 점이 놀라웠다. 한국에서는 81세라면 자타 공인 '인생의 황혼기'로,

● 2020년 12월 9일에 게재된 칼럼이다.

이미 수십 년 전에 현역에서 물러나 '제2의 인생', 어쩌면 '제3의 인생'을 살고 있다고 해도 이상하지 않을 연배이다. 그 나이까지 작품 활동을 계속했다는 사실에 노익장을 느꼈다.

"여기서 멈추다니 아쉽다"

— 일본 야구 만화의 살아 있는 증인이 은퇴하는 만큼, 야구 만화 팬들이 섭섭함을 표하는 것은 당연하다. 그런데 평소 그와 친하게 지내왔다는 동년배의 만화가는 "최근까지 작품에 몰두했는데 갑작스럽게 은퇴라니 안타깝다"라고 말했다. 무려 60여 년 동안 외길 인생을 걸어온 이에게 "할 만큼 했다"라고 노고를 치하하지 않고 "여기서 멈추다니 아쉽다"라고 표현하니 뜻밖이었다.

나이가 드는 것은 인간이라면 누구나 겪는 과정이다. 이른바

'관리'를 하면 겉모습은 젊음을 위장할 수 있겠지만, 그럼에도 노화를 멈출 수 없다는 것은 스스로가 제일 잘 안다. 크게 반길 만한 일은 아니겠지만 거부해도 소용없는 변화인 것이다. 하지만 나이가 든다는 것은 달리 보면 나날이 경험이 쌓이고 원숙해지는 '성숙'의 과정이기도 하다. 관점에 따라 나이 듦을 전혀 다르게 평가할 수 있다. 80대 만화가의 은퇴가 아쉽다는 것도 더 이상 그의 원숙한 작품을 접할 수 없다는 것을 서운해하는 마음일 것이다.

그런 면에서 스포츠 만화라는 젊은 사람들이 좋아하는 장르에서 62년 동안 성실하게 커리어를 쌓아온 만화가의 이야기는 어딘가 마음을 울린다. 반세기를 넘는 오랜 기간 작가는 곁눈질하지 않고 작품 세계에 몰두했다(그는 자기 작품을 원작으로 한 야구 영화에 카메오로 출연한 적이 있을 뿐, TV 프로그램 등에 얼굴을 내민 적이 거의 없다). 출판업계는 그런 그를 외면하지 않고 전문성에 꾸준히 투자했다. 독자는 이 만화가의 원숙함에 변함없는 '팬심'으로 보답했다. 이 만화가의 노익장은 홀로 고군분투한 결과로 실현된 것이 아니다. 작가와 독자, 출판계가 삼위일체로 합심해서, 일본 야구계 전체에 영향을 미칠 만한 거물 만화가를 키워냈다고 해야 마땅하다.

경험과 전문성을 높이 평가하는 일본 사회

— 일본 사회는 경험이 풍부한 장년층과 노년층의 활약이 두드러

진다. 65세 이상 고령자 비율이 전체 인구의 3분의 1에 육박하는 초고령사회라는 점도 영향을 미쳤겠지만, 사회 전체적으로 연륜과 전문성을 높이 평가하는 분위기가 있다. 일본에서는 80대에 은퇴를 결의하는 노장 만화가 이야기 정도는, 흔치는 않지만 그렇다고 대단히 이례적이지도 않다.

나만 해도 일본의 학회에서 종종 뵙던 M 선생님이 떠오른다. 90대 나이로 지난해에 작고하신 선생님은 80대 시절 늘 백팩을 짊어진 모습으로 학회에 나타났다. 사실 그 학회는 젊은 시절 그의 뛰어난 연구 성과를 이어받은 기라성 같은 그의 제자들이 설립했다. 근엄하게 연단에 올라 기조 연설을 해야 마땅한 석학이었지만, 선생님은 어디까지나 현역 연구자로서 학회에 참가했다.

백팩에서 노트북을 꺼내 들고 최근 연구 결과를 발표하고 대학원생들과 격의 없이 토론했다. 사회적 지위에 안주하지 않고 연구자로서의 전문성을 성실하게 추구하는 그의 열정이 후진들에게는 큰 자극제였다. 경험과 전문성을 높이 평가하는 풍토가 있기에 나이와 무관하게 현역으로서 정진하는 열정이 진가를 발휘할 수 있었다고 본다.

'원숙함'이냐, '새로움'이냐. 사회적 가치 평가 기준으로 어느 쪽이 우월하다고 단언하기는 어렵다. 다만, 81세에 은퇴를 결심한 원로 만화가나, 대학원생들과 동등하게 토론을 벌이는 80대 석학의 사례가 보여주듯, 일본 사회는 장시간에 걸쳐 쌓아온 경험과 전문성의 장점을 취하는 데에 더 적극적이라는 점은 분명하다. 새로운 변화에 적응할 때에는 헛발질도 많다. 하지만 경험과 전문성이 중요한 분야에 있어서는 여전히 저력을 발휘하고 있다.

나이가 들면 '꼰대' 아니면 '퇴물', 한국 사회를 되돌아보아야

— 현재 일본의 고령자 집단은 전쟁 이후 급격한 사회변동과 '버블 시대'의 풍요로움을 경험한 세대이다. 특히 태평양전쟁(1947~1948)에서 패전한 직후에 태어난 '단카이 세대'^{団塊世代}('베이비 부머'를 뜻하는 일본식 조어)가 일본 전체 인구 중 가장 두꺼운 연령대를 구성한다.

이들은 전쟁이 끝난 빈곤한 시절에 태어나 고도의 경제성장을 이끌어 낸 주역으로 지금의 젊은 층에 비해 진취적인 태도가 두드러진다. 이제 '겨우' 70대 중반인 이들은 정치, 경제, 문화 등 다양한 분야에서 일본 사회의 원숙한 버팀목이다. 고도 소비사회의 주역이며, 다른 한편으로는 시민 의식이 비교적 높은 세대이기도 하다.

일본 사회가 젊은 패기보다 원숙한 전문성을 선호하는 것은, 이들 세대의 목소리가 크기 때문이라는 시각도 있다. 실제로 고령자 인구 집단의 경제적 영향력은 젊은 세대를 압도한다. 사회문제에 대해서도 적극적으로 의견을 내는 편이다. 그렇다 보니 그들의 장점인 '원숙함'이 젊은 세대의 '새로움'보다도 긍정적인 가치 평가 기준으로 자리 잡았다고 볼 수도 있다.

일본의 원로 '현역'들이 안정적으로 대활약을 펼치는 것은 그것 대로 긍정적이라고 할 수 있지만, 다른 한편으로는 젊은이들이 진취성을 발휘하기 어렵다는 비판도 있을 수 있다. 일본 사회가 변화에 둔감하고 도전에 소극적이라는 인상을 주는 것도 이런 점과 관계없지는 않을 듯하다.

어떻게 보면 한국 사회와는 정반대이다. 한국의 원로들은 일찌감치 뒷전으로 물러나 '꼰대'가 되거나, 아니면 '퇴물' 취급을 받곤 한다. 정통 멜로 영화로 1980년대와 1990년대를 풍미했던 유명 영화감독이 58세라는, 일본에서라면 창창한 현역의 나이에 일이 끊겨 우울함에 시달리다가 극단적 선택을 했다는 뉴스를 들은 지도 꽤 되었다. 대기업에 근무하는 40대는 진지하게 명예퇴직을 고민해야 한다고도 하고, 창의력으로 승부하는 문화 예술 분야에서는 나이가 들면 금세 '감각이 떨어진 것이 아니냐'라는 시선을 견뎌야 한다고도 한다. 이래서야 전문성에서 우러나는 '원숙함'이 제대로 설 길이 없지 않은가 하는 걱정도 생긴다.

사실 일본 사회가 변화에 둔감하다는 평가는, 눈이 핑핑 돌아가게 빠르게 변화하는 한국 사회에 비해 상대적으로 그렇다는 것이다. 전통과 습관을 중시하는 유럽 등 세계의 다른 지역과 비교하자면 일본 사회가 변화를 받아들이는 속도도 결코 느리지는 않다. 한국 사회가 오랫동안 노력하고 인내해야 발현되는 경험의 힘을 너무 평가절하 하는 것은 아닌지 새삼 되묻게 된다.

일본 사회,
'매뉴얼 왕국'의 명암

'모노즈쿠리'에는 강점,
코로나 시대에 약점인 매뉴얼주의

일본 사회는 '매뉴얼 왕국'이라고 불러도 좋을 정도로, 다양한 상황에서의 행동 지침이 촘촘하게 매뉴얼화되어 있다. 정부나 대기업 등 상시적으로 돌아가는 큰 조직은 물론이거니와, 자그마한 구멍가게나 일회성 행사에도 매뉴얼이 존재한다. 심지어 대부분의 매뉴얼이 '제대로 지켜진다'.

언제 어디서나 매뉴얼이 잘 지켜진다는 사실이 의외라는 한국인이 많다. 요즘 말로 '케바케'('케이스 바이 케이스'의 줄임말로, '상황에 따라 다르다'라는 뜻의 은어)를 중시하는 한국 문화에서는, 일본 문화의 '에프엠'('필드 매뉴얼'의 줄임말로 '원리원칙대로 하다'라는 뜻의 은어) 정신보다는 재빠른 상황 판단과 유연한 대처가 더 후한 평가를 받기 때문일 터이다.

일본의 모노즈쿠리 문화를 만들어 가는 장인 정신은
원칙과 경험을 중시하는 철저한 매뉴얼주의에 기반하고 있다.
사진은 장인이 옛날 방식을 고수해 만든
유리 그릇의 전시장이다.

매뉴얼주의에 대한
한일 온도 차

— 정반대로 일본인들은 한국에서 때때로 매뉴얼이 가볍게 무시되는 사실에 깜짝 놀란다. 몇 년 동안 여의도에서 근무했던 일본인 직장인에게 들은 에피소드이다. 야근 후 자주 들르던 회사 앞 편의점에서 낯익은 한 직원이 어느 날 "왜 매일 밤 컵라면을 드세요?"라고 말을 걸었다는 것이다. 잦은 야식으로 불어나는 체중에 가뜩이나 우울하던 그는 "그런 질문이 매뉴얼에 있을 리가 없지 않나요?"라고 따졌지만, 그러든 말든 "건강에 안 좋습니다"라며 능청을 떨던 직원과 결국 친한 사이가 되었다는 이야기이다.

이런 일이 일본의 편의점에서 일어날 확률은 '0'에 가깝다. 자주 보고 얼굴이 익어도 매뉴얼에 없는 사적인 대화는 삼가기 때문이다. 사실 매뉴얼대로만 행동하는 것이 매사에 무탈한 것은 사실이다. 앞서 소개한 해프닝도 다행히 해피엔드로 끝났지만, 삐끗했다가는 '직원의 무례한 서비스' 논란이나 '손님의 갑질' 논란으로 번질 수도 있었다. 아무리 좋은 의도의 말이라고 해도, 손님과 직원 양쪽에 불필요한 심적 부담을 줄 수 있다.

최근에는 한국에서도 매뉴얼주의가 강세라고 한다. 편의점에서도 직원과 손님 사이에 돌발적으로 대화가 오가는 상황은 예전보다 많이 줄었다. 하지만 그렇다고 해서 매뉴얼과는 무관한 말은 단 한마디도 오가지 않는 일본의 편의점과는 분위기가 매우 다르다는 것을 실감한다.

한일 간 매뉴얼을 대하는 관점은 매우 다르다. '매뉴얼은 필요악'이라고 생각하는 한국인에게는 어떤 상황에서든 매뉴얼을 철저히 지켜야 된다는 일본인이 융통성 없는 고집쟁이로 느껴진다. 거꾸로 '매뉴얼은 절대 선'이라고 생각하는 일본인에게는 상황에 따라 매뉴얼을 간단히 무시하는 한국인이 허점투성이로 보이기 일쑤인 것이다.

'모노즈쿠리', 예측 가능한 재해 상황에서는 강점

━ 일본 사회에서 매뉴얼이 이처럼 중요해진 배경에는, 거대한 정부 관료 조직이나 대기업의 조직 문화의 영향을 무시할 수 없다. 거대한 조직이 일사불란하게 움직이기 위해서는 예측 불가능성을 줄이는 것이 무엇보다 중요했고, 그래서 모두의 행동과 동선을 미리 약속하는 매뉴얼을 철두철미하게 갖추는 것이 효과적이었다. 타인에게 폐를 끼치는 것을 극도로 삼가는 문화적 성향도, 매뉴얼주의가 일상 속으로 파고드는 데에 일조했다.

매뉴얼주의는 일본 사회가 자랑하는 '모노즈쿠리ものづくり' 정신을 실천하는 데에 강점이 된다. 모노즈쿠리는 '물건 만들기'라는 뜻의 일본어인데, 일본의 전통문화 속에서 잉태된 장인 정신을 칭송하는 말이다. 한때 세계 시장에서 넘볼 수 없는 강자였던 일본 제조업의 비결이, 원칙을 중시하는 완고한 장인 전통에서 비롯되었다는 의미에서 회자되기 시작했다. 제조 공정에 대한 꼼꼼한 매뉴얼

과 완고하게 이를 고수하는 태도는 물건의 완성도를 높이고 제품의 하자를 줄인다. 손재주가 없는 사람도 매뉴얼을 철저하게 지킴으로써 장인처럼 훌륭한 물건을 만들어 낼 수 있다. 매뉴얼주의가 진가를 발휘하는 순간이다.

지진이나 태풍 등의 재해 상황에서도 꼼꼼한 사전 준비와 매뉴얼이 큰 활약을 한다. 2011년 동일본 대지진 당시, 적지 않은 지진 피해에도 침착하게 대응하는 일본 시민들의 모습이 화제가 되었다. 일본 시민들이 지진에 특히 강한 마인드를 가졌다기보다는, 지진이 일어났을 때의 행동 요령에 대한 매뉴얼을 철저하게 숙지해 두었기 때문에 비교적 차분하게 행동할 수 있었다. 나도 대학 캠퍼스에서 대지진이 발생할 경우에 대비한 소형 매뉴얼북을 지갑에 항상 넣고 다닌다. 근무하는 대학에서 배포한 매뉴얼인데, 강의 중에 지진이 발생하면 학생들을 안전하게 대피시키는 책임이 있는 입장에서 심적으로 위안이 된다.

예측 불가능한 상황에서는
오히려 장애가 되는 매뉴얼주의

— 반면, 매뉴얼이 없느니만 못한 경우도 있다. 동일본 대지진 직후에 터진 후쿠시마 원자력발전소 사태가 전형적인 예이다. 다양한 종류의 원전 사고를 대비해 치밀한 행동 지침이 마련되어 있었지만, 대규모 지진해일로 발전소의 주 전원과 비상 전원이 순식간에 전멸하는 파괴적 상황까지는 상정되어 있지 않았다. 매사에 기

준이 되는 행동 지침이 사라지자, 일본 정부도, 전력 회사도, 전대미문의 사고를 처음 접한 시민들도 패닉에 빠졌다. 즉흥적으로 방법을 찾고 시행착오를 감수하며 실행하는 것은 경험해 본 적 없는 낯선 일이기 때문이었다.

예측 가능한 상황에서 매뉴얼은 선지자의 풍부한 경험이 담긴 조언이겠지만, 누구도 겪어본 적이 없는 상황에서 매뉴얼은 종이 쪼가리에 불과하다. 자칫 잘못하면 매뉴얼이 오히려 사태를 악화시킬 수 있다. 이치에 맞지 않는데도 무리하게 매뉴얼을 고수하다가 일을 그르칠 수도 있고, 알맞은 매뉴얼 지침이 없다는 사실 때문에 허둥대느라 터무니없는 실수를 할 수도 있다.

코로나19 사태, 한계를 드러내는 매뉴얼주의

— 처음 경험하는 코로나 팬데믹 속에서 일본 사회가 다시 한번 매뉴얼주의의 부작용에 몸살을 앓는 듯하다. 의료 기관에서 보건소로 정보를 공유하는 방법이 팩스 송신으로 한정되는 바람에 감염자 집계에는 오류가 속출한다. 가계 보조를 위해 지급하는 특별급부금은, 온라인으로 신청은 받지만 공무원이 일일이 수작업으로 데이터를 체크하다 보니 지급되기까지 시간이 걸린다. 코로나19 사태로 생계를 위협받는 시민들은 1분 1초가 급한데, 두꺼운 업무 매뉴얼이 신속한 대응의 장애물이 되고 있는 것이다.

어떻게 보자면, 한국 사회가 코로나19에 비교적 효과적으로 대응했던 것은 매뉴얼에만 매달리지 않는 유연성도 큰 몫을 했다. 감염병 초기에 진단 키트에 대한 긴급 사용을 허가하고, '드라이브 스루' 등의 기발한 아이디어를 바로 실행에 옮겼다. 그때그때 상황에 맞게 판단하고 발빠르게 실천한 결과였다. 적어도 이번 사태는 경우에 따라서는 창의적인 임기응변이 매뉴얼주의보다 더 효과적일 수 있다는 사실을 증명했다.

앞으로도 사회가 변화하는 속도는 더 빨라질 터이고, 코로나19 사태처럼 과거에 경험한 적 없는 시련이 또다시 닥쳐올 가능성도 작지 않다. 시의적절하고 창의적인 임기응변이 앞으로 다가올 사회에서는 핵심 전략이 될지 모른다. 그런 면에서 일본 사회는 매뉴얼주의의 부작용을 극복해야 한다는 중요한 숙제를 하나 받아들었다.

그런데 함께 생각해야 하는 것은, 임기응변은 어디까지나 임기응변일 뿐, 정공법은 아니라는 점이다. 한국에서는 얼마 전 이천 물류 창고에서 발생한 화재로 수십 명이 속절없이 목숨을 잃었다. 안전불감증에서 비롯된 대형 사고가 끊이지 않는 것을 보면, 매뉴얼을 경시하는 풍조가 얼마나 위험한지도 통감한다. 경험을 온전한 교훈으로 후대에 전달하는 매뉴얼의 힘을 무시해서는 안 된다. 매뉴얼주의에 빠져 유연성을 잃는 것은 경계해야 마땅하지만, 원칙주의에서도 배울 점은 있다.

'스미마센'의 화법을
통해 바라본 일본 문화
공동체 일원으로서의
자기 결의

일본에 살면서 '스미마센すみません'이라는 말이 입에 붙어버렸다. 한국어로는 '죄송합니다'라고 번역되는 말이다. 일본에서는 다양한 상황에 유용하게 쓰이는 표현이다 보니 하루에도 수십 번씩 입 밖으로 내게 된다.

버릇이라는 것이 한번 들면 벗어나기가 쉽지 않은 법. 한국에 돌아온 뒤에도 습관처럼 아무 때나 '죄송합니다'라고 사과한다. "폐를 끼친 것도 아닌데 자꾸 사과하지 말라"라는 주변의 조언도 들었다. 사실을 말하자면 매사에 폐를 끼칠까 봐 저어하는 조신한 성격은 아니다. 일본에서 '스미마센'을 외치는 기세로 나도 모르게 '죄송합니다'가 튀어나온 것뿐이었으니, 그냥 멋쩍게 웃고 지나갈 수밖에.

'스미마셍', 한국어로는
'죄송합니다'이지만……

— 일본에서 스미마셍의 용법은 실로 다양하다. 사과나 사죄를 위해 쓸 때도 있지만, 체감상으로는 고맙다는 뜻으로 쓸 때가 더 많다. '고맙습니다'라는 뜻의 '아리가토ありがとう'라는 말이 있지만, 많은 경우에 이 말을 스미마셍으로 대체할 수 있다. 하지만 두 표현의 뉘앙스가 완전히 똑같지는 않다.

예를 들어, "오늘 입은 옷이 참 잘 어울린다!"라는 칭찬에 대해서는 "아리가토!"라고 담백하게 응답하는 것이 무난하다. 그런데 누군가가 나에게 맛있는 커피를 타주었다면, "스미마셍!"이라고 응대하는 것이 좀 더 예의 바른 느낌이 든다. "아리가토"라고 해도 문제는 없다. 다만, 나를 위해 일부러 수고스러운 행동을 해준 상대방에게 감사함과 미안함을 동시에 표현하는 것이 일본 문화에서는 더 자연스럽다.

한편, 음식점에서 점원을 부를 때, 가게에서 물건값을 물어볼 때 등 다짜고짜 본론으로 들어가기에는 애매한 상황에서도 스미마센으로 말문을 연다. '당신의 일을 방해해서 죄송합니다'라고 정중하게 양해를 구하는 의미로, 친분이 없는 상대에게 말을 걸 때에 심적 부담을 덜 수 있다. 한국에서는 음식점에서 주문을 할 때에도 '여기요', 가게에서 물건값을 물어볼 때에도 '여기요', 행인에게 길을 물어볼 때에도 '저기요'이다. 일본에서는 스미마센이 바로 이렇게 만사에 통하는 관용구이다.

채무 의식을 주고받으며 굴러가는 일본 문화

— 일본인은 왜 이렇게 다양한 장면에서 사과하고 머리를 조아리는 것일까? 사실 이 습관적인 사과의 화법에 상대방에게 진지하게 용서를 구하는 겸손의 정서가 깔려 있다고 보기는 어렵다. 오히려 정반대로 '남에게 빚지고 싶지는 않다'라는 자기만족적인 생각이 더 강하게 작용한다.

스미마센은 '빌린 것을 갚다'라는 뜻의 동사 '스무濟む'의 부정형으로, 말뜻을 그대로 옮기면 '아직 빚을 갚지 못했습니다' 또는 '아직 끝나지 않았습니다'라는 의미이다. 혹은 이 말의 어원을 '깨끗하게 맑아지다'라는 뜻의 동사 '澄む'(한자는 다르지만 '濟む'와 동일

하게 '스무'라고 읽는다)에서 찾는 학자도 있다. 이 동사에 부정형 어미가 붙은 것이 '스미마셴'으로, '내 맘이 썩 편치 않습니다'라는 의미를 담고 있다고 해석하는 것이다.

일상적으로는 '송구스럽습니다^{恐れ入ります}', '드릴 말씀이 없습니다^{申し訳ありません}', '(내가) 나빴다^{悪いね}' 등 다양한 사과의 표현이 감사를 표명하는 장면에서 활용된다. 어떨 때에는 과하다 싶을 정도로 깍듯한 사과의 화법이 군건하게 정착되어 있는 것이 사실이다. 다양한 사죄 화법의 근저에는 상대방에게 빚을 졌다는 상황 인식, 그로 인해 자신의 마음에 불편함이 있다는 정서가 에둘러 표현되고 있다고 보아도 좋다.

『국화와 칼』을 쓴 루스 베네딕트도 사죄 표현이 자주 사용되는 독특한 일본어 화법에 주목했다. 그녀는 이 말의 근저에 일본인이 서로에게 갖는 강한 채무 의식이 깔려 있다고 해석했다. 그리고 바로 그런 심리야말로 공동체를 지속적으로 유지하는 중요한 문화적 원리라고 주장했다.

일본 문화에서 '누군가의 도움을 받는다'라는 것은 '누군가에게 보답할 의무를 진다'라는 의미로 해석되는 경향이 있다. 특히 손윗사람도 아닌 대등한 위치의 타인으로부터 도움을 받는 것은 여간 부담스럽고 착잡한 일이 아니다. 언젠가 보답해야만 하는 채무가 발생했다는 의미이기 때문이다. 상황이 그렇다 보니, 누군가에게 은혜를 베푸는 것에도 신중해야 한다. 그에게 불필요한 채무를 떠안기는 행동이 될 수 있기 때문에, 꼭 필요한 경우가 아닌 이상

은혜를 베풀지 않는 것이 더 사려 깊다.

예를 들어, 일본에서는 길거리에서 사고가 났을 때에 모여든 군중들이 그 일에 좀처럼 끼어들지 않고 그저 수수방관하는 경향이 있다. 이는 일본인이 다른 사람의 일에 특히 무관심해서라기보다는, 괜히 참견했다가 그 사람에게 '불필요한 은혜를 입히는 부담'을 주지 않으려는 심리에서 비롯된 것이라고 베네딕트는 주장한다. 실제로 에도시대의 일본에는 싸움이나 말다툼이 났을 때에 불필요한 참견을 하면 안 된다는 법령이 있었다고 한다. 타인의 도움을 불편한 채무로 받아들이는 독특한 문화적 정서가 이런 생활 속 규범을 뒷받침하고 있다는 설명이다.

사과의 화법과
사과의 행위는 다르다

— 일본 문화에서 사과의 화법은 사회관계에서 발생하는 쌍방 간의 의무와 권리를 서로 확인하는 문화적 코드이다. 언젠가는 반드시 보은하겠다는 공동체 일원으로서의 의지를 표하는 상징적인 화법이라고 해석할 수도 있다. 언제 어디에서나 일단 사과하고 보는 화법이 일상생활에서는 긍정적인 영향을 미치기도 한다. 과하다 싶을 정도로 사과의 표현을 남발하는 일본어 화법을 근거로 한 '일본인은 예의 바르다'라는 고정관념도 있다. 길을 가다가 부딪혀도 '스미마셴', 엘리베이터에 동승해도 '스미마셴', 처음 만나는 사람에게 말을 걸 때에도 '스미마셴', 일단 사과부터 하는 대화법이

이방인에게는 친절하고 예의 바른 느낌을 주는 것이 사실이다.

한편, 한국에서는 과거사 문제에 대해 제대로 사과하지 않는 일본 사회를 두고 고집불통으로 여기기도 한다. 일상생활에서는 사과의 표현을 즐겨 사용함에도, 정작 이웃 나라에 끼친 큰 피해에 대해서는 진심에서 우러나온 사과 표명이 없었으니 눈살이 찌푸려지는 것도 당연하다.

지금까지 일본 정부가 한일 과거사에 대해 공식적으로 언급한 적이 없지는 않다. 예를 들어, 1990년 당시 아키히토^{明仁} 일본 국왕이 한일 과거사에 대해 "통석의 염^{痛惜の念}을 금할 수 없다"라며 에둘러 사죄의 뜻을 표명한 적이 있는데, 이는 마치 제3자인 양 한일 과거사 문제를 비평했을 뿐 상대방에 대한 진심이 담긴 사과가 아니라는 비판을 받았다.

사과나 사죄는 일반적으로 자신의 잘못을 인정하고 상대에게 용서를 구하는 행위를 말한다. 하지만 일본에서 스미마센이라는 말은 이런 본질적인 맥락보다 훨씬 광범위하게 사용되고 있다. 특정 행위에 대한 잘못을 인정한다기보다는, 공동체 일원으로서 질서를 유지하겠다는 자기 결의와도 같은 어법이다.

그런 점에서 보자면, 일상생활에서 스미마센과 같은 사과의 화법이 자주 사용된다고 해서, 일본 사회에 사과나 사죄의 관행이 뿌리내리고 있다고 하기는 어려울 것 같다. 사과의 화법과 사과의 행위는 구분될 필요가 있다.

최장수 총리에게 건네는 '오츠카레사마'

배려의 문화가 정치에는 독이 된다

일본에서 가장 오랫동안 총리직을 수행한 아베 신조安倍晋三 씨(연속 재직 일수 2,822일, 약 7년 8개월)의 갑작스러운 사임 발표에 대한 일본 사회의 반응은 제각각이다.●

오랜 임기 기간 내내 끊이지 않았던 측근의 정치 스캔들을 따끔하게 꾸짖는 언론도 있고, 퇴임 이후의 국정 공백을 걱정하는 논객도 있다. 인터넷 댓글 여론을 보면 '중직을 스스로 내려놓는 것도 책임감 있는 태도'라는 뜻밖의 좋은 평가도 있는데, 무엇보다 '퇴임 뒤 건강 회복에 힘써 달라'라는 격려와 응원 메시지가 많이 눈에 뜨인다. 최근에는 신종 코로나 대응 실패 등 실정이 두드러

● 2020년 9월 2일에 게재된 칼럼이다. 2022년 7월 아베 씨는 자민당 선거 캠페인의 일환으로 수행하던 길거리 유세 중 암살범의 총격을 받고 사망했다.

© Peter 111

'패자를 배려하는 것이 승자의 품격'이라는 정서가 강한 일본에서는, 모래판에서 승리의 기쁨을 표현한 스모 선수가 패자에 대한 배려가 부족하다는 이유로 비난의 대상이 되었다.

져 인기가 뚝 떨어졌지만, 오랫동안 일본 국민의 신뢰를 얻어왔던 정치인임을 실감한다.

국내외 현안이 산적한 상황에서 공직을 내던지는 모습에 무책임하다는 비판이 나올 만도 한데, 그의 퇴진을 한 자연인의 안쓰러운 사정으로 받아들이는 시민도 적지 않은 듯하다. 사실 아베 전 총리가 스스로 사임한 것은 벌써 두 번째이다. 2006년에 총리직에 선출되었다가 2007년 건강 악화를 이유로 사임한 적이 있다. 이번에도 표면적인 사임의 이유는 건강상의 문제이다. 건강 때문에 퇴진하는 것이 벌써 두 번째인 만큼 개인적으로는 안타까운 일이라 할 만도 하다.

하지만 나라를 대표하고 국정을 통솔하는 총리가 된 이상 공인으로서 책임지고 감내해야 하는 역할이 있다. 퇴임 발표 직전의 여론조사에서 재임 기간 중 두 번째로 낮은 지지율(32퍼센트)이 나왔을 정도로 민심을 잃은 지도자이다. 그럼에도 사임 발표를 둘러싼 풀뿌리 여론이 의외로 관대하다는 인상을 지울 수 없다.

"패자에 대한 배려가 승자의 품격",
스모계 '승리의 포즈'를 둘러싼 해프닝

— 일본식 씨름을 뜻하는 격투기 스모에서는 천하장사에 해당하는 최강 격투가를 '요코즈나^{橫綱}'라고 부른다. 2000년대에는 아사쇼류^{朝靑龍}라는 이름의 몽골 출신 격투가가 모래판을 석권했었다. 아사쇼류는 평소 자유분방하고 솔직한 언행으로 화제를 몰고 다

녔다. 대중들은 그의 소탈함을 사랑했고 덩달아 스모의 인기도 올라가고 있었다.

그가 결승전에서 어려운 상대를 쓰러뜨린 직후 두 손을 번쩍 들어올려 호쾌한 '승리의 포즈'를 취한 것이 구설수에 오른 적이 있다. 일반적인 격투기 시합이라면 승자가 감격을 표현하는 것은 자연스러운 일이다. 팬의 입장에서도 선수와 함께 승리의 기쁨을 만끽하는 속 시원한 순간이다. 그런데 그 행동에 대해 패자에 대한 배려가 부족하다는 비판이 제기된 것이다.

스모는 일본을 대표하는 '국기國技'로 불리는 만큼, 전통과 격식을 중요시한다. 그러다 보니 일본 사회의 전통적 정서가 여과 없이 엄격한 규율로 작동했다. 패자의 면전에서 승자의 감격을 적나라하게 드러낸 행동이 무례했다는 것이다. 다른 선수들의 귀감이 되어야 마땅한 요코즈나가 품격이 모자란다는 불평도 터져 나왔다.

그의 '승리의 포즈'를 둘러싸고 절제와 예의를 중시하는 스모의 전통을 어긴 것이 아니냐는 갑론을박이 벌어졌다. 젊은 팬들 중에는 솔직함이 시대의 미덕인 만큼 '승리의 포즈'를 금기시하는 풍조에 변화가 필요하다는 의견을 가진 사람이 많았다. 하지만 전통을 중시하는 스모업계는 꿈쩍도 하지 않았다. 패자에게 예의를 지키지 않은 아사쇼류의 부적절한 행동에 대해 협회 차원에서 공식적인 문제 제기가 이루어졌다. 그가 속한 팀의 사부가 불려 나가 엄중한 주의도 받았다. 아사쇼류가 요코즈나 자리에서 내려온 뒤 스모의 인기가 줄곧 예전만 못하다. 전통이라는 이름으로 변화를 거부하는 고리타분한 운영 방식 때문이 아닐까?

'승리의 포즈'를 둘러싼 우스꽝스러운 해프닝은 몽골 국적의 요코즈나에 대한 배타적인 정서 때문에 과장된 측면이 없지 않다. 다만 일본에서는 '패자를 배려하는 것이 승자의 품격'이라는 생각이 거부감 없이 받아들여지고 있는 것은 사실이다. 이런 사고방식이 아베 총리의 사임에 대한 온정적 여론을 부추기고 있는 듯이 보인다. 건강 문제가 사임의 명분인 만큼 패배자라고 평가절하 할 것까지는 아니어도, 정치가가 자신에게 주어진 공적 임무를 끝까지 수행하지 못한 것은 문제이다. 하지만 미묘하게 패자의 입장에 놓인 채 공직을 떠나는 총리의 과오를 속속들이 들추어낼 필요가 있겠느냐는 분위기가 감지된다.

동지의 노고를 치하하는 '오츠카레사마'의 정서

━ 아베 총리의 중도 하차를 전하는 뉴스에는 '오츠카레사마^{お疲れさま}'라는 댓글이 수없이 달려 있다. 한국어로는 '수고했습니다' 정도로 번역되는 만큼 최장수 총리의 노고를 치하하는 배려가 묻어나는 표현이다. 이 관용구는 실생활에서 자주 사용될 뿐 아니라 쓰임새도 다양하다. 말뜻 그대로 어려운 일을 끝낸 사람에게 고생했다고 다독이는 의미에서도 쓰이지만, 사실은 학교나 직장에서 친구 혹은 동료와 주고받는 가벼운 인사말로 훨씬 많이 쓰인다.

'안녕하세요'라고 안부를 묻는 대신 '수고하십니다'라고 격려를 주고받는 격의 없는 표현인 것이다. 업무용 이메일에서도 본론으로 들어가기 전에 '오츠카레사마'라는 관용구를 붙이는 것이 매너로 정착되어 있다.

그런데 이 관용구는 상대를 가려 써야 한다. 일본 문화에는 내부자와 외부자를 대하는 사회적 태도가 엄격하게 구분되는 경향이 있다. 이 구분을 잘 지켜야 원만한 사회관계를 유지할 수 있다. 오츠카레사마는 내부자, 즉 같은 집단에 소속된 동료나 지인들과 주고받는 말이다. 처음 만나는 사람이나 고객 등 심리적 거리가 있는 외부자에게 건네는 인사말로는 부적절하다. 고객이나 거래처 등에 보내는 격식 있는 이메일에서 쓰면 실례가 된다. 말하자면, 오츠카레사마는 그저 고생을 치하하는 의미만을 담고 있지 않다. 같은 집단에 속한 구성원에 대한 친근함 혹은 동지 의식이 배어 있는 표현으로, 동일 집단에 소속되어 있다는 연대 의식을 은밀하게 확인하는 문화적 화법이기도 하다.

편협한 배려심이 사안의 본질을 흐릴 수도 있다

— 예전의 일본의 범죄 기사에서는 '살인 사건의 피해자가 무조건 미녀'라는 웃을 수 없는 우스갯소리가 있었다. 실제로 범죄 피해자 중에 미녀가 많았다는 뜻이 아니라, 피해자에 대한 측은지심에서 미녀라는 표현을 붙여 기사를 작성하는 언론계의 관행이 있었

던 것이다.

범죄 보도에서 피해자의 용모를 묘사하다니, 악취미도 이런 악취미가 없다. 또한 여성이라면 누구나 미녀라는 수식어를 칭찬으로 받아들일 것이라는 구시대적 편견이 반영되어 있다. 미녀라는 수식어를 붙였다고 한들 범죄의 본질이 바뀔 리 없을뿐더러, 오히려 보도에 대한 선정적 호기심만 불러일으킨다. 기자 나름대로는 떠난 자를 배려한 것이었을지는 몰라도, 어긋난 배려심의 결과가 결코 좋아 보이지 않는다.

사임하는 총리에게 온정적으로 건네어지는 '오츠카레사마'라는 치사 역시 석연치 않게 느껴진다. 동지 의식이 부추긴 온정적 배려심이, 정치인의 공과를 냉철하게 판단해야 하는 시민의 역할을 희석시키는 것은 아닌지 우려가 된다. 한 야당 인사가, 두 차례나 같은 이유로 자진 사퇴하는 총리를 배출한 자민당의 위기 관리 능력에 대해 쓴소리를 했더니, "지병으로 물러나는 수장에 대한 예의가 아니다"라는 비난이 들끓고 아베 총리 개인에게 사죄하라는 의견까지 나온다.

타인에 대한 배려를 권장하는 문화는 긍정적인 측면이 많다. 하지만 배려심도 배려심 나름, 편협한 배려심은 사안의 본질을 흐린다. 특히 냉철한 비판이야말로 보약인 정치 문화에 있어 온정적 배려심은 독이 될 수도 있는 것이다.

오타쿠의 본원지,
일본의 마니아 문화

대중문화의 저력은 다양성과
자유로움에서 나온다

'오타쿠'라는 일본어는 한국에도 잘 알려져 있다. 만화, 애니메이션, 게임 등 어떤 한 분야에 열정적으로 집중하는 사람을 뜻한다. 마니아mania도 비슷한 뜻의 단어이지만. 오타쿠는 그보다 한 걸음 더 나아간다. 전문가를 훌쩍 뛰어넘는 수준의 정보 수집력과 식견을 자랑하는 광적인 마니아를 말한다.

좋아하는 애니메이션의 작화 감독이 몇 화부터는 바뀌었다는 등의 제작진의 속사정을 훤히 꿰뚫고 있고, RPG 게임 속 '이스터에그'(개발자가 게임 속에 숨겨놓은 메시지나 기능)를 찾아내는 등 보통의 소비자는 상상하기 어려운 수준의 정보를 숙지하고 있다. 방대한 지식과 실천력을 바탕으로 독창적인 팬 문화를 만들어 내기도 한다. 예를 들어, 지금은 전 세계의 많은 팬들이 즐기는 '코스프레'도 만화나 애니메이션 속 등장인물을 현실 세계에서 재현하

외국인 관광객이 인기 게임 슈퍼 마리오의 '마리오 카트'를 타고
도쿄 거리를 순회하고 있다. 사진을 찍어도 되겠느냐고 요청하자
기쁘게 촬영에 응해주었다. 코로나19 사태로 해외 관광객이
급감하면서 마리오 카트 투어는 운영이 중지되었다고 한다.

는 오타쿠의 놀이 문화에서 시작되었다.

오타쿠(한자로는 'お宅'인데 일반적으로 'オタク'라고 표기한다)는 원래 친하지 않은 상대를 가볍게 부르는 호칭으로, 한국어로 직역하면 '댁', '그쪽' 정도의 뉘앙스이다. 일상적으로 자주 쓸 일이 없는 이 호칭이 마니아의 정체성이 된 경위를 두고 여러 가지 이야기가 있다. 1980년대를 풍미한 전설적인 SF 애니메이션 〈초시공요새 마크로스〉 속 등장인물이 서로를 '오타쿠'라고 부른 것에서 비롯되었다는 속설도 있고, 한 대중문화 평론가가 만화나 애니메이션에 몰두하는 젊은이들이 인터넷에서 서로를 '오타쿠'라고 부르는 현상에 주목해, '이들은 오타쿠들'이라고 조롱했던 것에서 정체성으로 진화했다는 정설도 있다.

경위야 어떻든 지금은 광적인 팬 문화를 상징하는 뜻으로 전 세계적으로 오타쿠라는 말이 사용되고 있다. 영어권에서도 일본 만화나 애니메이션의 골수 팬을 'otaku'라고 부른다. 한국에서도 특정 분야에 대한 열정적인 팬을 '오덕', '덕후', 이들의 남다른 실천을 '덕질'이라고 부르는데 이 역시 오타쿠라는 단어를 위트 있게 변형한 것이다.

늘어나는 젊은 오타쿠, 다양해지는 취향

— 일본의 젊은 세대에게 오타쿠는 매우 친숙한 개념이다. 대학 신입생을 대상으로 한 수업에서 "자기가 오타쿠라고 생각하는 사

람은 손을 들어보라"라고 했더니 수강생 중 절반 이상이 번쩍 손을 들었다. 앳된 대학 초년생들의 대부분이 마니아에 가까운 취미 생활을 한다는 사실도 인상적이었지만, 교수나 다른 수강생들의 시선이 아무래도 신경 쓰일 수밖에 없는 강의실에서 오타쿠라는 정체성을 거리낌 없이 드러내는 젊은이가 많다는 점도 의외였다.

스마트폰에서 유튜브까지 다양한 디지털 미디어와 늘 함께하는 대중문화 전성기인 만큼, 다양한 분야의 마니아 층이 두꺼워지고 있는 것은 놀랍지 않다. 하지만 자신이 오타쿠라고 공언하는 사람이 늘어난 것은 의외로 최근의 일이다. 과거에는 많은 오타쿠가 인터넷 게시판 등 익명의 공간에서 은밀하게 활동하기를 즐겼고, 정체성을 겉으로 드러내기를 극히 꺼렸다.

1990년대까지 오타쿠는 공영방송(NHK)에서 쓰면 안 되는 '방송 문제 용어' 중 하나였다. 그 정도로 오타쿠에 대한 사회적인 인식이 부정적이었던 것이다. 만화나 애니메이션 등을 좋아하는 미성숙한 남성, 만화책과 비디오테이프가 산더미처럼 쌓인 방구석에서 나올 줄 모르는 비사교적인 사람이 전형적인 오타쿠의 이미지였다.

오랫동안 '오타쿠의 성지'라고 불린 아키하바라(오타쿠 관련 제품을 파는 상점과 서비스가 모여 있는 도쿄의 번화가)는 통통한 체형에 기름진 머리카락, 체크무늬 셔츠를 청바지 속으로 넣어 입은 청년들, 즉 이성으로서의 매력이 전무한 '루저'들이 배회하는 장소로 묘사되곤 했다. 매스미디어도 부정적인 인식을 거들었다. 엽기적인 범죄의 피의자는 '오타쿠적'인 성향이 있다는 식의 취재와 보도가 빈번했다. 사정이 이러니 귀찮은 선입견에 시달리지 않기 위해서라도 오타쿠의 정체성을 숨기는 쪽이 훨씬 편했을 것이다.

최근 들어 분위기가 많이 바뀌었다. 예전에는 오타쿠 하면 십 중팔구 남성이었지만, 지금은 많은 여성들이 오타쿠에 합류했다. 만화, 애니메이션, 게임 등에 몰두하는 정통파 오타쿠뿐 아니라, '아이돌 오타쿠', '케이팝 오타쿠', '패션 오타쿠' 등 예전과는 비교가 안 되게 다양하다. 요즘 대학생의 60퍼센트가 '자신에게 오타쿠적 인 기질이 있다'라고 인식하며, 여고생의 80퍼센트가 '오타쿠라는 단어에 호감을 갖는다'라고 답한 여론조사 결과도 있었다.

젊은 오타쿠가 많아지고 '팬질'의 내용이 다양해진 만큼, 음침하 고 폐쇄적이라는 사회적 편견도 많이 옅어졌다. 오타쿠를 자처하 는 대학생들과 이야기를 나누어 보면, 나만의 취향에 몰두하고 싶 다는 고집스러운 욕망이 생생하게 전달된다. 획일적인 조직 생활, 주변에 폐를 끼쳐서는 안 된다는 완고한 질서 의식에서 벗어나고 자 하는 마음도 있을 것이다. 누구의 강요도 없이, 오직 나만의 관 심사를 마음껏 추구해 보는 것이야말로 오타쿠의 본질인 것이다.

대중문화는 다양성과 자유로움이 힘, 국가권력과는 거리를 두어야

— 일본 대중문화는 1980년대부터 일찌감치 해외에서도 주목을 받았다. 일본 만화나 애니메이션, 게임 등이 아시아권뿐 아니라

서구를 포함한 전 세계에서 팬을 양산하며, 대중문화 장르에서 만만치 않은 존재감을 발휘해 왔다. 미국의 마니아 문화의 본원이라고 할 수 있는 SF 영화 〈스타워즈〉를 만든 조지 루카스^{George Lucas} 감독을 비롯한 할리우드의 거물들이 스스로를 오타쿠라고 공언하는 등 일본 대중문화에 대한 사랑을 감추지 않았다. 실제로 당시의 일본 대중문화는 독특한 개성과 수준급의 완성도를 자랑했다. 그 배경에 이들 장르를 지속적으로 소비하고 아낌없이 응원해 온 오타쿠들의 힘을 부인하기 어렵다. 사회적으로는 '반사회적인 괴짜'라는 부정적인 인식이 있었지만, 오타쿠는 일본 대중문화를 견인하는 힘이었다.

2010년 일본 정부가 이른바 '쿨 재팬' 프로젝트를 의욕적으로 추진하기 시작하면서, 오타쿠 문화에 대한 재평가도 이루어지고 있다. '쿨 재팬' 프로젝트는 영화, 만화, 애니메이션 등 대중문화 상품을 적극적으로 활용해 일본의 국가 브랜드를 강화하겠다는 국제 홍보 전략으로, 해외 관광객 유치로 경제 부흥을 꾀한 '아베노믹스'의 중요한 축이었다. 이 프로젝트를 실행하면서, 과거에는 천덕꾸러기 취급을 받았던 오타쿠 문화가 갑자기 세계에 자랑하고픈 일본 문화의 대표로 지명된 것이다. 매스미디어들도 앞장서서 오타쿠야말로 일본의 미래를 책임질 문화적 리더이며 자국 문화를 열정적으로 사랑하는 애국자라고 재평가하기 시작했다.

이런 분위기의 변화에 대해 정작 오타쿠 당사자들은 시큰둥하다. 어디까지나 사적인 취향, 개인들의 열정으로 키워온 팬덤이

갑작스럽게 국가 프로젝트로 돌변한 상황이 반갑지는 않은 것이다. 사실 일본 정부의 '쿨 재팬' 프로젝트는 쓸데없이 세금만 낭비한 실패라는 비판에 직면해 있다. 대중문화 콘텐츠를 해외에 수출하겠다는 거대한 조직이 생겼을 뿐, 가시적인 성과는 거의 없었기 때문이다.

일본의 오타쿠 문화가 성장할 수 있었던 것은, 박한 사회적 평가 따위는 아랑곳하지 않았던 마니아들의 순수한 열정 때문이었다. 어떻게 보자면 권력의 관심사에서 멀찍이 떨어져 있었기 때문에 독창적인 팬덤을 꽃피울 수 있었다. 어떨 때에는 국가가 나서지 않는 것이야말로 도와주는 것이다. 대중문화처럼 다양성과 표현의 자유를 핵심 가치로 삼는 영역에서는 두말할 필요가 없다.

일본의 젊은이들과
『82년생 김지영』을 읽다

『82년생 김지영』에 대해 이야기를 나누고 싶다는 일본의 제자들

젊은 층이 주도하는 인터넷 문화를 연구하는 내게 대학은 더할 나위 없이 좋은 연구의 장이다. 좋든 싫든 학생들과 아옹다옹하는 사이에, 일본의 젊은이들이 무엇을 좋아하는지, 무엇 때문에 고민하는지, 또 변화하는 세상은 그들에게 어떤 의미인지 알 수 있기 때문이다.

얼마 전, 한 졸업생으로부터 이메일을 받았다. 뛰어난 유머 감각을 지닌 그녀는 한때 '오와라이お笑い'라고 불리는 대중적 코미디언이 되기를 꿈꾸었지만, 취미를 직업으로 삼고 싶지 않다는 나름의 생각으로 꿈을 접고 벤처 기업에 취직했다. 지난해에는 승진이 빠른 신생 기업답게 입사 1년 차에 매

니저 직급을 달았다는 신나는 소식도 전해주었다.

그런데 이번에 받은 이메일은 뜻밖에도 소설 『82년생 김지영』을 읽고 많은 생각이 들었다는, 다소 진지한 내용이었다. 졸업 전이었다면 책에 대해 함께 이야기를 나누고 싶었다는 아쉬운 마음도 담겨 있었다. 일본에서 이 소설이 베스트셀러라는 말은 익히 들었지만, 의외였다.

살면서 체감하는바, 일본에서도 성역할에 대한 사회적 인식은 크게 기울어져 있다. '바깥일은 남자가, 집안일은 여자가 한다'라는 사회적 인식이 뿌리 깊다. 대기업 등 조직에서 여성은 남성의 보조 역할을 맡는 것이 일반적이다. 한국처럼 부모가 헌신적으로 양육을 돕는 일은 기대하기 어려우므로, 많은 여성이 출산과 함께 직장을 그만둔다. 매스미디어는 "여자가 결혼을 잘하려면 요리 솜씨가 필요하다", "좋은 여자는 세 발자국 뒤에서 남자를 응원할 줄 안다"라는 등 '문제성 발언'을 쏟아낸다.

그럼에도 일본의 젊은이들이 양성평등이나 남녀 차별에 대한 강한 문제의식을 표명하는 경우는 드물다. 몇 년 전 일본에서 지방의회 여성 의원이 공공 장소에 육아를 위한 장소가 적은 것에 대한 항의의 의미로 젖먹이 아기를 안고 의회 본회의장에 들어가려다 출입을 금지당했던 일이 화제가 되었다. 수업에서 이 일에 대해 토론했는데, 여학생을 포함해 학생의 70퍼센트 이상이 "의원만이 회의장에 출석할 자격이 있다는 법을 어긴 이상, 금지는 타당하다"라는 보수적인 의견이어서 낙담한 적도 있다.

여성으로 느끼는 차별,
초보 직장인의 답답함을 토로한 독서 토론회

이런 상황이다 보니, 『82년생 김지영』에 대해 의견을 나누고 싶다는 졸업생의 말은 신선한 충격이었다. 그녀는 소설을 어떤 관점에서 읽은 것일까. 한국 사회를 대변하는 이야기라는 점에서 흥미를 느낀 걸까. 아니면, 직장인이 된 뒤에 비로소 불균형적인 성역할을 인식하게 된 것일까. 내친김에 아예 하루 날을 잡아 이 책을 읽고 감상을 나누는 자리를 마련하기로 했다. 그녀를 포함하여 이 책을 읽은 졸업생 몇 명, 졸업 논문을 지도 중인 재학생 몇 명과 함께 조촐한 독서 토론회를 가졌다. 의도했던 것은 아니지만 참가자는 모두 여성이었다.

독서 토론회는 생각보다 진지했다. 졸업생들은 "지방 근무를 희망했지만 여자라는 이유로 상사에게 거절당했다"라든가, "여성을 위한 근무 환경은 좋은 편이지만, 관리직은 전원 남성이라 의아하다"라는 의견 등 초보 직장인이 느낄 만한 차별이나 불안에 대해 이야기했다. 재학생들도 어릴 적 경험들을 풀어놓았다. 고교 시절 남학생에게 스토킹 피해를 당한 여자 동급생이 '네가 꼬신 것 아니냐'라는 억울한 취조를 받은 끝에 학교를 그만두었다든가, 남동생에게는 설거지도 시키지 않으면서 여자니까 '가사일을 도우라'라고 늘 꾸지람을 들었다든가 하는 이야기들이 나왔다.

한편으로는, "여성이라서 생기는 일을 늘 부정적으로 생각할 필요가 있을까? 여성이라 좋은 점도 많지 않은가?", "엄마에 대해 다시 한번 생각하는 계기가 되었다. 엄마는 어떤 마음으로 살아왔던 것일까?"라는 이야기도 나왔다. 엄마에게는 이 책을 권하고 싶지 않다는 솔직한 의견도 있었다. 자칫 남편과 자식을 위해 최선을 다해 봉사하며 살아온 엄마의 삶을 부정하는 것처럼 비칠 수 있다는 것이었다. 독서 토론회는 "세상의 부당함에 대해서는 당당하게 의견을 밝히자"라는 애매한 다짐으로 마무리되었지만, 모처럼 속이야기를 털어놓은 듯 다들 후련한 표정들이었다.

무엇보다 인상적이었던 장면은 『82년생 김지영』을 읽었다고 이메일을 보냈던 그 졸업생이 "정말 오랜만에 마음속 솔직한 생각을 다 토해냈다"라며 환하게 웃었던 순간이었다. 여성으로서 느끼는 차별에 대한 답답함에 더해, 수직적인 기업 문화 속에서 넘치는 유머 감각과 개성을 애써 억눌러야 하는 초보 직장인의 입장 역시 그녀에게는 녹록지 않은 질곡일지도 모르겠다고 생각했다.

한국에서 말이 나오는 족족 큰 화제를 불러일으키는 이 소설에 대해서는 굳이 비평을 더할 필요가 없을 것 같다. 다만, 이 이야기가 일본의 젊은 여성들에게 왜 공감을 불러일으키는지 생각해 볼 필요가 있다. 한일 양국 모두 성평등과 관련해서 과제가 많다고는 해도, 구체적인 상황을 들여다보면 다른 점도 많기 때문이다.

예를 들어, 남아 선호로 아이들의 성비가 현저하게 다르다든가, 명절마다 며느리가 시댁에서 허드렛일을 한다든가 하는 상황은 지금의 일본 사회와는 거리가 멀다. 한국의 독자들에게는 와닿는 이런 내용에 대해 일본의 독자들이 진심으로 공감하기는 어려울 것 같다. 일본의 젊은 여성들은 그보다도 오히려 일상생활에서 느끼는 크고 작은 부담감과 이질감을 당당하게 '억압'이라고 솔직하게 선언하는 것에 후련함을 느끼는 듯했다.

평범함 속의 크고 작은
억압에 대한 공감

남성 중심 사회든, 기업의 수직적 질서든, 정해진 답변과 성실성을 요구하는 학교든, 혹은 SNS에서 '좋아요'를 누르지 않으면 안 된다는 무언의 압력이든, 사회는 다양하고 기발한 방법으로 개인을 틀에 가둔다. 일상생활을 끊임없이 조이는 이런 억압에 분노할 기회는 별로 없다. '예전부터 그래왔으므로', 혹은 '모두 그렇기 때문에'라는 이유로 순응할 것을 요구받기 때문이다. 일본에는 "공기를 읽는다空気を読む"라는 표현이 있다. 집단의 전체적인 방향성과 분위기를 파악하는 것이 사회인의 성숙한 매너로서 요구되는 것이다.

이런 상황에서 생활 속에서 느끼는 작은 부조리에 일일이 분노를 표명하는 것은 부담스럽다. 어른스럽지 못하다는 평가를 감내하거나, 원치 않게 괴짜나 주변인으로 살아가는 선택을 하는 결과가 되기 때문이다. 『82년생 김지영』은, 여성이니까 겪는 차별적 상황에 대한 공분에 더해, '공기를 읽는다'라는 미덕의 무게에 짓눌려 온 불편함을 사회문제로서 징벌하는 해방감을 준다. 바로 그 점이 한국 사회와는 다른 문화적 배경, 다른 젠더 감수성을 가진 일본의 젊은이들에게 공감을 불러일으켰던 것이 아닐까.

'여자 김지영'에 대해 공감하지 않는 이도 많다고 한다. 같은 여자이지만 자신은 그러한 일을 겪어본 적이 없다고 하는 이도 있고, 남자로서의 괴로움을 알아달라는 이도 있다. 하지만 그들도 '인간 김지영'이 가정에서, 직장에서, 아니면 거리에서 조우했던 작은 폭력과 이질감에는 공감할 것이다. 한국 사람뿐 아니라 일본 사람도. 여자뿐 아니라 남자도, 일상생활에서 눈치를 보고 자기를 억누르는 불편함을 느낀 적이 있을 것이다. 평범함 뒤에 숨은 크고 작은 억압에 대항하는 것, 그것이야말로 문화적 연대가 아니겠는가?

한국이라는
거울에 비춰본
일본 문화

여배우는 왜 남편의 불륜을 사죄했나?

한국의 '우리'와 일본의 '우치'

일본 사회가 유명 연예인 부부의 불륜 스캔들로 왁자지껄하다. 훈남 캐릭터로 인기를 누리던 코미디언이 16세 연하의 유명 여배우와 결혼에 골인한 것까지는 좋았는데, 결혼 생활 3년을 겨우 넘긴 시점에서 이 여자 저 여자와 외도했다는 사실이 대중매체에 보도된 것이다. 인기 연예인이 연루된 막장 드라마 같은 실화에 방송계와 SNS가 발칵 뒤집어졌다. 불륜을 저지른 본인은 잘못을 시인하고 출연 중인 모든 방송 프로그램에서 하차했다.

그런데 뜬금없이 그의 부인이 "남편의 잘못된 행동으로 불쾌함을 느낀 많은 분들께 대단히 죄송하다"라는 사죄의 글을 SNS에 올렸다. 그녀의 사과에 대해 "잘못한 것은 당신이 아니다", "위기를 잘 넘기기를 바란다"라는 응원의 메시지가 넘쳐나고 있다고 한다.

대중의 관심을 먹고 사는 것이 배우라고는 하지만, 사적 관계에

서 불거진 문제에 대해 공적으로 사죄를 하는 것은 의아하다. 무
엇보다 배우자의 외도로 가장 큰 마음의 상처를 입었을 당사자가
대중에게 머리를 숙이는 상황은 주객이 전도된 것처럼 느껴진다.
한국에서도 연예인 부부의 불미스러운 스캔들이 호사가들의 입담
에 오르지만, 피해자 입장인 배우자가 사죄문을 냈다는 이야기는
들은 적이 없다. 하지만 일본에서는 곧잘 일어나는 일이다. 한국
인에게는 불가사의하게 느껴지는 이런 행동의 바탕에는 '우치ㅜㅊ'

라고 부르는 일본의 독특한 공동체 감각이 있다.

비슷하지만 서로 다른 '우치'와 '우리'

— 일본의 '우치'는 가족이나 친구 등 나와 가까운 사람들을 뜻한다는 점에서는 한국의 '우리'와 비슷한 개념이지만, 일상 속의 공동체 감각이라는 측면에서는 다른 점이 적지 않다. 한국의 '우리'는 사적인 교류와 친근함으로 뭉친 사람들이라는 의미가 크다. 그에 비해, 일본의 '우치'는 공적인 뉘앙스가 강하다. 부부나 가족, 친구 관계뿐 아니라, 회사나 단체 등 집단에 소속되는 것 역시 '우치'라는 공동체에 합류하는 것을 의미한다.

'우치'가 '우리'와 뚜렷하게 구별되는 특징은, 개인과 공동체의 정체성이 동일시된다는 점이다. 이 차이가 결정적으로 드러나는 것이 존댓말 사용법이다. 일본에서는 외부 사람을 상대로 할 때에는 손윗사람이라고 해도 '우치'에 대해서는 가차 없이 낮추어 말하는 것이 예의이다. 한국에서는 "아버님께서 진지를 드시다가……"라든가 "저희 사장님께서 말씀하시기를……"라는 존댓말이 자연스럽지만, 일본에서는 "부친이 밥을 먹다가……", 혹은 "저희 회사 사장 스즈키의 방침이……"라는 식으로 낮추는 것이 올바른 화법이다.

기본적으로 '우치'와 '나'는 동일한 사회적 지위라고 간주하기 때문에, 일본어로 자기 아버지를 높여서 말하면 마치 "나님께서 진지를 드셨다"라고 스스로를 존대하는 듯한 부자연스러운 느낌으로 전달된다.

또한 '우치'의 잘못은 곧 '나'의 허물이라는 공식도 성립한다. 공동체 성원의 잘못에 공동 책임을 지는 것이 '우치'의 어른스러운 태도이다. 그렇다 보니 배우자의 과실은 부부가 함께 반성하는 것, 구성원의 실수는 회사 전체가 책임져야 마땅한 것이라고 여긴다.

한국에도 '우리'로 분류되는 친한 사람에 대해 연대 책임을 묻는 정서가 어느 정도는 존재한다. 하지만 연대 책임을 지느냐 마느냐, 어느 선까지 지느냐 하는 점은 각자의 도덕적 기준에 따른 개인의 판단 영역으로 보는 경향이 강하다. 이에 비해 일본 문화에서는 '우치'에 대한 연대 책임이 일종의 사회적 규범이다. '우치'에 대한 단단한 책임 의식이, 신뢰할 수 있는 사회인의 필요조건인 것이다.

그렇다 보니, 앞서 소개한 연예인 부부의 사례처럼 피해자가 사과를 하는 어색한 경우가 생긴다. 연예인은 사적인 사건이 외부 활동에 큰 영향을 주는 특수한 직업이다. 사적인 일에 대해 공적으로 책임을 져야 하는 딜레마가 있는 것이다. 사적으로는 불륜으로 상처를 입었을지언정, 공적으로는 배우자의 흠을 나 몰라라 하지 않는 '성숙한' 사회인의 모습을 어필할 필요가 있다. 남편을 위한 희생을 아내의 미덕으로 여기는 가부장적인 사고방식도 거들었을 것이다.

일본인이 내성적으로
보이는 이유

— '우리'의 반대 개념인 '남'도 일본에서는 미묘하게 뉘앙스가 다른 '소톹와 '요솥'라는 두 범주로 나뉜다. '우치'에 속하지 않는 외부인 중에서도 '소토'는 사회적으로 좋은 인상을 줄 필요가 있는 상대를 뜻한다. 비즈니스 파트너, 사업상 고객, 자녀가 다니는 학교의 선생님 등 사회적 이해관계로 엮인 이들이다. 반면, '요소'는 아무런 사회적 교류가 없고, 앞으로도 그럴 가능성이 없는 상대를 뜻한다. 길에서 마주친 행인, 낯선 사람 등이 이런 이들인데, 외국인도 이 범주로 간주된다.

군이 '소토'와 '요소'를 구분하는 것은, 사회적 태도와 기대감이 다르기 때문이다. '소토'에게는 깍듯이 예의를 갖추고, 상대도 격식을 갖출 것을 기대한다. 서로에게 신뢰할 만한 사회인이라는 점을 보여줄 필요가 있기 때문이다. 반면, 군이 그럴 필요가 없는 '요소'에게는 무례한 태도가 나오기도 한다. 비즈니스 관계에서는 지나치다 싶을 정도로 친절하던 일본인이, 길거리나 전철에서 마주친 행인에게는 무관심하거나 심지어는 쌀쌀맞게 구는 경우가 있다. 의도적으로 상대를 가리는 행동이라기보다는, '소토'와 '요소'를 대하는 서로 다른 태도가 무의식적으로 표출된 것이다.

한국 문화에서는 '우리'와 '남'의 경계선이 변화무쌍하다. 예전에는 '남'이었지만 '우리'로 뭉칠 수 있는 만큼, 처음부터 인간관계에 선을 그어서 군이 불리한 상황을 만들 필요가 없다. 처음 만난 사람에게 불쑥 나이나 출신지를 물어서 사적인 연고를 탐색하고, 조금 친해지면 "형, 동생으로 지내자", "언니라고 불러도 되냐"라며 다가선다. 한국 문화에서 심심치 않게 보이는 이런 사교적 행동은 '우리'를 적극적으로 늘리려는 의도로도 읽힌다.

이에 비해 일본의 '우치', '소토', '요소'의 구분은 장벽이 높아서, 개인적인 사교술이나 화술로 뛰어넘기는 쉽지 않다. 결혼이나 입학, 취직, 개업 등의 공적인 계기를 통해서만 '우치' 공동체에의 소속이 확정되는 경우가 많고, 그렇다 보니 사적 인간관계를 넓히는 데에는 다소 소극적이다. 다른 나라 사람의 눈에 일본인이 내성적이라거나 수줍음이 많다고 비치곤 하는 것은 이 때문일 터이다. 낯선 이와의 장벽을 허무는 방법보다는 정해진 인간관계 속에서 올바르게 행동하는 방법을 모색해 온 문화적 습관이 반영된 것이다.

각각의 문화에는
각각의 과제가 있다

— 역동성과 인간미가 넘치는 한국 사회에 비해, 일본의 인간관계가 차갑고 건조하게 느껴진다는 독자가 있을지도 모르겠다. 하지만 무엇이 더 좋다 나쁘다 평가할 수는 없다. 타인에게 불쑥 다가서는 적극적인 사교 문화가 부담스럽다는 한국 사람이 의외로 많고, '소토'에게 깍듯이 예의를 지켜야 하는 격식의 굴레가 답답하다는 일본 사람도 적지 않다.

한국 사회에서는 정이 넘치는 인간관계가 엉뚱하게 지역감정을 부채질하는 역효과를 낸 경우가 적지 않았다. 특히 '우리가 남이가' 정신이 정치나 자본 등 권력 근처에 뿌리내린 점은 비판적으로 성찰할 필요가 있다. 반면, 일본 사회에서는 '요소'에 대한 냉랭한 정서가 외국인에 대한 뿌리 깊은 반감과 차별을 합리화하는 경우가 종종 있다. 코로나19 사태 이후 외부인에 대한 일본 사회의 정서적 거리감이 더 멀어지는 것이 아닌지 걱정도 된다. 각각의 문화에는 각각의 과제가 있는 것이다.

일본의 시계는
느리게 간다

한국의 '빨리빨리' 정신과
일본의 지나친 완벽주의

정신 없던 9월이 끝나간다.[•] 새 학기의 시작과 맞물리기도 했지만 원고의 마감이 겹쳐 전쟁 같은 한 달이었다. 매일이 전투라는 회사나 가게 일과 비교하자면, 논문이나 책을 쓰는 일은 한 걸음씩 나아가는 거북이처럼 느린 프로젝트이다. 오랜 시간 조사하고, 생각하고, 글로 쓰고, 수정을 되풀이하는 연구자의 마감은 다른 의미에서 격렬하고 고통스럽다. 몰려드는 마감을 하나하나 하면서 연구자의 시계는 바깥세상과는 다른 속도로 움직인다고 생각했다. 한국과 일본에 양다리를 걸친 연구자이다 보니, 마감에 있어서도 두 나라의 전혀 다른 시간 감각을 실감하곤 한다.

이번에 마감한 원고는 일본에서 발행되는 학술 저널의 특집호

● 2020년 9월 30일에 게재된 칼럼이다.

에 투고한 논문이다. 몇몇 인류학자 동료로부터 '아시아의 소비 문화'에 대한 특집을 함께 꾸리자는 제안을 받은 게 4년 전인데, 그때는 2020년 출간을 목표로 도전해 보자는 말에 마감일이 까마 득하게 느껴졌다. 1년에 두 번씩 모여 연구 성과를 공유하는 연구 회를 열고 격려를 건네고 충고도 주고받았다. 초고를 마감한 것 은 1년 반 전인데, 이후 피어 리뷰peer review(학술적인 저작물에 대해 익명의 동료 연구자가 심사하는 과정)를 거쳐 수정 원고를 제출했다.

다행히 심사가 순조로워서 한 번만 더 교정을 하면 연말쯤에는 저널 특집호에 논문이 한 편 실리겠다.

4년 동안 '아시아의 소비문화'도 변했을 터인데, 시간을 들여 신중하게 진행하다 보니 최신 동향에 대한 분석을 담지는 못했다. 하지만 시간이 흐른 뒤 읽어도 의미가 있을 충실한 특집이 되었고, 동료와 머리를 맞대고 꼼꼼하게 검토하는 과정에서 배운 점이 많았다.

한일 양국에서 경험하는 논문 쓰기, 마감 시계가 다르다

— 한국에서도 학술 저널의 특집을 꾸리는 일의 순서는 다르지 않다. 동일한 주제로 의기투합한 연구자들이 연구회에서 성과를 공유하고, 원고를 쓰고, 심사를 한다. 그런데 한국에서는 일이 진행되는 속도가 비교가 안 되게 빠르다. 한국의 학술 저널 특집호에 논문을 투고한 적이 있다. 제법 무게 있는 이론적 주제였는데, 첫 연구회에서 온라인 발행까지 반년도 걸리지 않았다.

피어 리뷰 결과가 이메일로 도착했을 때에는 말 그대로 '멘붕'이었다. 일본에서라면 적어도 한 달은 주어졌을 원고 수정 기간이 불과 일주일도 안 되었기 때문이었다. 다른 일정을 취소하고 밤잠을 줄여서 마감 내에 원고를 제출하기는 했지만, 시간에 쫓기며 수정한 원고가 만족스럽지 않았다.

결과적으로 한국에서는 최신 연구 과제가 언급된 흥미로운 특집호가 나왔다. 결과는 나쁘지 않았지만 과정에는 아쉬움이 많다. 속도감 있는 연구도 장점이 있지만, 동료의 충고를 곱씹고 생각을 다시 정리하며 타인의 의견을 반영하는 작업은 시간을 필요로 한다. 원고를 매만질 시간 여유가 조금이라도 더 주어졌다면 더 좋은 논문을 쓸 수 있었을 것이다.

논문의 마감 시계만 다른 것이 아니다. 예전에 살던 일본 집 근처에서 공원을 조성하는 공사가 진행 중이었는데, 그곳에 살던 2년 동안 완공된 모습을 못 봤다. 지하철역 보수 공사도 한번 시작하면 1년 안에 끝나는 경우가 드물다. 논문 마감도 느릿느릿, 공사도 느릿느릿, 일본의 시계는 한국에 비해 느리게 간다.

다 같은 '느림'이 아니다

▄ 더운 지역에서는 사람들의 성격이 대체로 느긋하다. 걸음걸이도 느릿느릿하고 일을 처리하는 손놀림도 굼뜨다. 날씨가 덥다 보니 부지런히 움직이면 금방 지치고 서로 감정적으로 부딪히기도 쉽다. 이런 사회에서의 '느림'은 더불어 살기 위한 미덕이다. 또, 사적인 삶을 즐기는 것이 무엇과도 바꿀 수 없는 행복인 사회도 있다. 이런 사회에서는 사생활을 포기하면서까지 근면하게 일하는 개미의 삶은 무의미하다는 가치관이 팽배해 있다. 사회는 천천히 돌아가고 발전이 느리지만 사람들의 표정은 평화롭다. 그곳에서의 '느림'은 더 행복한 삶을 위해 감내하는 불편함이다. 느리다고 다 같은 '느림'이 아닌 것이다.

일본 사회의 '느림'은 무슨 일이든 철저하게 하려는 완벽주의에서 비롯된다. 새로운 일을 시작하기 전에는 우선 시계를 멈추고 본다. 꼼꼼하게 경우의 수를 분석하고 앞으로 닥칠 낯선 상황에 미리 대비하지 않으면 마음이 불편하다. 일단 일이 시작되면 시계가 돌아가기는 하는데, 매사에 디테일을 중시하기 때문에 부지런히 움직이는데도 좀처럼 진척이 되지 않는다. 좋게 말하면 철저한 것이고, 나쁘게 말하면 효율성이 없다. 일본에서는 결과보다도 과정과 디테일을 중시하는 경향이 있다.

예를 들어, 도쿄에 예약 잡기가 하늘의 별 따기로 유명한 초밥집이 있다. 고급 초밥집과 비교하면 저렴한 가격에도 훌륭한 초밥을 먹을 수 있다는 소문에 인기 폭발인데 좌석이 딱 세 개뿐이란다. 인터넷에 떠도는 최신 소문에 따르면 요즘에는 8년 뒤에나 예약이 가능하다고 한다. 요즘같이 빠르게 변하는 세상에서 8년 뒤라니! 손님이 많으면 매장을 넓힐 만도 하고 매출을 올릴 궁리도 할 만한데, 주인장은 '단 세 명의 손님에게 최상의 서비스를 제공하겠다'라며 초심을 꺾지 않는다.

일본에서 산 지 얼마 안 되던 시절에는 이 느릿느릿한 완벽주의에 좀처럼 익숙해지지 못했다. 돌이켜 보면 내게도 가능한 한 빠르게 결과를 내야 좋다는 생각이 의외로 뿌리 깊었던 것 같다. 사실 스피드와 근면을 중시하는 한국에서는 느리다고 하면 게으름이나 비효율 등 부정적인 단어를 떠올리기 쉽다. 하지만 일본의 '느림'은 다른 맥락에서 읽을 필요가 있다. 초밥 장인의 옹고집은 게으름과는 거리가 멀다. 오히려 완벽주의를 추구하는 근면함에서 비롯된 '느림'인 것이다.

한국의 '빨리빨리' 문화와
일본의 지나친 완벽주의

새로운 일이라면 일단 시작하고 보고, 한번 시작한 일이라면 서둘러 끝을 보아야 직성이 풀리는 한국 사회의 정서를 '빨리빨리 문화'라고 한다. 실제로 한국에서는 공항에 도착하는 순간부터 스피드가 남다르다. 다른 나라에서는 족히 한 시간은 걸리는 입국 수속이 15분 만에 끝나고, 자동차는 붐비는 도로 위를 곡예하듯 질주한다. 주문하면 30분 내로 따끈한 음식이 배달되고, 온라인 쇼핑몰에서는 아침에 주문한 상품을 저녁에 집 앞에 갖다 놓는다. 마치 '빨리빨리'가 급변하는 세상의 성공 비결이 된 듯한 모습은 철저함을 추구하다가 타이밍을 놓치는 일본과는 대조적이다.

한일이 합작한 인터넷 서비스 업체의 개발자가 전해준 이야기에 따르면, 한일 간 일을 대하는 시간 감각의 차이 때문에 갈등이 빚어지곤 한단다. 업무에 차질이 생겨서 기획, 마케팅 부서와 협업을 약속했던 일정에 서비스 개발을 완성하지 못하는 상황이 되었다. 한국의 개발자들은 입을 모아 "불완전해도 일단 서비스를 시작한 뒤 하나씩 고쳐나가자"라고 주장했는데, 일본의 개발자들은 "다른 부서에 폐가 되더라도 서비스 오픈은 미루어야 한다"로 의견이 모아졌다. 어느 쪽 손을 들어주겠는가?

불완전해도 서비스를 시작하자는 한국인 개발자의 주장은, 업무에 대한 진취적 태도와 순발력은 훌륭하지만 흠이 있는 서비스를 이용하게 되는 소비자의 입장에서는 무책임하다. 반면, 완벽하게 준비될 때까지 오픈을 미루자는 일본인 개발자의 주장은, 완벽주의를 추구하는 철저함은 칭찬받을 만해도 업무상 발생하는 비효율이 만만치 않다. 결국 이게 좋다 저게 그르다는 문제가 아니라, 타이밍과 디테일 어느 쪽을 선택할 것인가의 문제인 것이다.

한국의 '빨리빨리' 정신과 일본의 지나친 완벽주의, 양쪽 다 장단점이 있다. 다만, 팔이 안으로 굽다 보니 아무래도 '빨리빨리' 문화의 부정적 결과를 고스란히 안고 사는 한국 사회에 쓴소리를 하게 된다. 서울 도심을 가로지르는 청계천 복원 공사가 2년 만에 끝났다는 이야기를 들은 일본의 지인이 "20년이 걸렸다고 해도 납득할 만한 규모의 공사가 2년에 끝났다니 놀랍다"라고 혀를 내둘렀다. '놀라운 속도'의 결과, 공사 중에 발견된 귀중한 문화재는 훼손되었고, 조경 공사는 날림이어서 산책하는 이의 눈살을 찌푸리게 했다.

사실 한국 사회가 겪는 많은 문제가 '빨리빨리'를 추구하다가 '대충대충'을 정당화하는 것에서 비롯되지 않았던가. 일본의 시계가 느리다고 하기 전에 한국의 시계가 너무 빠른 것은 아닌지 되돌아볼 필요가 있다.

오모테나시와 정

한국과 일본,
서로 다른 환대의 문화

몇 년 전의 일이다. 일본에 놀러 온 친구 부부를 안내해 자동차로 두 시간 거리에 있는 료칸에 다녀왔다. 하룻밤 뜨끈한 온천에 몸을 담그고 푹 쉰 것까지는 좋았는데, 도쿄의 호텔에 돌아온 뒤 친구 부부가 숙소에 여권을 놓고 왔다는 사실을 알았다. 다음 날 아침 귀국 편 비행기에 올라야 하는 일정이라 난감했는데, 긴급한 상황을 전해 들은 료칸에서 사람을 써서 밤늦게 호텔로 여권을 배달해 주었다. 덕분에 친구 부부는 무사히 귀국길에 올랐다. 배달 비용을 청구할 줄 알았는데 료칸 주인은 이 역시 서비스라며 한사코 마다했다. 돈도 돈이지만 깊은 산속에 있던 료칸에서 도쿄까지 배달을 맡아줄 사람을 급히 찾기는 쉽지 않았을 것이다. 지금까지도 고마운 마음이다.

일본의 가게는 친절하다. 물론 오랫동안 일본에 살다 보니 가

게에서 불쾌한 경험을 한 적도 있고, 불친절한 점원을 만난 적도
있다. 하지만 다른 나라들에서의 경험과 비교하면 일본의 가게가
손님을 대하는 태도는 대체로 친절하고 정중하다. 백화점에서 물
건을 사면 점원은 쇼핑백을 매장 입구까지 들어다 준다. 기껏해야
몇만 원 하는 물건을 샀을 뿐이라 점원의 깍듯한 태도가 처음에는
어색했다. 일본의 대부분의 음식점에서는 손님마다 개별적으로
상을 차려준다. 반찬을 나누어 먹을 필요가 없어 깔끔하고 위생적
이다. 추운 겨울날에는 계산을 마치고 돌아설 때 외투 주머니에
따뜻한 손난로를 쓱 찔러주는 친절한 가게 주인도 있다.

　한국에서도 요즘에는 매사에 친절한 태도, 이른바 '서비스 정신'
이 강조되는 분위기이다. 하지만 일본에서 경험하는 친절과 섬세
한 배려에 익숙해서 그런지, 한국에서는 가게 점원의 말투가 무뚝

뚝하게 느껴지는 경우도 많고 서비스의 허점도 자꾸 눈에 뜨인다.

오모테나시,
자기 만족적 환대의 문화

— '오모테나시おもてなし'는 '진심을 담은 극진한 접대'를 뜻하는 일본어이다. 2013년 일본 정부의 도쿄 올림픽 유치 캠페인에서 사용하면서 화제가 된 단어이기도 하다. 프랑스인 아버지와 일본인 어머니를 두어 이국적인 용모를 한 여성 아나운서가 유창한 프랑스어로 '오, 모, 테, 나, 시'라고 한 글자씩 끊어 읽고 그 의미를 설명하는 이색적 프레젠테이션을 했다. 오모테나시를 키워드로 삼아 도쿄가 해외 관광객들에게 안전하고 매력적인 도시라는 점을 어필한 홍보 연설이었다.

일본에서는 이 인상적인 프레젠테이션이 올림픽 유치의 일등공신이라고 평가하지만, 문화 연구자의 입장에서는 뒷맛이 좋지 않았다. 일본의 전통문화와 서양의 고급 서비스를 결합하겠다는, 동서양에 대한 편견을 답습한 제안을 올림픽의 세일즈 포인트로 내세운 것도 석연치 않았을 뿐 아니라, 이국적 외모의 여성을 대표 연사로 내세우고 굳이 프랑스어로 프레젠테이션을 하는 등 문화적 사대주의와 편견이 뒤범벅된 홍보로 보였기 때문이다.

어쨌든 도쿄 올림픽 유치 과정에서 오모테나시라는 단어가 많은 이의 인상에 남았나 보다. 일본식 환대를 상징하는 개념으로 해외에서 주목받는 계기가 되었고, 관광 대국을 지향하는 일본 내에서도 중요하게 언급되고 있다.

오모테나시는 단순하게 극진한 접대를 뜻하지 않는다. 손님의 기대 수준을 훌쩍 뛰어넘는 예상외의 만족을 제공해야 한다는 숨은 뜻이 있다. 예를 들어, 음식점이라면 맛있는 음식, 깨끗한 매장, 친절한 응대를 제공하는 것에서 한 걸음 더 나아간 세심한 배려가 있어야 비로소 오모테나시 정신을 실천하는 것이다. 손님 개인의 입맛이나 재료에 대한 호불호를 파악했다가 취향에 딱 맞는 음식을 내놓는다든가, 손님이 주문하지 않아도 알아서 선호하는 서비스를 제공하는 등 보통을 훌쩍 넘는 수준을 요구한다. 일본의 모든 가게가 오모테나시를 충실하게 실천하는 것은 아니지만, 궁극의 서비스를 요구하는 분위기가 있다 보니 일본의 가게들이 전반적으로 친절한 것은 사실이다.

이러한 친절이 꼭 좋은 것만은 아니다. 친절이 과해 오히려 불편을 주는 경우도 있기 때문이다. 예를 들어, 격식을 차리는 료칸에서는 숙박객을 정성스레 배웅하는 것이 서비스 관행이다. 직원들이 료칸 입구까지 나와 손님의 모습이 보이지 않을 때까지 손을 흔들곤 한다. 개인적으로는 이런 특별한 서비스에 대해 고마움보다는 송구스러움이 앞선다. 다음 행선지를 확인하고 근처에서 어슬렁거리는 여유를 부리고 싶어도, 웃는 얼굴로 손을 흔들며 서 있는 료칸 직원들에게 미안한 마음이 들어 갈 길을 서두르게 된다.

오모테나시라는 개념에는 친절을 일종의 '기술'로 해석하는 독특한 문화적 코드가 숨어 있다. 손님이 원하는 것을 정확하게 파악할 줄 아는 스킬, 그리고 손님의 요구에 미리 철저하게 대비하는 준비 정신이 친절을 실천하는 방법론이다. 결과적으로는 손님에 대한 배려와 서비스로 가시화되지만, 다른 한편으로는 친절의 실천 기술을 가다듬고 궁극의 수준으로 끌어올리겠다는, 자기만족적 환대의 문화라고도 할 수 있다.

친절의 기술을 추구하는 일본 문화, 소통하는 정을 추구하는 한국 문화

― 일본의 스시집에는 경륜이 있는 '이타마에板前'(일식 요리사를 뜻하는 말)가 눈앞에서 초밥을 바로바로 쥐어 내주는 카운터석의 특별한 즐거움이 있다. 초밥 코스를 100퍼센트 즐기는 방법은, 이타마에가 초밥을 권하는 순서와 시식법을 충실히 따르는 것이다. 어떤 초밥은 간장에만 살짝 찍어 먹어야 제맛이라고 하고, 어떤 초밥은 소금이 어울린다고도 한다. 이타마에가 손님의 취향을 알아채는 '기술'을 부려 슬쩍 서비스 메뉴를 내놓는 감동적인 경우도 있다. 하지만 이런 세심한 배려가 깃든 식사가 마냥 좋지만은 않다. 식사의 틀이 일사불란해서 손님의 돌발적인 요구가 비집고 들어갈 틈은 없다. 내놓은 음식을 섣불리 남기거나 제멋대로의 방법으로 먹으려 한다면, 정성스레 준비한 이타마에에게 실례를 범하는 꼴이 된다.

반면, 한국의 친절한 밥집에서는 가게 주인과 허물없이 이야기하고 부탁하는 것이야말로 만족스러운 식사를 할 수 있는 방법이다. 김치나 반찬은 물론 메뉴에 없는 매운 고추나 참기름을 달라고 해도 선뜻 가져다준다. 가게 주인도 과하게 손님을 배려한다고 지레 힘을 빼지는 않는다. 친절을 미리 준비하기보다는 그때그때 손님의 요구에 기꺼이 귀를 기울이고 유연하게 대응한다.

그런 면에서 한국 문화에서의 친절을 이해하기 위한 키워드는 '정情'이라고 할 수 있다. 투박하지만 융통성이 있고 인간적이다. 철저하게 준비된 배려는 없을지 몰라도, 소통의 여지를 남겨둔 허술함이 손님에게는 오히려 편안하게 느껴지기도 한다.

한국과 일본에서 친절을 해석하고 실천하는 문화적 코드는 서로 다르다. 그렇다 보니 손님의 경험도 다르다. 오모테나시 정신이 살아 있는 일본의 가게에서는 '최고의 대접을 받았다'라는 만족감을 느낄 수 있다. 반면, 정이 넘치는 한국의 가게에서는 '따뜻한 대접을 받았다'라는 푸근함을 느낄 수 있다. 친절이라고 다 같은 친절은 아니다.

'홀로 하기'의 일본
'더불어 하기'의 한국

집단주의와 개인주의가
공존하는 일본 사회

2000년대 초반, 일본 여행 중에 도쿄의 한 라멘 가게에 들어갔다가 깜짝 놀랐다. 칸막이로 구분된 1인용 좌석이 극장식으로 배치된 구조가 여느 음식점과는 사뭇 달랐기 때문이었다. 독서실이나 PC방에 온 듯한 심상치 않은 분위기가 한국에서는 좀처럼 접하기 어려운 진풍경이었다.

지금은 한국에서도 이른바 '혼밥족'도 늘었고 코로나19 사태 이후에는 좌석마다 칸막이가 설치된 음식점이 적지 않다. 하지만 그때만 해도 한국에서는 혼자 음식점을 찾는 손님은 소수였고, 1인분을 시키면 불청객인 양 푸대접을 감수해야 하는 일도 있었다. '혼밥족'으로 자주 구박받던 터, 혼자서도 마음 편히 먹을 수 있는 일본의 라멘집이 묘하게 감동적이었던 기억이 있다.

'홀로 하기'가 기본인 일본,
'더불어 하기'가 기본인 한국

― 최근에는 한국에서도 '혼밥', '혼술', '나홀로 여행' 등 혼자서 하려는 '나홀로주의'가 은근한 인기를 끌고 있다. 코로나19 사태 이후 매사 혼자 하는 경향이 강해지고 있다고도 한다. 하지만 역시 한국 사회는 더불어 하기가 기본이 아닌가 싶다. 혼자 사는 모습을 보여주는 TV 프로그램에서도 출연진은 쉴 새 없이 친구와 연락하고, 함께 식사를 하고, 더불어 여행을 떠난다. 결국은 누군가와 함께하는 것이야말로 의미가 있다는 결론에 다다른다. 그런 점에서 보자면 한국의 나홀로주의는 이것도 함께 저것도 같이 하기를 은근히 강요하는 더불어 하기 관행에 대한 반동에서 비롯되었다는 생각도 든다.

한편, 일본은 매사를 더불어 하는 문화가 아니다. 한국과 일본, 두 나라의 기업에서 일해본 경험이 있는데, 점심시간을 앞둔 사무실 풍경이 사뭇 다르다. 한국에서는 외부에서 약속이 없으면 같은 부서의 동료와 함께 점심 식사를 하는 것이 일반적이다. 오전 업무가 끝나갈 즈음부터 "오늘 뭐 먹을까?"라고 자연스레 이야기가 오간다.

일본에서는 많은 경우 식사는 혼자 해결하는 경향이 있다. 점심시간이 되면 한 명씩 "식사 다녀오겠습니다"라는 말을 남긴 뒤 자리를 뜬다. 물론 동료와 함께 식사를 할 때도 있다. "오늘 식사 같이 할까요?"라고 미리 제안을 했을 때이다. 함께 식사하는 것이 '디폴트 값'이 아닌 것이다. 이런 분위기이다 보니, 식당에서도 각자 먹은 만큼 계산하는, 이른바 '더치페이'가 수월하게 정착된 것이다.

외식도 혼자, 쇼핑도 혼자, 여행도 혼자, 영화나 공연, 게임을 즐기는 것도 혼자가 가장 즐겁고 보람차다. 모처럼의 휴일에는 기꺼이 혼자 있기를 택하고, 혼자일 때에는 굳이 누군가에게 연락하고 싶지 않다. 대부분의 식당이 혼자 온 손님을 위한 서비스를 제공하고, 마트나 편의점에는 1인용 식재료와 인스턴트 식품이 풍부하게 구비되어 있다. 1인 노래방이 처음 시작된 곳도, 1인 야키니쿠(한국식으로 불에 구운 고기) 전문점이 인기를 끄는 곳도 일본인 것이다. 고도로 다양화된 소비사회이다 보니, 혼자이기 때문에 감수해야 하는 불편도 크지 않다. 그저 혼자가 더 편하고 좋다는, 순수한 개인주의적 취향에서 비롯된 풍조이다.

　일본은 집단주의적인 전통이 강한 만큼, 여럿이 함께하는 문화도 자리 잡고 있다. 직장이나 단체에는 회식이나 모임도 빈번하고, '마쓰리'라고 불리는 축제도 잘 정착되어 있다. 시골뿐 아니라 도시에서도 동네 주민들이 스스로 기획하고 참여하는 크고 작은 동네 축제가 성황이다.

　사실 많은 일본인이 타인과 더불어 하는 자리를 진심으로 좋아하고 즐긴다. 아무래도 일상생활의 모든 것을 늘 혼자 감내하는 문화이다 보니, 때로는 적적함과 고독함을 떨쳐내고 싶다는 마음일 것이다. 일본의 나홀로주의는 한국처럼 매사를 더불어 하는 관행에 대한 반동이 아니다.

코로나 시대,
'나홀로주의'의 명암

— 일본은 글로벌 팬데믹에 비교적 성공적으로 대처한 나라이다. 인구수 대비 코로나19 치명률이 한국의 세 배를 넘다 보니(2022년 3월 말 기준, 한국 0.13퍼센트, 일본 0.44퍼센트), 우리에게는 심각한 듯 보이는 착시 효과가 있다. 하지만 세계 각국의 지표를 비교하자면 일본은 감염률도 치명률도 낮은 편이다. 그런데 디지털 인프라를 활용하면서 적극적으로 대치해 온 한국에 비해, 일본 정부는 확진자를 선별하는 PCR 검사수를 늘리는 데에 소극적이었다. 시민들의 협조를 부탁할 뿐 시의적절하게 대책을 펼치지 못했다

는 점에서 질책의 목소리가 높았다.

그런데도 일본에서는 코로나19 사태가 최악으로 치닫지 않았다. 그 이유를 둘러싼 여러 가지 '썰' 중에는 일본의 개인주의적 문화에 주목하는 견해도 있다. 외식도 쇼핑도 나홀로족이 많을 뿐 아니라, 웬만해서는 물건과 장소를 공유하지 않는 문화적 관행이 있다 보니, 바이러스가 쉽게 전파되지 않았다는 가설이다. 방역 대책으로서 이런 측면이 얼마나 효과적이었는지는 단정하기 어렵지만, 일본 사회의 이런 경향이 '사회적 거리두기'를 실천하는 데에는 제법 유리했을지도 모른다.

눈에 보이지 않는 바이러스와 싸우는 데에는 효과적일지 몰라도, 나홀로주의가 늘 긍정적인 것은 아니다. 일상생활 속 문제를 혼자 해결하는 것에 익숙하다 보니, 함께 고민해야 마땅한 사회적 사안을 개인의 이슈로 치부한다든가, 외부의 지원이 절실한 사안에도 타인에게 도움을 청하지 않아 고립되는 등의 상황이 비교적 자주 생긴다. 나홀로주의 노선을 고수하는 것은 개인의 자유이지만, 더불어 사는 삶의 이점을 취하지 않는다면 개인에게도 사회에도 결코 건강한 선택이 아니다.

예를 들어, 일본에서는 일상생활 속 더불어 하기의 기술이 빈곤하다. 한국에는 이른바 '농담 따먹기'라고 하는 화법이 있다. 실없는 농담이나 중요하지 않은 소재에 대해 이야기를 나누며 친해지는 대화법인데, 처음 만난 상대방과의 심리적 거리를 좁히는 사교술로 그만한 것이 없다. 선배가 후배에게 밥을 사준다거나 친구들이 번갈아 밥값을 '쏘는' 관행도, 부작용이 없지는 않으나 인간관계를 밀접하게 만들고 지속시키는 '더불어 하기' 기술의 일종이다.

일본에서는 낯선 이와 쉽게 마음을 터놓을 수 있는 이런 문화가 없기 때문에, 누군가와 인간적으로 친해질 때까지 시간이 걸리는 편이다. 자주 만나는데도 몇 년 동안 어색한 관계가 지속되기도 한다. 나홀로주의가 뿌리내린 일본에서, 낯선 사람과 허심탄회하게 마음을 터놓는 사회성을 몸에 익히기는 쉽지 않다.

일본에는 어떻게 개인주의와 집단주의가 공존할 수 있을까?

— 이렇게 개인주의적인 성향이 현저한 일본 사회이지만, 공적인 영역에서는 정반대로 국가나 집단의 목표를 개인의 가치관보다 우선시하는 집단주의가 우세하게 나타난다. 예를 들어, 개인적인 취미나 취향은 존중해야 한다는 사고방식이 있으면서도, 국가 행사를 위해서라면 개인적 희생을 감수하는 것이 마땅하다는 생각도 강하다. 어떻게 보자면, 한 사람의 내면에 개인주의와 집단주의가 공존하는 듯이 보여 혼란스럽게 느껴질 때도 있다.

개인주의는 국가나 공동체 등 집단의 효용에 앞서 개인의 이성적 판단과 신념의 개별성을 인정하는 사고방식이다. 이는 민주주의의 근간이기도 하다. 민주주의는 모든 이의 의견을 평등하게 존중해야 한다는 개인주의적 사상을 전제로 성립하기 때문이다. 그런데 일본 사회에서의 민주주의의 성립 과정에서는 이런 개인주의적 사상에 대한 충분한 숙고가 이루어지지 않았다. 태평양전쟁에서 패배한 뒤 한동안 일본 땅을 점령해 통치했던 연합군 최고사령부(1945년 패전 직후에 설치된 점령 기구. 일본에서는 'General Headquarters'를 줄여 'GHQ'라고 부르는데, 이 조직에서 일본의 현대적인 국가 체계의 밑그림을 그렸다. 이하 GHQ)에 의해 공화정 체제가 성립했다. 일본 사회에서 민주주의는 스스로 쟁취한 성과라기보다는 '위로부터 주어진 선물'이었다.

일본 사회의 개인주의가 반쪽짜리 사상처럼 보이는 것은 그 때문일지도 모른다. 일본에서 개인주의적인 사고방식이 저항 없이 받아들여진 것은, 개개인의 생각과 신념을 존중한다는 사상적 차원에서라기보다는, 개인의 호불호에 전적으로 의존하는 소비적 차원에서이다. 공적인 측면에서의 개인주의는 집단의 조화를 해치는 미성숙한 태도로 받아들이는 반면, 사적인 측면에서의 개인주의는 각자의 취향과 행복 추구권에 관련한 별도의 사안이라고 보는 것이다. 시민사회의 경험은 불충분하지만 소비사회적인 측면은 고도로 발달한, 일본 사회의 특징이라고도 할 수 있다.

일본인에게 '성씨'는 무엇을 의미하는가?

한국의 가족과 일본의 가족

일본에서 산 지 꽤 오래된 지금도 '김 상'이라고 불리는 것이 영 낯설다. 일본에서는 한국어의 '씨'에 해당하는 '상^{さん}'이라는 접미사를 성에 붙여 호칭을 대신하는 경우가 많다. 한국에서 성과 이름을 함께 부르는 방식과 대조적이다. 더구나 한국에서는 '남산에서 돌을 던지면 김씨가 맞을 것'이라는 우스갯소리가 있을 정도로 김씨가 흔하지 않은가.

그렇다 보니 '김 상'이라는 호칭이 나를 향한 것이라는 사실을 알아차리지 못한 적도 잦고, 이런 호칭에 응답하는 나 자신이 살짝 어색하게 느껴지기도 한다. 말하자면 나 스스로의 정체성을 '김씨'라는 성씨에서 찾아본 적이 없다. 이런 내 사정을 잘 아는 친한 일본인 친구들은 '김 상'이라는 호칭 대신 이름으로 친근하게 불러준다.

많은 일본인이 타인과 좀처럼 중복되지 않는 성씨를 스스로의
정체성으로 받아들인다. 같은 성씨가 많은 한국과는 대조적이다.
사진은 도쿄 우에노에 있는 도쿄국립박물관 앞이다.

한국과 일본의
서로 다른 호칭 문화

— '김 상'이라는 호칭을 직역하면 '김 씨', 한국어로 옮기면 어감이 썩 좋지는 않다. 한국에서는 성씨로 사람을 특정할 때에는 '김 대리'나 '박 선배', '이 여사' 등 사회적 직급이나 지위를 붙이는 것이 일반적이다. '씨'라는 호칭은 상대방을 낮추는 듯한 인상을 주기 때문에 손윗사람에게는 웬만하면 쓰지 않는다. 만약 눈앞의 상대를 '김 씨'라고 부른다면 분위기가 험악하게 전개될 각오를 해야 한다.

한국의 '씨'라는 호칭이 손윗사람에게는 거부감을 불러일으키는 것과는 대조적으로, 일본에서 '상'이라는 호칭은 남녀노소 가리지 않고 다양한 상대를 예의 바르게 부르는 무난한 어법이다. 친근한 사이에서는 남자는 '군君', 여자는 '짱ちゃん'이라는 허물없는 호칭도 쓰인다.

사실 범용성이 좋은 '상'이라는 호칭이 인간관계를 대등하게 유지하는 데에 도움이 된다. 가끔 인사를 나누는 이웃은 '모리모토 상', 예전 직장에서 함께 일하던 동료는 '다나카 상', 이번에 환갑을 맞은 대학원 선배는 '후루카와 상', 어른스러운 사회관계에 하루빨리 익숙해지기 바라는 마음에서 제자들에게도 '상'이라는 호칭을 즐겨 쓴다.

한국의 성씨는 속인주의,
일본의 성씨는 속지주의

― 일본의 성씨는 매우 다양하다. 수강생이 100명 넘는 대규모 수업의 출석부에 성씨가 동일한 학생이 한두 명 있을까 말까이다. 이러니 성씨로 호칭을 대신해도 한국에서와 같은 대혼란이 생기지 않는다. 많은 일본인이 타인과 좀처럼 중복되지 않는 자신의 성씨를 스스로의 정체성으로 받아들인다. 예의를 차리는 관계는 물론이거니와, 친구나 친한 동료, 지인들 사이에서도 성씨로 서로의 호칭을 대신하는 경우가 적지 않다.

희귀한 성씨를 제외해도 1만 개의 성씨가 실제로 사용된다고 하니, 기껏해야 300개 정도의 성씨가 존재하는 한국과는 엄청나게 차이가 난다. '김', '이', '박' 등 한자 한 글자가 대부분인 한국의 성씨와는 달리 일본은 한자가 몇 글자씩 어우러져 하나의 성씨를 이룬다. 일본에서 흔한 성씨인 '사토'는 한자로 '佐藤', '사사키'는 한자로 '佐々木'라고 쓰는데, 이런 식으로 한 글자에서 서너 글자까지 한자를 조합한 성씨가 수만 개가 훌쩍 넘는다.

한국의 성씨를 일본어로 일반적으로 '묘지苗字, 名字'라고 하는데, 엄밀하게 따지자면 일본의 '묘지'는 한국의 성씨와는 다른 개념이다. 복잡한 역사적 경위는 생략하고 간단하게 말하면, 한국의 성씨는 씨족과 혈연을 상징하는 추상적인 개념인 반면, 일본의 묘지는 조상이 거주하던 지역이나 지형, 생활양식 등에서 비롯된 구체적인 개념이다. 일본의 많은 성씨가 지명이나 동네의 이름, 혹은 지역의 특징적인 지형을 그대로 답습한다.

예를 들어, 비교적 흔한 성씨 중의 하나인 '다나카田中'는 '밭 가운데'라는 뜻이다. 이 성씨의 선조는 농경에 종사했을 가능성이 크다. 역시 자주 접하는 성씨인 '야마모토山本'는 '산기슭'이라는 의미이다. 아마도 선조가 산 언저리에 살았으리라 추측된다. 김씨 중에서도 김해 지방에 자리를 잡았으면 '김해 김씨', 경주가 본거지라면 '경주 김씨'라는 식으로, 한국에도 성씨가 가지치기를 해서 지역이라는 정체성이 덧붙여진 본관이라는 개념이 있다. 일본의 성씨는 개념적으로는 본관에 더 가깝다.

한국의 성씨가 씨족과 혈통의 계보를 강조하는 '속인주의' 사고방식을 따른다면, 일본의 성씨는 고향이나 거주지의 특성 등 지역적 맥락이 구체적으로 드러나는 '속지주의' 사고방식이라고도 하겠다. 씨족의 계보를 중시하는 속인주의 전통에서 보면 성씨는 개인에게 주어진 본질이자 숙명이다. 혈연을 멋대로 바꿀 수는 없는 법이니 말이다. 반면, 속지주의 전통에서 보면 성씨는 상황에 따라 융통성을 발휘할 수도 있는 대상이다. 혈연관계에 배타적으로 구속되는 것이 아니라, 가족이나 개인의 의지에 따라 끊을 수도 있고 새로이 맺을 수도 있는 상대적인 가족 개념이다.

한번은 일본인 친구의 집에 놀러 갔다가 문패에 생판 다른 성씨가 적혀 있어서 깜짝 놀랐다. 알고 보니 친구는 양친의 동의하에 어렸을 때에 외조모의 성씨를 물려받아, 부모 형제들과는 다른 성씨로 살아왔다. 끈끈한 혈통을 강조하는 한국 문화에서는 이해하기 힘든 사고방식이지만, 일본에서는 동일한 혈연이 곧 같은 성씨를 의미하지는 않는다.

이런 사고방식의 연장선에서 기업이나 가업을 계승하는 등 사회적 인연의 상징으로서 성씨를 물려받는 계약적 관행도 뿌리내렸다. 일본에서는 매년 8만 명이 양자의 인연을 맺고 성씨를 바꾸는데 대다수가 성인 남자이다. 첫째 아들이 가업을 계승한다는 과거의 고정관념이 아직 굳건하다 보니 양자 제도를 통해 남성 후계자를 가족으로 들이는 일이 적지 않다. '가업의 계승자를 구한다'라는, 한국 문화에서는 낯선 구인 광고도 종종 본다. 일본에서 성씨를 이어받는다는 것은 가업을 계승해 혼신의 힘을 다하겠다는 선언이고, 한편으로는 의지를 사회적으로 공식화하는 방법이다. 분명한 것은 한국의 성씨와 비교하자면 일본의 성씨는 훨씬 더 '엉덩이'가 가벼운 개념이라는 점이다.

일상 속에 감추어진 사고방식의 차이

— 한국과 일본의 성씨나 호칭은 역사적으로는 동일한 한자 문화권에서 파생되었다. 하지만 두 나라에서 이 제도를 해석하고 운영하는 방식은 전혀 다르다. 한국의 성씨가 혈통을 강조하는 것과는 달리, 일본의 성씨는 계약적 사회관계를 구성하는 수단이다. 한국에서 성씨는 조상으로부터 물려받은 존재론적 정체성으로 해석되는 데에 반해, 일본에서 성씨는 호칭을 통해 타인과 나를 구별

하는 일상적인 정체성으로 활용된다. 사고방식의 차이가 매우 뚜렷하고 대조적이다.

흥미로운 것은 호칭이나 성씨 제도의 표면적인 측면만 보아서는 한일 간의 차이점보다 공통점이 더 잘 보인다는 점이다. '아무개 김'이 아니라 '김 아무개'라는 식으로 성씨를 이름 앞에 쓰는 표기법이며, 성별이나 연령에 따라 호칭이 달라지는 점 등 서양의 호칭 문화와는 이질적인 문화적 특성을 공유하고 있는 것도 사실이다. 하지만 뭐니 뭐니 해도 문화를 탐구하는 묘미는 겉으로 잘 드러나지 않는 은밀한 속내를 이해하는 데에 있다. 앞으로도 '김상'이라는 호칭에는 익숙해지지 않겠지만, 자연스러운 일상 속에 숨겨진 '문화'라는 대상에 대한 호기심은 수그러들 것 같지 않다.

삐삐와 포케베루

서로 다른 미디어로 진화한
한국과 일본의 무선호출기

이미 추억 속의 물건이 된 '삐삐'라고 불리던 기기가 있다. 휴대폰이 대중적으로 보급되기 전인 1990년대에 널리 사용된 개인용 무선호출기를 말하는데, 한국에서는 젊은 층의 큰 사랑을 받아 한때 가입자가 1,500만 명에 육박할 정도였다. 휴대폰의 상용화 이전에 개인용 무선호출기가 이 정도로 대중화된 지역은 세계적으로 드문데, 일본은 한국과 어깨를 나란히 하는, 무선호출기 사랑이 유난했던 지역이다. 일본에서는 '포켓 속에 넣고 다니는 벨'이라는 뜻에서 '포케베루'라는 애칭으로 불렸다. 구분을 위해서 한국의 '삐삐', 일본의 '포케베루'라고 지칭하겠다.

무선호출기를 사용한 적이 없는 독자를 위해 잠깐 사용법을 설명하자. 호출기에는 휴대폰처럼 고유 번호가 부여되지만, 목소리를 주고받는 통화 기능은 없다. 전화와 동일한 방법으로 번호를

호출해 연결이 되면, 통화가 가능한 전화번호를 버튼을 눌러 입력한 뒤 전화를 끊는다. 그러면 호출을 받은 상대의 호출기가 '삐삐' 울리고, 연락을 기다리는 전화번호가 액정 화면에 표시된다. 표시된 번호로 전화를 하면 비로소 통화가 이뤄지는 방식이다. 당시에는 휴대폰이 없었기 때문에 이동 중에 호출을 받으면 주변의 공중전화 박스로 달려가곤 했다. 요즘도 카페나 푸드코트 등에서 음식이 준비되면 소리나 진동으로 호출해 주는 단말기가 이용되는데, 예전에 유행하던 무선호출기의 단출한 형태이다.

동일한 기술에서 전혀 다른 통신 문화가 발달하다

— 바로바로 통화하고 문자를 주고받는 휴대폰 이용에 익숙한 세

대에게는 이런 방식이 답답하게 느껴질지 모르겠다. 그렇지만 당시에는 삐삐가 아니면 느낄 수 없는 재미가 있었다. 예를 들어, 호출기 액정에 표시되는 숫자를 암호처럼 사용하는 커뮤니케이션이 큰 인기였다. '8282'는 '빨리빨리'를 의미했고, '1004'는 '천사', '1010235'는 '열렬히 사모'한다는 연인 사이의 메시지였다. 숫자로만 소통하는 삐삐의 특성을 활용한 일종의 통신 놀이라고 할 수 있다.

흥미롭게도 포케베루에도 비슷한 통신 놀이가 있었다. '0906'는 '늦어'(오쿠레루)라는 뜻, '4649'는 '잘 부탁해'(요로시쿠)라는 식으로, 숫자의 발음에 착안해 다양한 포케베루용 암호가 유행했다. '포케고토바'라고도 불렸던 이 은어 체계는, '신주쿠'(40109)나 '시부야'(428) 등 젊은이들이 많이 모이는 지명은 물론이요, '술 한잔 하자'(03215-), '30분쯤 늦을 듯'(80-0906), '숙취로 고생 중'(22941) 등 젊은이들이 만남을 갖는 데에 필요한 표현이 대다수 포함될 정도였다. 순수한 표음문자인 한글과 달리, 일본어는 표음문자인 가타카나, 히라가나와 표의문자인 한자를 병용한다. 숫자에 복수의 음을 자유롭게 부여할 수 있기 때문에 은어 체계와 오히려 궁합이 좋았다.

포케고토바의 이용이 늘어나면서, 이번에는 아예 입력된 숫자를 자동으로 문자로 전환해서 액정 화면에 표시해 주는 기능이 등장했다. 이후 포케베루는 숫자를 주고받는 원시적인 호출기 방식을 탈피해, 문자 전용의 통신기기로 급속도로 진화하기 시작했다.

급기야는 개인용 통신기기에 연결해서 사용하는 소형 키보드, 일명 '포케보드'라는 부속 제품도 등장할 정도였다. 일본에서는 스마트폰이 보급되기 한참 전에 무선 통신망을 이용한 인터넷 이용이 정착되었는데, 통신 회사측에서도 젊은 층의 포케고토바 문화가 1990년대부터 휴대폰을 이용한 인터넷 접속을 촉진한 디딤돌이었다고 인정한다.

한편, 한국의 삐삐는 전혀 다른 방향으로 진화하고 있었다. 삐삐에 음성 사서함 서비스가 붙은 것이 돌파구가 되었다. 음성 사서함은 호출자가 목소리를 녹음해서 메시지를 전달하는 기능과 함께, 삐삐의 소유자가 미리 녹음한 인사말을 호출자에게 들려주는 기능을 갖추었다. 이후 삐삐 문화는 이전과는 전혀 다른 방식으로 전개되었다. 녹음된 음성 메시지를 주고받는 쌍방향 커뮤니케이션이 활기를 띠었다.

연인 사이에 서로 음성 사서함의 암호를 공유하고 음성 편지를 녹음해서 사랑의 말을 주고받는 비동기 커뮤니케이션이 유행했다. 녹음 기능을 이용해 다채로운 삐삐의 인사말이 등장했다. 개성 만점의 소개문을 읊거나, 좋아하는 대중가요를 들려주기도 하고, 직접 부른 자작곡을 발표하는 기회로 삼는 사람도 있었다. 심지어는 정기적으로 픽션을 연재하는 '삐삐 소설'까지 있었다고 하니, 한국에서는 이때에 팟캐스트의 원시적인 형태가 싹텄다.

문화가 기술을
'다른 이름으로 저장'하다

▬ 혹자는, 한국과 일본의 통신 회사들의 관찰력과 기민한 대응에 감탄한다. 한국의 통신 회사는 재빠르게 음성 사서함을 추가해 숫자만을 이용한 의사소통의 답답함을 해결했다. 일본의 통신 회사는 숫자/문자 전환 기능을 개발해, 표현의 번거로움을 해소했다. 과연 통신 기술 선진국들다운 발 빠른 대응력이다.

휴대폰 이전에 무선호출기가 젊은이들의 통신기기로 인기를 끈 사례를 다른 지역에서는 찾기 어렵다. 한국과 일본, 그 밖에는 비슷한 시기의 대만과 홍콩 정도이다. 더 나아가 숫자를 이용한 은어가 꽃핀 사례는 한국과 일본 정도가 아닐까 싶다. 그렇다 보니 글로벌한 관점에서는, 한일 간 통신 문화의 근접성을 보여주는 사례로 보기도 한다.

한편, 동일한 사양의 통신 기술이 한국과 일본에서 전혀 이질적인 미디어로 진화했다는 사실은 의미심장하다. 한국의 삐삐는 목소리나 음악 등 소리를 전달하는 시끌벅적한 구술 미디어로 탈바꿈한 반면, 일본의 포케베루는 문자를 매개하는 과묵한 문자 미디어의 길을 택했다. 미디어학자 월터 옹Walter J. Ong은 『구술문화와 문자문화』(1982)라는 유명한 저서에서 수천 년의 인류 역사는 미디어의 발전과 함께 구술 중심 문화에서 문자 중심 문화로 변화했다고 주장한다. 그가 살아 있다면, 같은 통신 기술이 거의 동일한 시기에 구술 미디어와 문자 미디어라는 전혀 다른 방향으로 전개된 이 상황에 큰 흥미를 갖지 않았을까.

삐삐나 포케베루는 사라진 지 오래되었지만, 인터넷 이용에서 한국은 구어 중심, 일본은 문자 중심이라는 차이는 유효하다. 사적인 의사소통에 있어서 카카오톡, 라인 등 채팅 애플리케이션을 선호하는 것은 한일 양국 모두 비슷하다. 하지만 업무에 관한 공적인 의사소통이나 연락이 필요할 때에 통화를 선호하는 빈도는 한국이 압도적으로 높다. 한국에서는 팟캐스트나 유튜브 등 음성이나 동영상을 활용하는 플랫폼이 빠르게 수용되고 있는 반면, 일본에서는 문자나 이미지로 소통하는 SNS에 대한 선호도가 높고 동영상 서비스에 대한 저항이 의외로 큰 편이다.

왜 이런 차이가 생기는 것일까? "한국 사람은 흥이 많아서"라든가 "일본 사람은 속내를 드러내지 않아서"라는 정도의 편견 섞인 속설에 간단히 납득하는 사람도 있겠지만, 사실은 그보다 훨씬 복잡다단한 문화적, 사회적, 산업적 요소가 얽혀 있다. 분명한 것은 아무리 첨단 기술이라고 해도, 기술의 문법만으로는 천차만별의 수용 양상을 설명하기는 어렵다는 점이다. 문화가 기술을 '다른 이름으로 저장'해 버리는 일은 매우 빈번하다. 동일한 통신 기술에서 시작되었지만 전혀 다른 미디어로 진화한 삐삐와 포케베루처럼 말이다.

취중진담과
노뮤니케이션

다른 듯 같은 듯
음주 문화의 한일 비교

애주가로서 한국에서도 일본에서도 여러 술자리에 끼어보았다. 한일 음주 문화는 제법 다르다. 예컨대, 한국에서는 상대방이 따라주는 술을 받기 위해 자기의 술잔을 먼저 비우는 것이 주도^{酒道}이다. 특히 어르신이 술을 따르려는 시늉을 하면, 손아랫사람은 냉큼 술잔을 비우고 새 잔으로 술을 받아야 한다. 그렇다 보니 은근슬쩍 술을 따라주면서 상대방에게 술을 권하는 것이 한국의 음주 문화의 관행이다. 상대와 술잔을 주거니 받거니 하는 '밀당'이 술자리의 묘미라면 묘미이지만, 자기 의사와는 무관하게 음주를 강요당하는 난처한 상황도 곧잘 생긴다.

이에 비해 일본에서는 드러내 놓고 술을 권하지는 않지만, 상대의 술잔이 늘 찰랑찰랑 채워져 있도록 배려하는 은근한 권주^{勸酒}의 관행이 있다. 술친구의 술잔이 바닥을 보이기 전에 점잖게 술

을 부어 잔을 채워놓는 것이야말로 주당의 예의범절, 거꾸로 빈 술잔을 방치한다면 배려가 없는 것이다. 음주 문화가 다르다 보니, 술이 들어 있는 잔에 술을 더하는 '첨잔'에 대한 해석이 정반대이다.

한국의 음주 문화에서 첨잔은 제사상에서나 허용되는 비일상적 예법이다. 보통의 술자리에서 상대의 술잔에 첨잔하는 것은 큰 결례이다. 반면, 일본의 음주 문화에서 첨잔은 술친구를 배려하는 행동이다. 적절히 첨잔을 실천하지 않으면 오히려 서운함을 산다. 이 차이를 잘 모르면 나처럼 술자리에서 낭패를 볼 수도 있다.

일본에 온 지 얼마 되지 않았을 때, 일본인 친구 부부의 초대로 가족과의 조촐한 술자리에 합석한 적이 있다. 아담한 마당에서 숯불을 피우고 해산물과 주먹밥을 구워 먹는 야외 모임이었다. 낯선

—————— 3부 한국이라는 거울에 비춰본 일본 문화

외국인의 술자리 참석에 처음에는 분위기가 약간 어색했지만, 한 잔 두 잔 술이 들어가면서 제법 화기애애하게 무르익었다.

문제는 첨잔이었다. 술잔을 미처 비우기도 전에 어르신이 술병을 들어 올려 따르려 하시니 결례가 될까 싶어 황급히 잔을 비웠다. 그런데 새로 받은 술이 한참 남아 있는데 또다시 술을 따르려 하셨다. 또 서둘러 잔을 비우고 술을 받고……, 이런 식으로 몇 순배 돌다 보니 주량을 훌쩍 넘기고 말았다.

나중에야 첨잔의 관행이 전혀 다르다는 것을 알았다. 친구의 부모님은 손님의 술잔이 바닥을 보이기 전에 미리미리 채워놓으려 했던 것인데, 나는 번번이 술을 권하는 것으로 오해했다. 나도 뜻하지 않은 과음으로 생고생을 했지만, 친구네도 준비했던 술이 일찌감치 동이 나서 적지 않게 당황했을 것이다. 지금도 그때를 생각하면 쓴웃음이 나온다.

개인주의를 철저하게 실천하는
일본의 음주 문화

▬ 요즘에는 술을 병째 시켜서 나누어 마시는 일이 많지 않은 만큼, 첨잔 때문에 한일 간 음주 문화의 차이를 실감했다는 이야기는 좀처럼 못 들었다. 그 대신 개인주의를 철저하게 실천하는 일본의 음주 문화는 종종 화제가 된다. 일본에서는 여럿이 모인 술자리라도 각자의 취향에 따라 서로 다른 술을 마시는 것이 일반적이다.

일본의 대중적인 선술집 이자카야居酒屋(다양한 종류의 술과, 일식, 서양식, 때로는 중식이나 한식까지 다양한 종류의 안주를 제공하는 일본식 선술집)에는 맥주는 물론이요, 다양한 일본 술, 증류주를 섞어 만든 각양각색의 칵테일, 와인, 무알코올 음료까지 구비되어 있다. 각자 좋아하는 음료를 하나씩 고르다 보면, 먹을거리보다 마실 거리를 주문하는 데에 시간이 더 걸린다. 가벼운 건배로 첫 잔을 시작하는 것은 비슷한데, '원샷'을 외치며 모두 함께 기세를 올려가는 한국의 음주 문화와는 달리, 각자 자기의 페이스에 맞춰 술잔을 홀짝거리는 분위기이다. 술자리의 분위기가 한국처럼 흥겹지는 않지만, 폭음·폭주할 일이 드물어 일장일단이 있다.

이런 일본의 음주 문화가 한국의 술꾼들에게는 너무 밋밋하게 느껴질지도 모른다. 한편, 적극적으로 술을 권하고 술잔을 돌리는 한국의 걸쭉한 음주 문화는 일본인에게 이색적일 것이다. 코로나19 사태 이후 외식이 어려워지면서 일본에서는 원격 회의 시스템 등을 활용한 비대면 술자리가 꽤 인기이다. 일본인 동료들과 '줌 회식'을 즐기다 보면, 각자 좋아하는 술잔을 기울이며 차분하게 이야기를 푸는 개인주의적인 음주 문화가 비대면 술자리와 은근히 궁합이 맞는다고 느낀다. 반면, 함께하는 분위기를 좋아하는 한국의 주당들은 '랜선 술자리'에 매력을 느끼기 쉽지 않을 듯하다. 한국에는 술잔을 쨍 부딪치고 서로 부대끼는 '찐한' 술자리를 못 가질 바에는 차라리 '혼술'을 택하겠다는 술꾼도 많지 않을까?

'노뮤니케이션'과 '취중진담',
한국이나 일본이나 술은 사회생활의 축

— 늦깎이로 배웠는데도 제법 유창하게 일본어를 구사하는 편이다. "빨리 일본어에 숙달한 비결이 무엇이냐?"라는 질문을 받으면 "노뮤니케이션 덕분"이라고 대답한다. '노뮤니케이션'이란 일본어로 '마시다'라는 뜻의 동사 '노무飲む'와 '커뮤니케이션'을 합성한 말이다. 한국식으로 말하자면 '술자리 토크'인데, 일본에서도 술자리에서는 비교적 활발한 정보 공유와 의사소통이 이루어지다 보니 관용어로 자리 잡았다.

노뮤니케이션을 실천하다 보면, '일본 사람들은 자기 표현에 소극적이다, 내향적이다'라는 일반론에 좀처럼 동의할 수가 없다. 맛있는 술 한잔 곁들여 이야기꽃을 피우다 보면 마음의 벽이 쉽게 허물어지고 거리낌 없이 속마음을 털어놓을 수 있다. 실제로 많은 일본인 친구들과 술을 함께 마시며 친해졌다. 내가 노뮤니케이션으로 일본어에 익숙해졌다는 말이 농담은 아니다.

최근● 일본에서는 코로나19의 4차 대유행이 가시화되면서 세번째로 '긴급 사태'가 선언되었다. 관련해서 도쿄도가 음식점에서 주류의 제공을 금지한 것을 두고 왈가왈부한다. 주류의 판매가 매출의 중요한 축인 음식점 측에서 볼멘소리가 나오는 것은 당연하다. 그런데 술을 마시는 것 그 자체를 금지하는 '금주령'도 아닌데

● 2021년 5월 12일에 게재된 칼럼이다.

일반 시민들도 이 조치에 대해 대체로 부정적이다. 노뮤니케이션의 기회가 줄어드는 것에 대한 갑갑함이 더 컸을 것이다.

한국에도 '취중진담'이라는 말이 있다. 술에 취해서 나오는 말이 진심을 담고 있다는 뜻이다. 일본의 노뮤니케이션처럼 술과 함께하는 의사소통의 순기능을 강조한 표현이다. 음주 문화는 다를지언정, 한국이나 일본이나 술이 사회생활의 중요한 축이라는 점은 매한가지이다. 음주가 때때로 커뮤니케이션을 촉진하는 순기능을 하는 것이 사실이다. 하지만 이를 너무 강조하다가는 사회활동 속에서 음주를 즐기지 않는 사람들을 배제하고 차별하는 결과가 된다. 그런 면에서 취향이 많이 갈리는 음주는 세련된 사적 취미의 영역으로 남겨두는 것이 바람직하다. 실제로 일본에서는 노뮤니케이션이 샐러리맨의 관행이 되어버린 것에 대한 비판이 자주 제기된다. 한국에서 음주를 강요하는 회식 문화가 문제시되는 것과 동일한 맥락이다.

포스트 코로나 시대, '술을 먹되, 술에 먹히지 않는' 음주 문화를 고민해야

━ 일본에는 "술을 먹되, 술에 먹히지 마라"라는 말이 있다. 술을 즐기되 스스로 감당을 못 할 정도로 과음하지 말라는 뜻이다. 주당들이 마음에 새겨야 할 금언이다. 일찌감치 '술에 먹혀'버리면 그 좋아하는 맛있는 술, 즐거운 술자리와 일찌감치 결별해야 할지도 모르니 말이다.

한국에서도 젊은이들의 음주 풍토가 점점 더 개인의 취향에 충실한 방향으로 바뀌고 있다고 한다. 술을 좋아하는 나도 젊은 시절에는 음주를 강요하는 술자리가 고역이었던 기억이 많다. 지금의 젊은이들이 그런 고충을 느끼는 대신 술 한잔의 여유를 즐길 줄 아는 음주 문화를 만들어 나가기를 바란다. 코로나 팬데믹을 겪으면서 술을 동반하는 사교술의 사회적 효용을 돌아볼 기회도 생겼다. 이참에 '술을 먹되, 술에 먹히지 않는' 새로운 음주 문화를 고민해 보면 좋지 않을까 하는 것이, 술과 오래오래 함께하고픈 이 애주가의 바람이다.

코로나에 걸린
시마 과장

장수하는 일본의 콘텐츠
요절하는 한국의 콘텐츠

'시마 과장'이 코로나에 걸렸다고 한다. 시마 과장이 누구인고 하면, 1983년 일본의 대표적인 출판사인 고단샤가 발행하는 만화 잡지에 연재를 시작한 장수 만화 시리즈의 주인공이다. 시마 고사쿠島耕作라는 이름의 주인공이 과장으로 승진하면서 "이제 평사원이 아니라 관리직"이라며 마음을 다잡는 첫 에피소드가 인상적이었다. 주인공의 기상천외한 여성 편력은 좀 과하다 싶지만, 기업 내 파벌 투쟁, 동종 기업 간의 치열한 경쟁, 시장 개척을 위해 해외에 부임하는 에피소드 등 일본 기업의 실상이 제법 생생하게 담겨 있다. 한국에도 독자가 적지 않다.

40년 가까이 연재되면서 주인공은 꾸준히 승진했고 그에 맞춰 만화의 제목도 바뀌었다. '시마 부장', '시마 상무', '시마 전무', '시마 사장', '시마 회장'을 거쳐 지금은 노익장의 '시마 상담역相談役'으로

일본에서는 도라에몽 등
수십 년 동안 사랑받은 캐릭터가
아직도 현역으로 대활약한다. 천수를 누리는
캐릭터가 드문 한국과는 대조적이다.
사진은 도쿄에 있는 한 영화관의
티켓 오피스이다.

스토리가 계속되고 있다. 부장, 상무, 사장은 한국에서도 낯설지 않지만, '상담역'은 생소할 듯하다. 한국 조직에서의 고문顧問 정도로 이해하면 무난하다. 말하자면, 회장 자리도 이미 거친 베테랑 중의 베테랑이 현역 경영진에게 조언과 상담을 해주는 보직이다. 뚜렷한 역할도 없이 연장자에게 권위와 편의를 제공하는 자리라고 해서 일본에서도 존폐를 두고 말이 많다. 어찌 되었든 일본의 조직 문화 전통에서 승진으로 오를 수 있는 지위 중 '끝판왕'이다. 만화 속 허구라고는 해도, 평사원에서 시작해 상담역에 도달한 시마 고사쿠는 '일본 샐러리맨의 전설'이라고 불릴 만하다.

바로 그 '시마 과장'(지금은 '시마 상담역')이 최근● 에피소드에서 코로나에 걸렸다는 것이다. 만화 속 상황이지만 실제 인물이 코로나에 걸린 양 뉴스로도 소개되었다. 73세인 시마 상담역은 20년 동안 금연한 건강 체질이지만, 마스크를 벗고 이야기를 나눈 옛 부하 직원으로부터 감염되었다. 카레 맛이 안 느껴지는 것을 수상히 여겨 PCR 검사를 받았더니 양성으로 판명되었다. 증상은 가벼워서 요양 시설로 쓰이는 시내 호텔에 입소한다는 설정이다.

작가 히로카네 겐시弘兼憲史에 따르면 이 에피소드는 기업을 경영하는 지인이 실제로 코로나에 감염된 실화를 바탕으로 했다. 코로나 시대를 사는 일본 회사원의 실상을 생생하게 반영하고 있다. 그는 오락 만화라고 해도 정확한 정보의 전달이 중요하다는 창작

● 2021년 3월 3일에 게재된 칼럼이다.

소신을 줄곧 밝혀왔다. 현실에서 소재를 찾는 성실함이 이 만화가 장수한 비결이라고 해도 좋지 않을까.

천수를 누리는
일본의 콘텐츠

■ 일본의 만화나 애니메이션 중에는 깜짝 놀랄 정도로 장수한 작품이 제법 있다. 1969년에 방영이 시작된 〈사자에 씨^{サザエさん}〉(후지TV 방영, 일본어로는 '사자에 상'이다)는 세계에서 가장 오랫동안 전파를 탄 TV 애니메이션으로 기네스북에 올라 있다. 도쿄에 사는 평범한 가족의 일상을 담담하게 그린 만화로, 일요일 오후 6시 30분이라는 방영 시간이 한 번도 바뀌지 않았다. 반세기가 넘게 꾸준히 자리를 지킨 콘텐츠인 것이다. 워낙 오랫동안 방영되어서 일본의 사회현상을 읽는 지표로 자리매김될 정도이다.

예를 들면 '사자에 상 효과'라는 말이 있다. 한 민간연구소가 이 애니메이션 시청률이 오르면 주가가 떨어지고 시청률이 떨어지면 주가는 올라가는 상관관계를 밝혀내고 이렇게 이름을 붙였다. 경기가 좋으면 주말에 가족 외출이 늘기 때문에 TV 시청 시간이 줄어든다는 설명이다. 또, '사자에 상 증후군'이라는 말도 있다. 일요일 오후에 이 프로그램의 방영이 끝나면 주말이 다 지나갔다는 생각에 우울해지는 심리 현상을 이렇게 부른다.

일본처럼 콘텐츠가 천수를 누리는 곳이 또 있을까. 미국의 TV 애니메이션 〈심슨 가족^{The Simpsons}〉도 1989년에 처음 공개된 뒤

지금까지 전 세계에서 꾸준히 사랑받고 있는 대표적인 롱런 작품이다. 하지만 일본에 비할 바 못 된다. 거의 비슷한 시기인 1990년 방영이 시작된 TV 애니메이션 〈꼬마 마루코ちびまる子ちゃん〉(후지TV 방영)는 이제 겨우 서른 살이 넘었을 뿐, 일본의 장수 콘텐츠 중에서는 젊은 축이다.

1980년대에 한국에서 크게 히트한 〈아기 공룡 둘리〉나 〈달려라 하니〉 등은 오래전에 추억 속 콘텐츠가 되었다. 반면, 일본에서는 '도라에몽'(1969), '토토로'(1988), '호빵맨'(1988) 등 관록의 캐릭터가 2010년 이후에 출생한 어린이들 사이에서도 인기 순위를 다툰다. 〈포켓몬스터〉(1996)나 〈원피스〉(1999) 등 1990년대생 콘텐츠도 애니메이션, 게임, 각종 굿즈 등 다양한 분야에서 현역으로 대활약 중이다.

2000년대 초반, 나는 한국의 포털사이트에서 미디어 섹션을 만드는 일을 했다. 지금 그 포털사이트는 콘텐츠 플랫폼으로서 위상이 굳건하지만, 당시에는 포털이 콘텐츠를 직접 배포하는 것에 대해 사내에서조차 공감을 얻기 쉽지 않았다. 검색이나 온라인 커뮤니티 사업에 주력해도 모자랄 상황에서 미디어 사업에 뛰어드는 것은 무모하게 느껴졌기 때문이다.

어렵사리 미디어 섹션을 시작했지만, 기성 창작자들은 작품을 포털에 제공할 의향이 없었다. 운영팀이 고민 끝에 온라인 게시판 여기저기에 만화를 올리던 '재야' 창작자의 콘텐츠로 포털사이트에 연재 만화 코너를 꾸렸다. 그때에는 그 설익은 시도가 '웹툰'이라는 장르를 개척하는 첫걸음이었다는 사실을 실감하지 못했다.

그때에 인연을 맺은 창작자들이 지금은 웹툰계의 원로 대접을 받는 것이 기쁘다. 그런데 한편으로는 그때 주목받던 콘텐츠 중에 지금까지 건재한 것이 전무하다시피 한 상황은 애석하다. 당시에 선풍적으로 인기를 끌었던 '졸라맨', '엽기 토끼 마시마로', '스노우 캣'은 지금 어디에서 무엇을 하고 있나. '뽀로로', '펭수' 등 새로운 콘텐츠의 매력에 밀려나는 것은 어쩔 수 없다지만, 수십 년 동안 천수를 누리는 일본의 콘텐츠와 비교하자면 참 빨리도 세상을 등졌다.

창작자가 오래 활약하는
콘텐츠 생태계를 고민해야

＿ 모든 콘텐츠가 오래오래 살아남아야 좋은 것은 아니다. '고인 물은 썩는다'라는 말도 있듯 창작의 세계는 새로움을 무기로 삼을 필요도 있다. 하지만 시간이 갈수록 맛을 더하는 콘텐츠도 있다. '시마 과장'이나 '사자에 씨'처럼 오랜 세월을 같이해 온 콘텐츠는 대체 불가능한 편안함과 재미를 준다.

연극에 투신한 천재 소녀의 이야기를 그린 일본 만화 〈유리 가면ガラスの仮面〉은 1976년에 연재가 시작되었는데 아직 결말이 나지 않았다. 시마 시리즈처럼 꾸준히 작품이 나온 것이 아니라, 작가가 휴재를 거듭하는 와중에 수십 년이 지났다. 1980년대에 한국어 해적판도 유통된 작품으로 한국에도 숨은 팬이 꽤 있는데 고백

하자면 나 역시 그중 한 명이다.

　몇 년 전 머지않아 최종 편이 나온다는 소문이 돌았었다. 서둘러 온라인 쇼핑몰에서 구매 예약을 했는데, 이 예약 이벤트에 참가한 친구들이 제법 있었다. 뜻대로 창작이 진행되지 않았던 듯, 1년 넘게 기다려도 결국 최종 편은 발간되지 않았고 구매 예약은 취소되었다. 안타까운 맘이 없겠냐마는, 수십 년을 기다렸는데 몇 년 더 보태는 것이 대수겠는가. 팬심은 쉽게 고갈되지 않는 법이다. 다양한 대중문화와 일상을 함께하는 현대인에게 장수 콘텐츠는 그 존재만으로도 즐거움을 준다.

　창작은 정신적 역량을 요구하는 작업이다. 재능과 의욕이 넘쳐도 개인의 노력만으로는 계속하기 어렵다. 그래서 창작자의 사명감이나 개별 작품의 수준을 따지기 전에 작가가 창작 활동에 전념할 수 있는 콘텐츠 생태계를 조성하는 일이 더 중요하다. 척박한 환경 속에서도 '대박'은 나온다. 하지만 콘텐츠 생태계가 건강하지 않으면 천수를 누리기는 어렵다. 오랜 세월 변함없는 즐거움을 주는 일본의 장수 콘텐츠를 보며, 한국의 콘텐츠 생태계가 창작자가 오랫동안 활약할 수 있는 환경을 제공하고 있는지 새삼 돌아보게 된다.

한일 문화 속에서 본
'이타적 자살'의 민낯

끊이지 않는 사회 지도층 인사의
자살에 대한 단상

자살은 개인이 스스로 목숨을 끊는 사적인 사건이다. 그런데 일본에서는 자살이 공적으로 수행된 역사적 사례가 적지 않았다. 예를 들어, 무사들이 행하던 '할복'이라는 풍습이 있었다. 서민이라면 참수형에 해당하는 무거운 죄를 지은 무사에게 자신의 배를 찔러 자결케 하는 징벌로, 할복을 '허락받은' 사무라이는 목욕재계하고 흰옷으로 갈아입은 뒤 정해진 예법에 따라 스스로 목숨을 끊었다. 절도 있고 장엄한 의례인 양 엄숙하게 수행되었지만, 실은 개인에게 자살을 강요하는 가혹한 형벌이라고 해야 할 것이다.

사적인 자살을 공적으로 미화한
일본의 역사적 사례

__ 일본에서 자살이 공적인 수단으로 변질된 역사는 근현대까지

이어졌다. 태평양전쟁 때에는 '가미카제神風'라는 별칭으로 더 잘 알려진 자살특공대가 존재했다. 이 반인권적인 공군 부대는 목표물에 전투기를 충돌시키는 무모한 전법으로 적군에게 피해를 입혔다. 조종사는 십중팔구 목숨을 잃을 것을 전제로 전투기에 올랐는데, 전투 경험이 일천하고 나이가 어린 병사들이 주로 동원되었다. 1970년에는, 노벨문학상 후보에까지 올랐던 소설가 미시마 유키오三島由紀夫가 극단적인 민족주의와 극우 사상에 심취한 나머지 '천황 폐하'를 부르짖으며 할복했다. 정치적 주장을 위해 스스로의 목숨을 인질로 삼은 것인데, 이 역시 공적인 이유에서 자살을 감행한 기묘한 사건이었다.

일본의 무사는 살아남아 견뎌야 하는 치욕을 회피하기 위해 할복했고, 어린 병사는 '천황을 위해 목숨을 바쳤다'라는 일그러진

19세기 말 영국에서 출간된 일본 문화 도감에 소개된
무사의 할복 의식의 모습이다. 화면 가운데에 흰색의 일본식
정장을 갖추어 입고 정좌한 이가 할복을 결의한 무사이다.
에도시대 말기의 그림으로 추정된다.

존경을 얻기 위해 자살특공대에 합류했다. 일반적인 자살에 대한 평가와는 달리, 공적인 이유 때문에 목숨을 내던진 이들은 '삶에 연연하지 않았다', '더 숭고한 가치를 위해 희생했다'라는 식의 찬사를 받았다. 반면, 암묵적으로 강요되는 자살을 거부한 자는 쩨쩨한 소인배라는 평가를 감내해야 했다.

무사의 할복은 종종 화려하게 개화했다가 순식간에 꽃잎을 떨구고 스러지는 벚꽃에 비유되기도 했다. 스스로 목숨을 끊는 행위를 긍정하는 것에서 그치지 않고, 정신적 순결함을 추구하는 아름다운 행위인 양 미화하는 풍조까지 있었다. 자살에 대한 칭송은 정작 목숨을 끊은 이에게는 아무런 의미도 없겠지만, 사회적으로는 자살을 긍정하고 심지어는 부추기는 효과를 낳는다.

충성심으로 자살을 합리화한 한국의 역사적 사례

한국에서는 역사적으로 자살이 바람직하지 않은 행위로 받아들여졌다. '신체발부 수지부모身體髮膚受之父母'(나의 몸은 부모에게서 받은 것이라는 공자의 가르침)라는 유교의 가르침 때문이었는데, 자살은 부모님이 주신 목숨을 제멋대로 끊는다는 점에서 최대의 불효였다.

이런 사고방식은 자기의 목숨을 경시하는 풍조를 억제한다는 점에서는 긍정적이었지만, 그렇다고 해서 일찌감치 개인의 생명을 중시하는 생각이 뿌리내렸다고 볼 수는 없다. 어떻게 보면 개인에게는 자살할 권리조차 없다는 것으로, 자기 신체에 대한 결정권이 부모에게 있다는 뜻도 된다. 더 나아가 부모의 뜻이라면 기꺼이 목숨을 내놓아야 한다는 이야기도 성립한다.

예를 들어, 조선시대에는 임금이 신하에게 독약을 내려 음복하게 하는 사약賜藥이라는 처벌 관행이 있었다. 사약이란 '임금이 친히 약을 하사한다'라는 뜻에서 붙여진 명칭으로 원래 병을 앓는 신하에게 임금이 약을 내려 쾌차를 비는 것을 뜻했다. 그런데 죄를 지은 왕족이나 중신에게 임금이 자신의 이름으로 극약을 보내어 스스로 목숨을 끊게 하는 형벌로도 쓰였다.

'군사부일체'라고 하여 임금과 스승과 아버지의 은혜가 동등하다고 가르치는 성리학적 가치관에서는, 임금이 신하에게 자살을 강요하는 비인도적인 통치 행위가 간단하게 정당화되었다. 단도로 자신의 배를 찌르게 하는 일본의 할복만큼 처참하지는 않아도, 한반도의 역사에서도 군주에 대한 충성심이라는 명분하에 자살이 공적으로 강요된 사례를 어렵지 않게 발견할 수 있다.

'이타적 자살'의
집단주의적 성격

— 사회학자 에밀 뒤르켐Émile Durkheim은 저서 『자살론』(1897)에서 일본의 할복 풍습이나 한국의 사약 제도와 같은 부류의 자살을 '이타적 자살altruistic suicide'이라고 정의했다.

이때 '이타적'이라는 단어는 '타인을 위해 목숨을 끊었다'라는 뜻보다는 '외부적 이유에서 비롯된 자살'이라는 의미에서 붙은 표현이다. 삶에 대한 환멸이나 우울 등 내적 원인에서 비롯된 '이기적 자살egoistic suicide', 개인의 욕망을 규제하는 규범과 규율이 상실된 상태에서 느끼는 환멸과 권태감 때문에 목숨을 끊는 '아노미성 자살anomic suicide'과는 달리, 외부적 강요나 설득, 사회적 압력 등이 자살의 직접적 계기가 된 경우를 말한다.

이타적 자살 관행은 의외로 많은 문화권에서 발견된다. 군주가 죽으면 신하나 배우자 역시 죽음을 맞아야 했던 역사 속의 순장이나, 종교적인 신념을 꺾을 수 없어 죽음을 선택하는 순교 등도 이런 부류이다. 명백한 강요라고 하기에는 애매한 경우도 없지는 않다. 하지만 이런 자살 행위에는 조직의 규율이나 종교적 믿음, 사회적 징벌 등 외부적 요인이 자살 행위의 결정적인 원인이라는 공통점이 있다.

뒤르켐에 따르면 이타적 자살은 집단주의적 사고방식에 의해 합리화된다. 개인의 인격보다 집단의 필요가 더 중요하다는 생각, 집단의 명예에 비하면 개인의 삶은 무가치하다는 생각이 근저에 있다. 집단의 가치를 중시하는 사회적 분위기 속에서 자신의 삶을 경시하는 결론에 쉽게 다다르는 것이다.

일본의 할복 풍습은 사무라이 개인의 목숨보다 무사 집단의 명예가 더 중요하다는 가치 판단에 의해 정당화되었다. 선조가 주신 몸에 멋대로 해를 끼쳐서는 안 된다는 유교적 신체관도 개인의 개성보다 가족이나 선조와의 연대를 강조하는 혈연적 집단주의와 관련 있다. 다시 말하자면, 이타적 자살은 '대의'라는 명분을 앞세워 개인이 목숨을 버리는 행위이다.

이타적 자살은 개인의 인격과 삶의 다양성을 경시한다는 점에서 전근대적이다. 한 개인의 생명을 가볍게 보는 생각은 다른 개인의 생명 역시 대의를 위해서라면 희생될 수 있다는 생각과 일맥상통하기 때문이다. 실제로 일상적으로 물리적 투쟁을 맞닥뜨리는 무사나 군대 사회, 국가주의가 폭력적으로 충돌하는 전쟁, 종교나 당파적 집단주의가 첨예하게 대립하는 상황 등에서 이타적 자살이 빈발한다. 집단의 가치를 중시한 나머지 개인의 존엄성과 삶에 대한 권리가 뒷전으로 밀리면서 이타적 자살에 대한 우호적 시각도 강해지는 것이다.

사회 지도층 인사의 자살을 어떻게 보아야 할 것인가?

▬ 한국은 OECD 국가 중 인구 대비 자살률 1위라는 불명예를 몇 년째 놓친 적이 없지만, 일본에서도 항상 OECD 국가 자살률 5위 안에 들 정도로 스스로 목숨을 끊는 사람이 많다. 한국에서는 전직 대통령, 대중적인 인기를 누리던 정치인, 많은 시민들의 사랑을 받던 지방자치단체장 등이 극단적인 선택을 하여 사람들에게 큰 충격을 주었다. 한국만큼은 아니지만 일본에서도 정부 관료나 정치가 등이 공적 업무와 관련한 유서를 남기고 목숨을 끊는 일이 빈발하는 편이다.

한 명의 사적인 인간이 삶보다 죽음을 택하는 허무주의에 다다른 경위를 헤아릴 길은 없지만, 사회 지도층 인사들의 극단적인 선택에는 공적으로 수행해 온 역할이 어떤 방식으로든 연루되어 있다는 점은 분명하다. 관련 뉴스가 끊임없이 회자되고 논쟁을 불러일으키는 것도 이들의 죽음이 사사로운 일만은 아니라는 반증이다. 공적인 이유로 자살하는 이가 있고, 이들의 죽음을 공적으로 해석하는 대중이 있는 것이다.

　　할복이나 사약처럼 노골적인 강요는 아닐지언정, 사적인 죽음에 대해 공적인 의미를 부여하고 사회적으로 왈가왈부하는 분위기는 이타적 자살을 종용하는 조건과 상황을 만든다. 집단의 가치에 부합하지 않을 때에는 개인이 희생하는 것이 당연하다는 사고방식이 만연한 것은 아닌지 되돌아볼 필요가 있다. 이유를 막론하고 생명보다 중요한 가치는 없기 때문이다.

김치와 기무치

음식 문화는 이동한다

일본에서도 김치를 쉽게 구할 수 있다. 집 앞 편의점에서 한 끼 분량으로 소분한 김치팩도 팔고, 대형 마켓에 가면 꽤 널찍한 김치 코너에서 종류별로 고를 수도 있다. 한국의 마트에서 킬로그램으로 판매되는 대용량 김치와 비교하자면 '애걔걔' 소리가 나오는 소량 포장이고 가격은 다소 비싸지만, 그래도 김치는 일본에서 상당히 대중적인 먹을거리로 자리 잡았다. 일본식 선술집 중에는 안주로 김치를 주문할 수 있는 가게도 적지 않다.

일본의 젊은이들 사이에서 김치찌개나 김치볶음밥 등 김치가 주연인 요리가 인기를 끌고 있고, 새로운 취향에 발맞추어 김치를 활용한 퓨전 메뉴도 다양해졌다. 라멘 위에 김치 고명이 올라가고, 일본식 전골 요리인 '나베'에도 김치가 들어간다. 일본식 부침개인 '오코노미야키'의 속재료로도 김치는 인기 아이템이다. 세계

일본 대형 마켓의 김치 전문 코너. '본고장 한국의 맛'을
자랑하는 제품도 인기이지만, 매운맛과 양념을 줄인
일본풍 '기무치'를 선호하는 소비자도 적지 않다.

어디를 가나 한식을 접할 수 있는 요즈음, 김치의 인지도와 국제적 위상이 높아졌다는 것을 부쩍 실감한다. 그중에서도 일본은 김치의 맛을 즐길 뿐 아니라, 가장 다양한 방식으로 소비하는 나라일 것이다.

김치라는 음식보다
김치를 즐기는 식문화에 주목

▬ 고춧가루, 파, 마늘로 양념하고 젓갈로 감칠맛을 낸 김치는 한국 요리의 문화적 정체성이다. 중국에서 '파오차이'라는 음식이 김치의 조상이라고 주장하는 해프닝이 있었는데, 채소를 소금에 절이는 레시피만 보면 과연 유사성이 있다.

하지만 그렇게 본다면 양배추를 염장하고 가볍게 발효시킨 독일의 '자우어크라우트'도 김치의 먼 친척뻘이다. 일본에도 채소를 소금에 절여 수분을 빼고 가미하는 '쓰케모노潰物'라는 절임 음식이 있는데, 개중에는 젖산 발효를 충분히 시켜 김치와 비슷한 감칠맛을 내는 종류가 있다. 식재료나 레시피만 놓고 따지면 세계 곳곳에 유사한 먹을거리가 한둘이 아닌 것이다. 붉은 고춧가루의 매콤한 감칠맛이야말로 김치의 상징이라는 주장도 있지만, 임진왜란 이후 일본에서 전래된 고추는 한식 식재료로서 역사가 짧으니 김치의 고유성을 입증할 역사적 증거라고 들이밀기에는 멋쩍다.

사실 김치는 삼계탕이나 불고기처럼 식재료와 레시피가 특정된 음식이 아니다. 배추김치, 깍두기, 오이소박이, 동치미 등 김치가 되는 채소의 종류는 매우 다양하다. 한국에서는 이른 겨울에 가족이 모여 김치를 담그는 김장 풍습이 아직 건재한데, 그만큼 지역마다 집집마다 맛의 지향점도 다르다. 말하자면 김치는 '채소를 염장하여 발효시킨 보존식'의 통칭이지, 특정한 식재료로 맛을 재현하는 단일 음식을 지칭하는 말이 아니다. 이런 김치를 두고 언제 어디에서 시작된 음식이냐 따지려는 시도 자체가 무모하다.

한국인에게 김치는 매 끼니 빠뜨릴 수 없는 중요한 부식이다. 어찌 보면 밥보다도 김치이다. 밥은 면으로 대신할 수 있지만, 김치를 대체할 음식은 도통 찾기 어렵다. 라면을 끓여도, 짜장면이나 돈가스를 먹어도, 우아하게 스파게티를 즐길 때에도 어김없이 김치가 생각난다. 해외로 신혼여행을 가면서도 김치팩을 챙기는 한국 사람도 있다. 샐러드나 피클 등으로는 김치의 산뜻한 감칠맛을 대신할 수 없다는 것이다.

그렇다 보니 관련 비즈니스 규모도 남다르다. 일본처럼 소분 포장이 아니라, 잘 익은 배추김치를 통째로 살 수 있다. 김장철에는 소금에 절인 배추만 배달하는 서비스도 성황이다. 사시사철 김치를 맛있게 먹기 위한 김치냉장고가 집집마다 구비되어 있을 정도니 한식 상차림에서 김치의 존재감은 말이 필요 없다. 사실 김치가 한식의 정체성을 상징하는 이유는, 김치라는 음식의 고유성 때문이라기보다는, 식문화에서 김치가 차지하는 이런 강렬한 존재감 때문이라고 생각한다.

사실, 사랑받는 부식으로 정착되었다고는 해도 일본에서 김치는 기호 음식이다. 마늘이나 생강 등 향이 강한 양념이 들어가기 때문에 호불호가 갈리고, 매 끼니 먹는 것은 부담스러워한다. 덕분에 김치가 유료 메뉴라는 인식도 문제없이 성립한다. 반면, 한국에서는 돈을 받아야 김치를 내놓겠다는 식당은 비난을 피하기 어려울 것이다. 한식에서 김치는 수저나 물처럼 상차림의 기본이므로, 김치에 박하게 구는 것은 한식당으로서 접대의 기본을 못 갖춘 꼴이 되는 것이다.

한국인이 짜장면에는 단무지와 양파를 곁들이듯, 일본에서는 '야키니쿠'를 먹으러 가면 김치를 시켜야 제맛이라는 인식이 있다. 하지만 단무지와 양파가 한식 밥상에 늘 올라오지 않는 것처럼, 일본인에게 김치도 한국 음식이라는 이국적 메뉴에 한정된 부식인 것이다.

한편, 일본에서 김치는 일식과 다양한 방식으로 섞이면서 독특한 식문화를 만들어 가고 있다. 주당들은 김치를 가벼운 안주로 삼기도 하고, 앞서 소개한 것처럼 김치를 곁들인 일품요리가 점점 늘고 있다. 일식과 잘 어울리는 맛을 찾다 보니, 김치 맛의 지향점도 조금 다르다.

한국의 김치는 젓갈류를 곁들여 풍미를 돕고, 발효 과정에서 살아나는 채소의 식감을 중시하는 반면, 일본에서는 양념을 적게 써서 특유의 냄새를 억제한 가벼운 맛을 선호한다. 본고장 감각에서 보자면 겉절이에 가까워 제대로 된 김치라기에는 여물지 않은 맛이지만, 일본인의 입맛에는 이 역시 꽤 즐길 만한 음식이다. 귤이 회수를 건너 탱자가 된다고 하듯, 김치가 현해탄을 건너 '기무치'의 식문화를 새로이 개척하고 있다.

자본의 힘으로 움직이는 음식 문화

— 문화인류학자의 눈에는 먹을거리의 오리지널 논쟁처럼 소모적인 것이 없다. 음식 문화의 본질은 이동성과 변화에 있지, '원조'라는 오래된 고정관념 속에 있지 않기 때문이다. 만나고 싸우고 화해하고 이별하는 로맨스 영화 속 젊은 연인처럼, 음식은 숙명처럼 국경을 넘고 그 과정에서 자연스럽게 변화를 겪는다.

과거에는 제국주의나 전쟁 등 폭력적이고 강제적인 과정 속에서 식문화가 전파되는 경우가 대부분이었다. 지금은 상황이 바뀌어 식문화는 '문화 상품'의 형태로 이동한다. 전 세계의 식재료가 국경을 넘어 소비되고, 먼 대륙의 음식이 동네 레스토랑에서 인기를 끈다. 이국의 식문화가 시청자의 눈을 사로잡고, 기발한 레시피는 식욕을 부추긴다.

국제적으로 상품과 콘텐츠를 유통시키는 자본의 논리를 무시해서는 음식 문화의 이동성을 논하기 어려운 시대가 된 것이다. 먹을거리에 대한 오리지널 논쟁이 빈발하는 것도 음식이라는 문화 상품의 가치를 염두에 둔 자본의 속성과 무관하지 않다. '원조'라는 배타적 지위를 획득함으로써 글로벌 시장에서 상품의 가치를 높이려는 상업적 의도가 숨어 있는 것이다.

파스타가 이탈리아 요리라는 것은 상식이지만, 파스타의 원형인 면 요리는 중국이나 아랍권에서 먼저 발견된다. 또, 스파게티 소스의 대표적인 식재료인 토마토는 제국주의 시대에 남아메리카에서 유럽으로 전래된 채소였다. 이런 '팩트'를 갖고 파스타의 역사가 이탈리아에서 시작되었다 아니다를 논하는 것은 세상 지루하다. 명란젓스파게티, 김치그라탱 등 퓨전 파스타가 기세등등해도 파스타의 정수는 이탈리아에서 배울 수 있다는 사실에는 누구도 토를 달 수 없다. 이탈리아만큼 정열적으로 파스타를 사랑하고 다양하게 즐기는 곳이 없기 때문이다.

김치도 마찬가지이다. 한식처럼 아낌없이 김치에 헌신하고, 전투적으로 김치에 정성을 기울여 온 음식 문화가 또 있겠는가. 맛있는 김치가 궁금한 사람은 한반도로 가야 한다는 점에는 한 점 의심의 여지가 없다.

일본의 대학 사회와
연구 공동체

연구 공동체의 개방성과
유연성을 생각한다

대통령 선거 캠페인 기간이 되면 후보를 둘러싼 논란이 튀어나오기 마련이지만, 이번에 등장한 논문 스캔들은 아무래도 신경이 쓰인다. 한 후보가 쓴 논문은 적절한 인용 표시가 없어 표절이란다. 또 다른 후보의 부인이 쓴 논문은 내용이 엉성할 뿐 아니라, 영문 제목에 상식적으로 이해하기 어려운 '실수'가 포함되어 있어서 학술적으로 도저히 인정할 만하지 않다. 학위 논문을 둘러싼 추문이 어제오늘의 일은 아니다. 그저 학위를 손에 넣고 싶은 '가방끈' 욕심 때문에 대학원에 진학하는 사람도 많고, 정치인이나 연예인이 함량 미달 논문으로 구설수에 오르는 일도 적지 않다.

엉터리 논문을 쓴 당사자보다 그런 논문을 근거로 학위를 주는 대학의 문제가 훨씬 더 크다고 생각한다. 인터넷 시대에 논문 표절은 해결하기 어려운 골칫거리이다. 당사자가 표절을 인식하지

못하는 경우도 많고, 심사 과정에서 걸러내기 어려운 측면도 있기 때문이다.

그런데 마치 자동 번역기를 돌린 양 우스꽝스러운 영어가 제목에 표기된 논문이 학술지에 버젓하게 게재된다는 것은, 연구자라면 누구나 모욕감을 느낄 만한 심각한 사안이다. 딱 한 번만이라도 진지하게 읽었다면 쉽게 발견할 만한 어처구니없는 오류이기 때문이다. 또 한 후보의 부인이 석사 학위를 받은 논문은 표절 의심율이 무려 40퍼센트가 넘는다는 보도도 있었다. 이런 문제에도 핑계를 대며 검증에 소극적인 대학의 태도가 의아하다. 이러다가는 '대학은 학위 장사꾼'이라는 세간의 불명예스러운 평가를 자인하는 모양새가 될 판이다.

일본 대학의 논문 부정 행위 공표,
장기적으로는 살 길이라는 인식

— 얼마 전 일본의 한 사립대에서 자기 대학 소속 교수의 논문 도용과 징계 사실을 공표했다. 이 대학 웹사이트에 공개된 문서에 따르면, 구체적인 경위는 이렇다. 지난해 이 교수가 단독 명의로 발표한 학술 논문의 도용 가능성을 지적하는 제3자 고발이 있었다. 그리고 내부 감사 결과 이 논문이 이 교수가 지도한 학생의 석사 학위 논문과 70퍼센트 이상 표현이 동일하다는 사실이 밝혀졌다.

사안을 조사하는 자리에서 이 교수는 "학생의 논문이 매우 훌륭했는데 이를 발표할 의향이 없다고 했다. 내 이름으로라도 발표할 가치가 있다고 판단했다"라고 항변하면서도, 저자명을 적절하게 명시하지 않은 잘못을 인정했다는 것이다. 경위야 어떻든 이 교수의 논문 도용은 비난받아 마땅하다.

다만, 스스로 치부를 공개하고 당사자 처분 및 재발 방지 조치를 결의한 만큼, 대학 측은 연구 윤리를 중시한다는 명분은 챙겼다. 일본의 대학에 몸담으면서, 대학에서 학위 논문 심사에 문제가 있었다는 점을 공표하고 학위를 취소하는 일을 가끔 보았다. 당장은 부끄러운 오점을 드러낼지언정 연구 윤리와 엄정한 심사 프로세스를 강조하는 것이야말로 장기적으로 연구 조직이 살아남는 길이라는 인식이 있기 때문이다.

그런 관점에서 보자면, 앞서 언급한 논문 스캔들을 둘러싼 한국 대학의 소극적인 대응에는 어리둥절해지고 만다. 연구 조직의 공적 명분을 포기하는 것은 조직의 존립 근거를 뒤흔드는 일이기 때문이다. 일부 호사가들은 대선 후보가 관련된 만큼 당파적 판단 때문에 대응을 머뭇거리는 것이 아닌지 의문을 제기한다. 만약 사실이라면 더욱 걱정스럽다.

일본의 대학 사회 역시 많은 고민과 문제를 떠안고 있다. 출산율 감소로 대학의 예비 입학자 수가 지속적으로 줄고 있다는 사실은 한일 대학 공통의 위기이다. 실제로 각 대학의 지원자 모집 경쟁은 고3들의 입시만큼 치열하다. 높은 취업률, 재학 중 유학 지원, 외국어 자격증이나 기술 자격증 취득 지원 등 대학의 홍보 문구가 취업 학원을 방불케 하고, 대학 교수가 고등학교를 대상으로 '영업'을 뛰기도 한다.

입시 지원자 수나 취업률 등 양적인 성과 지표를 달성하기 위해 허덕이다 보면, 연구 교육 기관의 장기적인 방향성을 고민할 여유가 없다. 보수적인 성향 때문에 개혁 과제에 대해서는 한국보다 상황이 더 심각하다.

그럼에도 한국과 비교하자면 일본의 대학과 교수진은 교육과 연구라는 본분에 관한 한 충실하다. 예전에 한 일본인 동료에게 "한국의 대학 교수는 정치가나 관료로 전업하는 경우가 왜 그리 많으냐?"라는 질문을 받았다. 그러고 보니 일본에서 대학에서 교편을 잡던 인사가 국회의원으로 출마한다거나 행정부 수장으로 슬쩍 자리를 옮겼다는 이야기를 들은 적이 없다. 물론 대학 교수가 정치가나 관료로 전업하는 것을 나쁘게만 볼 일은 아니다. 특정 분야의 전문인으로서 현실 정치에 참여하는 것은 바람직한 측면이 있고, 서로 다른 분야의 정보 이동성을 높이는 효과도 있다.

학문의 상아탑에서 한 발자국도 나오려 하지 않는 경직성도 문제이긴 하지만, 일본 대학의 완고하고 보수적인 태도가 연구 활동의 객관성과 명분을 일관되게 유지하는 데에 기여하는 것도 사실이다. 연구와 관련한 부정행위는 언제 어디에서나 발생할 수 있다. 누구나 납득할 수 있도록 공정하고 투명한 방식으로 자정 노력에 힘써야 연구 윤리라는 최우선 명분에 금이 가지 않는다.

개방적이고 유연한 연구 공동체가
활약하는 일본의 학계

— 일본에 있을 때부터 지금까지 '모바일 커뮤니케이션 연구회'라는 연구 모임의 정식 멤버로 활동하고 있다. 모바일 미디어와 디지털 커뮤니케이션에 대한 연구자들의 모임으로, 청중으로 연구회 세미나에 참가했던 것이 인연이 되어 십수 년 동안 함께 연구 활동을 벌여왔다. 일본 각지 대학 교수들이 중추 역할을 하지만, 기업에 소속된 연구자, 혹은 기업에서 연구와 무관한 업무에 종사하는 전문가 등도 참여하고 있다. 연구회에 합류한 뒤 함께 펴낸 학술 서적이 네 권인데, 이 중 두 권은 영어권에서 출간되었다. 이 연구회의 학술적 전문성은 일본 국내뿐 아니라 해외에서도 정평이 나 있다.

또 다른 사례도 있다. 내가 종종 얼굴을 내미는 '현대 풍속 연구회'는 무려 1976년에 발족한 연구 모임이다. 연구회를 지원하는 기금이나 스폰서 기업도 없이 연구자들의 자발적인 십시일반으로 40년 넘게 건재했다. 이 연구회는 참가자의 배경이 더욱 다양해서, 대학 교수나 연구자, 학생은 물론이요, 회사원, 비영리단체의 활동가, 가정주부 등이 동등한 입장에서 토론에 참가한다. 연구자로서는 이렇게 다양한 배경과 생각을 가진 사람들과 이야기를 나눌 수 있다는 것만으로도 대단한 수확이다. 정식 멤버는 아니지만 기회가 날 때마다 이 연구 모임에 나가게 되는 것이다.

흔한 일은 아니지만 일본에서는 대학이나 연구소에 적을 두지 않은 연구자가 훌륭한 학술적 성과를 인정받는 일도 있다. 예전에 근무했던 단과대의 부속 도서실 사서는 정식으로 학위를 받은 적은 없지만, 오래된 고서를 쉽게 접할 수 있다는 직업상의 특성을 활용해 서적의 역사에 대한 흥미로운 논문을 학술지에 여러 편 게재한 연구자였다. 제도적인 틀에 갇히지 않고 순수한 학문적 호기심에서 지식의 세계를 탐구하는 것이야말로 연구 공동체 본연의 모습이 아닐까?

적어도 일본에서 내가 몸담은 인문사회학적 미디어 연구 분야에서는 지금도 개방적이고 유연한 연구 공동체가 기능하고 있고, 덕분에 제도화된 연구 조직의 관료적 논리에 휘둘리지 않고 장기적인 연구 활동이 가능하다. 연구 공동체의 나아갈 길에 관료적, 당파적 논리가 개입하는 것은 바람직하지 않다. 사회현상을 객관적으로 성찰하는 연구 본연의 목표를 거스를 뿐 아니라, 연구의 투명성과 중립성을 훼손한다. 전문 지식 정보에 대한 사회적 신뢰가 낮아지는 것은 사회 구성원 그 누구에게도 이롭지 않다. 한국 대학 사회와 정치권이 너무 가깝다는 점에 위태로움을 느낀다. 연구 공동체의 사회적 책임에 대해 재고할 필요가 있다.

냉면을 찾아서
움직이는 식문화와
모리오카 냉면

쇼쿠도엔(위)은 모리오카 냉면 맛의 원형을 만들었고,
1980년대에 생긴 평평사는 모리오카 냉면이라는 단어를
처음 썼다. 아래 사진은 평평사의 냉면이다.

일본 땅에서 냉면을 찾아 떠난 특별한 첫 휴가

한창 메밀 향이 좋은 계절이라 10년도 넘은 추억을 돌이켜 본다. 일본에서 처음으로 긴 연휴를 맞았었다. 특별한 첫 휴가에, 도쿄에서 동북쪽으로 500킬로미터나 떨어진 곳에 위치한 '모리오카盛岡'라는 도시에 다녀오기로 했다. 1,000년 넘는 역사가 고스란히 남아 있는 교토, 이국적인 풍경과 기후로 인기가 있는 오키나와나 홋카이도 등은 일본에서도 유명한 관광지이다. 그에 비해 모리오카는 일부러 찾아갈 만한 가치가 있는 유적이 있는 곳도 아니요, 풍광이 빼어난 곳도 아니라, 외지의 방문객이 매력을 느낄 만한 도시는 아니다. 평범하기 짝이 없는 이 지방 도시가 어쩌다가 첫 휴가지로 낙점받게 되었는가? 나의 '소울 푸드', 평양냉면에 대한 집념에서 비롯된 것이었다.

지금은 평양냉면이 식도락을 즐기는 사람들 사이에 유행이라고 하지만, 2000년대 초반만 해도 심심하고 은근한 그 맛을 좋아하는 사람은 소수였다. 한겨울에도 냉면집을 찾는 식객은 대부분 나이가 지긋한 실향민 가족이었고, 단골로 복작이던 평양냉면집에서는 툭툭한 이북 사투리가 울려 퍼지곤 했다. 나는 친가는 평안북도 정주, 외가는 평양 출신인 성골 실향민 집안에서 나고 자랐다. 외식 하면 이북식 불고기에 물냉면으로 마무리하는 외길이었으니, 평양냉면이 '소울 푸드'가 된 것도 무리는 아니다.

이북 출신 집안에서 나고 자란 탓에 비롯된 평양냉면 사랑이 어쩌다가 일본 땅에서 동했는가. '모리오카 냉면' 때문이었다. 모리오카 시내에 있는 '쇼쿠도엔'이라는 이름의 식당에서 시작되었다는 명물 메뉴인데, 실향민의 마음이 설레게도 '원조 평양냉면-불고기'라는 간판을 달고 영업 중이라는 것이었다.

모리오카의 '원조 평양냉면' 스토리

일본의 인터넷 정보에 따르면, 함경도 함흥 출신의 양 씨가 1954년 모리오카에 쇼쿠도엔이라는 이름의 식당을 열고, 주메뉴로 평양냉면을 내놓기 시작했다고 한다.

그런데 잠깐, 여기에서 '어라?' 하는 생각이 든다. 함흥은 매콤한 양념과 힘찬 면발이 매력 포인트인 비빔냉면이 유명하다. 면발에 메밀을 쓰지 않고, 육수에 말아 내놓는 차림도 아니다. 평양의 물냉면과 함흥의 비빔냉면은 냉면이라는 이름을 달고는 있지만 맛의 계보가 전혀 다르다. 함흥 출신인 주인장이 평양냉면을 대접한다는 뜬금없는 설명에 의문이 솟아오를 수밖에 없다.

이 식당이 개업할 때에 내놓은 국수가 거뭇거뭇한 메밀색을 띠고 있었다고 하니, 처음에 평양식 냉면을 지향했던 것은 사실인 듯하다. 모리오카 지역에서 흔히 구할 수 있는 메밀을 활용했던 것이 아니었을까 짐작해 본다. 그렇다고 한들 진한 양념장 맛에 익숙한 함흥 사람이 은근한 메밀 향으로 알 듯 말 듯 끼 부리는 평양냉면을 재현하기가 쉬웠겠는가? 아니나 다를까 첫 메뉴에는 혹평이 줄을 이었다고 한다.

맛 개선에 나선 주인장은 잠깐 배신했던 고향 함흥의 맛으로 노선을 선회했다. 메밀 대신 감자 녹말을 듬뿍 첨가해 졸깃한 식감의 면을 뽑고, 함흥냉면 계통의 달착지근하고 매콤한 양념을 쓰되, 매운맛에 익숙지 않은 일본인을 위해 육수를 부어 맛을 부드럽게 했다. 평양냉면의 이름을 빌렸음에도 맛은 전혀 다르고, 양념과 식감은 함흥냉면과 비슷하지만 면의 굵기나 맛의 배합은 전혀 다른, '모리오카 냉면'이 탄생했다. 처음에는 낯설던 이 면 요리가 젊은 층을 중심으로 야금야금 인기를 끌더니 어느새 지역을 대표하는 명물 음식이 되었다는 이야기이다.

쇼쿠도엔은 일본 공정거래위원회에서 '본고장의 맛'이라는 상표의 사용 허가를 받은 명실상부 원조집이다. 맛은 새롭게 태어났지만, 처음 내걸었던 '원조 평양냉면'이라는 간판을 지금도 내리지 않았다. 캐치프레이즈를 버릴 생각이 없었던 실향민 실업가의 고집이 느껴진다.

나는 이런 사정은 전혀 모르는 채 TV의 맛집 탐방 프로그램 속에서 언뜻 본 '원조 평양냉면'이라는 간판 하나에 꽂혀서 모리오카행 열차에 올랐다. 원조 평양냉면의 맛을 기대했던 터인지라 쫄면처럼 질깃한 면발, 들큼한 국물 맛에, 실망도 실망도 그런 큰 실망이 없었다. 지금은 '모리오카 냉면'을 전혀 다른 매력의 음식으로 인지하고 찾아다니며 먹기도 하지만, 그때에는 평양냉면도 함흥냉면도 아닌, 정체 모를 차가운 국수 한 그릇에 단단히 배신감을 느꼈다.

전파된 식문화가 새로운 땅에 정착하는 과정

문화는 머무르지 않는다. 교통수단과 정보 기술이 발달하기 전, 머무를 집이 없이 길 위를 전전하는 것은 고달픔의 대명사였다. 오죽하면 이동하며 떠도는 삶의 여정을 '역마살'이라는 측은한 이름으로 위로했겠는가. 문화의 이동 역시 고통스러운 과정이었다. 대부분의 경우 전쟁이나 식민지 개척, 기근이나 자연재해로 인한 이주 등 강제적이고 폭력적인 상황에서 이동이 이루어졌다. 자연재해의 피해가 클수록 사람들은 더 멀리까지 이동했고, 전쟁이 길수록 문화는 빨리 퍼졌다.

한반도의 역사를 보아도 그렇다. 일제강점기에는 식민주의의 폭력을 업고 문화의 이동성이 폭발적으로 증가한 시기였다. 사람들은 강제적으로 혹은 먹고살기 위해 어쩔 수 없이 이주했고, 그 속에서 습관과 생각도 이동하고 뒤섞였다.

전파된 문화가 낯선 땅에서 자리 잡는 과정은 결코 쉽지 않았다. 시행착오가 잦고, 필연적으로 변화도 겪었다. 함흥냉면에 맛의 뿌리를 둔 '모리오카 냉면'이 탄생한 경위는 한반도에서 일본 열도로 전파된 식문화가 새로운 땅에 정착하는 과정이었다. 그 속에서 잠깐이나마 평양냉면이 명함을 내밀었던 해프닝은 문화의 이동성 속에 숨은 블랙 유머라고도 할 수 있다.

이동하는 문화의 속성과 관련해서 "주변으로 갈수록 오리지널 문화가 남아 있다"라는 주장도 있다. 식문화로 예를 들자면, 오랫동안 프랑스의 식민지였던 베트남에 오리지널 레시피의 정통 프랑스 음식이 오랫동안 남아 있을 가능성이 있다는 것이다. 산전수전을 겪으며 변화했을 파리의 레스토랑보다, 19세기에 '이식된' 채로 보전된 호치민의 프렌치 레스토랑이 '진짜'에 더 가까운 맛을 재현할 수도 있다니 흥미로운 일설이다.

예리한 독자라면 "'진짜' 맛이 도대체 무엇이냐?"라는 날카로운 질문을 던질지도 모르겠다. 백번 천번 맞는 지적이다. 하지만 오리지널의 맛이라는 것이 미식가에게는 귀가 번쩍 뜨이는 이야기라는 점도 이해해 달라. 냉면 마니아를 자부하는 내가 '모리오카 냉면'에 거부할 수 없는 호기심을 느낀 것은 진짜배기 평양냉면을 맛볼지도 모른다는 섣부른 희망 때문이었다.

평양냉면과 소바, 도쿄에서 반전을 맞은 냉면 탐구

모리오카에서 평양냉면의 옛날 맛을 찾아보겠다는 야망은 보기 좋게 실패로 끝났지만, 나의 냉면 탐구는 기대조차 않던 도쿄에서 반전을 맞이했다. 평양냉면은 메밀에 대한 강한 집착이 배어나는 음식인데, 그런 점에서 일본의 소바와 맛의 지향점이 비슷하다는 것을 느꼈다. 메밀의 향과 식감을 중시하는 차가운 면 요리라는 점에서 두 음식은 의외로 촌수가 가깝다.

소바는 맛의 스펙트럼이 의외로 넓어서 지역과 가게에 따라서 전혀 다른 음식인데, 한 젓가락 맛보는 순간 평양냉면의 담백한 풍미를 떠올리게 하는 것은 도쿄를 중심으로 하는 간토 지방에서 내놓는 섬세하고 향이 좋은 소바이다. 탄력 있지만 툭툭 끊기는 면발이며, 메밀의 향을 북돋기 위해 가능한 한 담백하게 유지하는 국물(소바의 경우는 쯔유) 맛이며, 따뜻한 면수를 곁들이는 습관도 비슷하다. 평양냉면과 소바의 은밀한 내통 뒤에는 어떤 이야기가 숨어 있을까. 한 번쯤 탐구해 보고 싶은 주제이다.

4부

국경을 넘나드는
미디어와 한일 관계

혐한의 실체는
무엇인가?

한일 관계를 지배해 온
혐오 담론

좀처럼 좋아지지 않는 한일 관계 때문일 것이다. '혐한嫌韓'에 대한 질문을 받는 일이 부쩍 늘어났다. 혐한이란 한국 혹은 한국인에 대한 강한 편견과 혐오 정서를 뜻하는 말로, 1990년대 초 일본의 한 우익 잡지에서 공론화했다. 그때만 해도 정체가 불분명한 개념이었는데, 지금은 한일 관계의 걸림돌로 인식될 정도로 존재감이 커졌다.

지금 일본 사회에서 혐한은 명백한 사회현상이다. 한국 사회에 대한 편파적인 비판을 담은 서적이 지속적으로 베스트셀러에 오른다. 우익 정치인은 공공연한 혐한 발언으로 배타적인 보수 세력을 결집시킨다. TV 시사 프로그램의 출연자에게서도 고의인지 실수인지 가늠하기 어려운 혐오 발언이 곧잘 튀어나온다. 일본에 혐한 정서에 동조하는 사람들이 있고, 또 이를 정치적으로 이용하

는 세력이 존재하는 것은 분명하다.

하지만 그렇다고 해서 일본 사회에 혐한이 만연하다는 뜻은 아니다. 열심히 '헤이트 스피치hate speech'(인종, 성별, 국적, 민족, 종교, 성적 지향, 외모 등을 구실로 개인이나 집단에 대해 일방적으로 공격, 위협, 모욕적인 발언을 하는 것)를 규탄하는 운동을 벌이는 시민도 있고, 일본 정부의 역사 수정주의를 적극 비판하는 세력도 있다. 인터넷이 대세가 되면서 관련 정보가 양적으로도 질적으로도 풍부해진 만큼, 한국을 보는 관점도 다양하다. 국경을 초월한 친구, 연인, 가족 등 사적 교류는 이전과는 비교할 수 없을 정도로 늘었다. 한식, 케이팝, 드라마, 웹툰 등 한국 문화를 담은 콘텐츠의 인기도 상승세이다. 혐한이 일본 사회의 정치적 키워드라는 점은 사실이지만, 다양한 분야에서 한국 사회에 대한 친밀감이 커지고 있는 것도 분명하다. '일본 사회=혐한'이라는 도식은 상황을 지나치게 단순화하는 것이다.

혐한은 한일의 매스미디어의
'캐치볼' 속에서 무럭무럭 자랐다

▬ 한일 양국에서 혐한이라는 말의 존재감이 커진 경위에 대해서 생각해 볼 필요가 있다. 이 말이 처음 등장했던 1990년대 초반 일본 사회는 한국에 대해 무지했다. 일본 사회가 잘못된 과거를 되풀이하지 않으려면, 한반도를 침략했던 과거사를 분명히 기억해야 한다. 그런 면에서 피해를 주었던 상대국의 현 상황에 대해서도 잘 알 필요가 있다. 한국인에게는 '일본 사회가 한국을 잘 모른다'라는 사실 그 자체가 문제로 느껴진다.

다만, 당시 일본 사회가 아시아 지역의 이웃 국가에 주목하지 않았다는 것은 팩트이다. 경제적, 문화적 교류가 눈에 띄게 늘어나던 미국이나 서유럽에 관심이 온통 쏠려 있었다. 그런 점을 고려하면 혐한 풍조가 일본 사회에서 오래전부터 계속된 뚜렷한 사회현상이라고 보는 것은 역시 무리가 있다. 한국에 대한 관심 자체가 옅은데 강한 혐오 정서가 생길 리도 없는 것이다.

사실 혐한이라는 단어가 먼저 언급된 것은 한국에서였다. 1992년 4월 MBC TV에서 제작·방영한 역사 드라마 〈분노의 왕국〉에서 일왕이 저격당하는 장면이 전파를 탔다. 허구를 전제로 하기는 했지만, 드라마에서 일왕의 실제 즉위식 장면이 자료 화면으로 사용되는 등 일본 우익 세력을 자극할 만한 요소가 있었다. 드라마가 방영된 3일 뒤, 일본 대사관이 한국 정부에 유감의 뜻을 표현하는 등 외교적인 의사 표명에 나섰고, 일본의 극우 세력이 요코하마의 한국 총영사관에 난입하는 사태까지 벌어졌다.

그때까지 수면 위로 불거지지 않았던 전쟁 위안부 문제가 공론화되면서 과거사를 둘러싸고 한일 간 이견이 불거지던 민감한 시기였다. 한국의 조선일보, 중앙일보 등에서 이 사건을 대서특필하면서 "일본에 혐한 분위기가 있다"라며 우려를 제기했다. 그러자 이번에는 아사히신문, 요미우리신문 등 일본의 매스미디어가 일제히 한국의 언론을 인용하면서 "한국에서 일본의 혐한 분위기를 우려하고 있다"라는 기사를 내기 시작했다. 국경을 넘나드는 한일 언론의 '캐치볼'이 몇 차례 반복되더니 급기야는 일본 신문들이 "국내의 혐한 분위기를 우려한다"라는 사설을 게재하기에 이르렀다. 어느 사이엔가 혐한이 기정사실이 되어버린 것이다.[•]

한일 양국의 언론은 우려의 뉘앙스로 언급함으로써 혐오의 정서가 잦아들기를 바랐는지 모른다. 하지만 극우 세력에 이 상황은 오히려 세를 불릴 수 있는 좋은 기회였다. 혐한을 거론할수록 사회적 주목을 받았기 때문이다. 혐한은 극우 세력의 단골 구호가 되었고, 이제는 그 세력이 구심이 되어 혐오 발언이나 반인권적

● 1990년대 혐한 담론의 분석은 주로 『ネット右派の歴史社会学 : アンダーグラウンド平成史1990~2000年代』(伊藤昌亮, 青弓社, 2019)를 참조했다.

행동을 해나가고 있다.

　예를 들어, '재일 한국인의 특권을 용납하지 않는 시민 모임在日特権を許さない市民の会', 줄여서 '재특회'라고 부르는 단체는 자이니치나 한국인에 대한 헤이트 스피치를 일삼는 대표적인 혐한 세력이다. 이 단체가 발족한 것은 2006년. 한일 언론이 입을 모아 정체 불명의 혐한을 걱정하기 시작한 지 무려 10여 년 뒤의 일이다.

　1990년대 이전에도 일본 사회에 한국에 대한 반감이 일부 존재했던 것은 사실이다. 극우 인사의 돌출적인 혐오 발언이 문제가 되곤 했지만, 이런 의견을 지지하는 특정 세력이 존재하지는 않았다. 그렇게 보자면 혐한이라는 '유령'을 정치 세력으로 키워낸 것은 한일 양국의 매스미디어였다. 표면적으로는 이웃 나라에 대한 차별과 혐오를 우려하는 뉘앙스였지만, 결과적으로는 시의적절하고 또 효과적으로 이 구호를 정치적 담론의 '주류'로 키워내는 디딤돌 역할을 했다. 인터넷이 대중적 영향력을 발휘하기 전, 외국의 상황은 전적으로 매스미디어의 특파원이 전하는 정보에 의존하던 시절이다. 한일의 매스미디어가 혐한을 둘러싸고 은밀하게 협력한 캐치볼 랠리에 의문을 제기하거나 비판을 가할 만한 주체조차 없었다.

한일 관계를 지배해 온 혐오를
대체할 언어를 찾아야

　— 미국의 저널리스트 월터 리프먼Walter Lippmann은 초기 매스미

디어 연구에 큰 영향을 미친 사상가이다. 그의 유명한 저서 『여론 Public Opinion』(1922)의 첫머리에 이런 에피소드가 소개되어 있다.

1914년, 망망대해에 자리한 섬 마을에 영국인, 프랑스인, 독일인이 살고 있었다. 섬에는 전신 시스템이 구비되지 않았기 때문에, 주민들은 두 달에 한 번씩 영국에서 오는 선박에 실려 오는 신문을 통해 바깥세상 소식을 들었다. 오랜만에 우편선이 도착한 날, 주민들은 '6주 전에 영국과 프랑스의 연합군이 독일과 전쟁에 돌입했다'라는 놀라운 뉴스를 들었다. 사실 그 6주 동안에도 섬 주민들은 평소처럼 도우며 평화롭게 생활했다. 하지만 만약 그 시간에 바깥세상에 있었다면 누군가는 누군가와 협력하고, 또 다른 누군가에게는 총구를 겨누는 적이었을 것이다.

리프먼은 이 에피소드를 통해, 우리가 인식하는 외부 세계가 실은 매스미디어가 전달하는 정보에 의존해 재구성되는 '유사 환경 pseudo-environment'이라는 점을 강조한다. 우리가 인지하는 외부 세계는 있는 그대로가 아니라 미디어라는 렌즈를 통과하면서 일차적으로 '가공'된 결과라는 것이다. 그런데 우리는 정보에 의존해서 외부 세계를 인식할 뿐 아니라, 그 인식에 근거해서 행동하고 실천한다. 결국 미디어가 전달하는 정보는 그 자체로 사회적 영향력을 갖고 현실 세계를 구성하는 힘이 된다. 우리가 100퍼센트 거짓 속에서 산다고 할 수는 없지만, 미디어를 통해 재구성된 유사 환경이 현실 세계의 의미를 과장 또는 축소하거나 왜곡할 가능성은 충분하다. 한일 매스미디어의 캐치볼 속에서 무시할 수 없는 정치 세력으로 진화한 혐한은 "정보가 현실을 만든다"라는 유사 환경의 본질을 적나라하게 드러낸다.

한일 양국의 미디어가 쏟아내는 서로에 대한 정보는 여전히 위태롭기 짝이 없다. 양국에 존재하는 다양한 의견과 관점의 스펙트럼을 균형 있게 전달하려는 노력은 미미하고, 서로에 대한 부정적 감정을 자극하는 선정적 관점과 극단적 사례에 전념하는 듯 보이기 때문이다.

한국의 미디어가 묘사하는 일본은 극우 사상과 배타주의로 얼룩진 혐오의 사회이다. 일본의 미디어는 한국 사회의 반일 감정을 불필요하게 부각해 사람들의 감정을 자극한다. 외교적으로는 한일 관계가 삐걱거린다고 해도, 과거사 문제나 전쟁 시 인권 유린 문제 등 한일 시민사회가 서로 연대하고 대응할 수 있는 현안도 적지 않다. 양국의 미디어가 쉴 새 없이 토해내는 부정적인 정보가 미래지향적인 현실 인식을 가로막고 이런 가능성조차 차단하고 있지 않은지 걱정스럽다.

언어에는 기묘한 힘이 있다. 우리는 언어가 현상을 기술하는 수단이라고 생각하기 마련이지만, 일단 언어로 형상화된 현상이 거꾸로 우리의 생각을 지배하는 일이 다반사이다. 혐오라는 언어가 오랫동안 한일 관계를 지배해 왔다. 이제 이를 대체할 언어의 실마리를 고민해야 하지 않겠는가?

일본이 한국을 보는 눈은
어떻게 변했나?

21세기 대중문화 교류로 높아진 인식,
편향된 이미지도 확산

오랫동안 일본인에게 한국은 잘 모르는 이웃 나라였다. 2000년대
초반만 해도 "한국에서도 젓가락을 쓴다", "한국 요리에서도 간장
과 된장이 중요한 조미료이다"라는 말에 깜짝 놀라는 일본인을 적
지 않게 보았다. 식민주의 역사 속에서 뿌리내린 막연한 차별 의
식도 있겠지만, 1990년대 이전 한국에 대한 일본 사회의 속내를
정확하게 표현할 수 있는 단어는 '무지'였다. 패전 이후 일본 사회
는 서양 세계를 따라가는 것이 재기할 수 있는 유일한 길이라고
굳게 믿었다. 이웃 나라의 역사와 문화에 관심을 가질 여유도 의
지도 없었다.

일본 사회가 한국이라는 나라에 관심을 갖기 시작한 것은 비교
적 최근의 일로, 긍정적이든 부정적이든 드라마나 대중음악 등 상
업적인 문화 콘텐츠가 첨병 역할을 했다. 실제로 일본의 한국관도

도쿄의 유서 깊은 도서 거리 진보초에 있는
'책거리^{checcori}'는 한국의 책과 출판 문화를 소개하는
북카페인데 한국 문화에 관심이 있는
이들의 발길이 끊이지 않는다.

꾸준히 변해왔는데, 특히 21세기에 들어서면서 한국을 보는 일본인의 관점도 크게 달라지고 있다. 부분적으로는 한국 사회의 변화상을 반영한 것이고, 다른 한편으로는 한국 사회를 대하는 일본 사회의 상대적 자의식이 여실히 드러난 결과라고 보아야 할 것이다. 일본 사회가 한국 사회를 보는 눈은 어떻게 변해왔을까?

2002년 한일 월드컵을 계기로 관심을 갖다

― 나라奈良에서 교편을 잡고 있는 T 교수는 스무 살이 되던 1983년 한국을 여행한 적이 있다. 혈기 왕성했던 대학교 초년생 시절 "한국은 주변에 가본 사람이 한 명도 없는 미지의 나라였기 때문"에 여행지로 택했다. 그는 1988년 서울 올림픽 개최 이전에 순수한 문화적 호기심에서 한국을 방문한, 내가 만난 유일한 외국인이기도 하다.

그는 철도 마니아답게 추억의 비둘기호를 타고 대구에서 서울까지 한참을 덜컹거리며 갔다는 무용담을 풀어놓았다. 그의 회상에 따르면 1980년대 서울은 "밝고 선명한 색의 옷을 입은 사람이 많아 이탈리아에 온 듯 낙천적이고 발랄한 인상"이었다고 한다. 2000년대 이후에 다시 간 서울은 "일본처럼 칙칙한 무채색 옷을 입은 사람이 많아져서 조금은 실망했다"라는 이색적인 평가도 들려주었다.

1990년대까지 일본 사회가 보는 한국은 '가깝고도 먼 이웃 나

라'보다 '멀기만 한 이웃 나라'였다. 그늘진 역사 때문인지 한국이
라는 나라에 대해 막연하게 어두운 인상이 있을 뿐, 대부분의 일
본인이 한국에 대해 잘 몰랐다. 마니아 취향이 다분한 T 교수처럼
한국이 잘 알려지지 않은 나라라는 사실 때문에 오히려 매력을 느
낀 이가 없지는 않았겠지만, 1990년대 중반까지 일본 사회에서
한국 혹은 한국 문화가 스포트라이트를 받는 일은 드물었다. 양
국 간의 문화 교류가 얼어붙어 있었고, 인터넷이 없던 시절이라
한국에 대한 정보를 쉽게 접할 수도 없었다. 같은 시기 한국에서
는 찬반 여론 속에서도 일본 대중문화가 쏠쏠하게 인기몰이 중이
었다는 사실과는 대조적이다.

2002년 한일 월드컵 공동 개최 이후 양국의 신문사가 공동으로
조사한 결과에 따르면, 일본인의 53퍼센트가 "월드컵으로 한국에
대해 친근감을 느낀다", 79퍼센트가 "양국 관계가 개선될 것으로
본다"라고 답했다. 동일한 조사에 대해 한국인은 54퍼센트가 "월
드컵으로 일본에 대해 친근감을 느낀다", 79퍼센트가 "양국 관계
가 개선될 것으로 본다"라고 답했다.

수치만 보면 한일 간 비슷한 결과인 듯하지만, 속사정은 꽤 달
랐다. 한국에서는 일본의 애니메이션이나 만화, 대중음악 등이 암
암리에 수입되어 이전에 이미 마니아층이 생길 정도였지만, 일본
에서는 비로소 한국 문화에 관심이 싹트기 시작했다.

한일 월드컵 공동 개최는 일본 사회가 한국이라는 이웃 나라에
진지하게 관심을 갖기 시작한 계기였다. 다만 대회를 공동 개최한

한국은 4강에 진출하고 일본은 16강에서 탈락하면서, 두 나라의 자존심을 미묘하게 자극하는 모양새로 첫 단추가 끼워졌다는 점이 의미심장하다.

21세기 이후, 대중문화를 거울삼아 변화한 한국관

— 21세기 들어 한국의 드라마가 일본에서 방영되면서 한국에 대한 관심이 본격적으로 커지기 시작했다. 특히 2003년 NHK에서 방영된 드라마 〈겨울연가〉가 일본의 여성들 사이에 큰 인기를 끌면서 '한류韓流' 붐이 일어났다. 뻔하디뻔한 이 러브스토리가 일본의 여성들 사이에 엄청난 팬덤을 불러일으킨 이유에 대해 갑론을박이 있었다. 배우의 용모가 호감을 준다, 드라마의 미학적 완성도가 높다는 등 여러 가지 분석이 있지만, 오로지 사랑을 위해 모든 것을 버리는 남자 주인공의 사랑꾼 면모가 일본에서는 오래전에 자취를 감춘 순애보에 대한 향수를 불러일으켰다는 평가가 대체로 공감을 얻었다.

하지만 초기 한류의 두꺼운 팬층을 형성했던 중년 여성들의 이야기를 직접 들어보면 꼭 그런 것도 아니다. 한물간 사랑 타령에서 향수를 느꼈으리라는 세간의 평가와는 정반대로 진부하기 쉬운 멜로 감성을 투명하고 세련되게 묘사한 점이 신선하다는 반응이 대부분이다. 일본의 매스미디어에서는 찾아보기 어려운 새로운 미학과 세계관을 보여주기 때문에 매력을 느낀다는 것이 그들의 일관된 목소리이다. 그런 점에서는 "한국의 대중문화가 일본 사회의 레트로 감성을 자극한다"라는 의견에는 반박의 여지가 있다.

개인적으로는 일본의 대중문화가 대체로 남성들의 취향을 겨냥하고 있는 상황에 주목한다. 한국의 드라마가 일본의 주류 문화에서 소외되어 있던 여성들의 취향을 제대로 만족시켰다고 본다. 일본의 대중문화계에서는 일본 중년 여성들의 문화적 역량을 과소평가하는 경향이 있다. 그렇다 보니 이들의 취향에 대해서도 새로운 문화적 취향을 개척했다기보다는, '구시대적 감성'을 저항 없이 받아들였다고 해석한 것이 아닐까 싶다.

어찌 되었든, 한일 월드컵 공동 개최를 계기로 한국에 대한 무지가 관심으로 바뀌고, 한류를 계기로 관심이 적극적인 호기심으로 진화했다. 하지만 이때까지만 해도 일본 사회의 한국 담론은 '부지런히 일본의 뒤를 따라오는 나라'라는 점을 줄곧 부각해 왔다. 한국 드라마의 인기를 인정하면서도 작품성에 대한 평가가 다소 박했던 것도 그런 점과 무관치 않을 것이다.

그런데 2010년을 전후해서 한국의 대중음악이 '케이팝'이라는 이름으로 인기를 끌기 시작하면서 이런 해석이 무색해졌다. 상업성과 대중성으로 무장한 한국의 대중음악에 반응하는 젊은 층이 늘어나면서 일본 사회의 오래된 향수를 자극한다는 평가가 영 어울리지 않게 된 것이다.

일본의 젊은이들은 케이팝을 들으면서 한국식 패션과 화장법을 탐색하고 한국 아이돌의 군무를 연습하며 한국 음식점에서 치즈닭갈비를 즐긴다. SNS의 주역이기도 한 10대들이 적극적으로 호감을 보이면서 한국 대중문화의 상업성과 대중적 인기를 인정하는 쪽으로 논조가 옮겨 가고 있다. 젊은 층과 인터넷 문화에서 특히 강점을 보이는 한국 문화에 최첨단, 새로움, 세련됨이라는 이미지가 더해졌다.

이렇게 되니 이제는 문화 상품의 대중성이라는 측면에서는 한국이 일본을 앞선다는 분석도 나오고, 왜 일본은 한국처럼 못 하느냐는 꾸짖음도 튀어나온다. 이제는 더 이상 한국이 일본의 뒤를 따라오는 존재라고 단언할 수는 없게 되었다.

대중문화가 전부는 아니다

▄ 기성세대에게는 잘 알지도 못할 뿐 아니라 어딘가 어두운 이미지가 덮어씌워져 있었던 이웃 나라가, 젊은 세대들에게는 적지 않은 문화적 영향력을 발휘하게 되었다. 일본 사회는 예상치 못했던 변화에 당황스러움과 위기의식을 동시에 느끼면서, 한국 사회와의 접촉면을 늘려가고 있다. 일본 사회가 한국을 보는 눈은 변해왔다. 한국 대중문화가 도화선 역할을 한 것은 사실이지만, 그동안 한국 기업의 국제적 경쟁력도, 한국 정부의 외교적 영향력도 차근차근 커졌다. 여러 분야에 걸친 한국 사회의 성장이 일본 사회의 한국관을 변화시키는 동력의 한 축이겠지만, 한일 관계에 대한 일본 사회의 상대적 자의식이 뚜렷하게 변하고 있다는 점도 주

목해야 한다.

　얼마 전 케이팝을 좋아하는 일본의 젊은이들과 대화를 나누던 중 "한국은 성형 왕국이다", "미의 기준이 획일적이다"라는 비판이 어김없이 제기되어 쓴웃음을 지었다. 대중문화 비평으로서는 중요한 주제이지만, 모처럼 마련된 한일 문화 교류의 장에서 이런 이슈가 한국 사회를 대표하는 듯 거론되는 것은 아쉽다. 한국 대중문화의 영향력이 커지는 것은 흥미로운 현상이지만, 한국 사회에 대한 이미지가 지나치게 이에 의존하는 경향은 우려스럽다. 대중문화가 현대 한국 사회를 알려주는 중요한 측면이라는 점은 틀림없지만, 다른 한편으로는 한국 전체를 균형 있게 반영하는 거울이 아니라는 점 역시 분명하기 때문이다.

한국이 일본을 보는 눈은
어떻게 변했나?

'미워도 배워야 하는 나라'에서
'가깝고 친근한 관광지'로

한국이 일본을 보는 눈에는 대체로 곱지 않은 정서가 깃들어 있다. 일제 식민주의라는 역사적 그늘 탓에, 혹은 외교적으로나 문화적으로나 경쟁의식이 솟기 쉬운 이웃 나라이다 보니 그럴 수밖에 없는 측면이 있다. 그런데 돌이켜 보면 다른 한편으로는, '일본으로부터 배울 것은 배워야 한다'라는 의식이 뿌리 깊게 자리한 것도 사실이다. 그랬던 인식이 이제 과거의 일이 되었다는 것을 부쩍 느낀다. 한국 사회가 일본 사회를 보는 눈이 변하고 있는 것이다.

"일본이 미워도 배울 건 배워야 한다"

— 일본에서는 1960년대를 '고도성장의 시대'라고 부른다. 제2차 세계대전의 처참한 패배에서 불과 20년도 지나지 않은 이 시기에

일본 경제는 괄목할 만한 성장을 이루었다. 한반도에서 터진 6·25 전쟁으로 인한 특수, 1964년 도쿄 올림픽을 의식한 경기 부양 정책 등 당시의 국제 정세와 맞닿아 있던 여러 상황이 일본의 경제 발전을 견인했다. 다만, 그런 시대적 배경을 지렛대 삼아 미국 기업을 위협할 정도로 성장한 일본 제조업체의 저력도 평가절하 할 만한 것은 아니었다. 자동차나 가전 등 첨단 기술력을 무기로 하는 제품이 세계 시장에서 경쟁력을 인정받으며 일본은 무역 대국으로 발돋움했다. 전쟁 폐허에서 보란 듯이 재기해 수십 년 만에 경제 선진국으로 성장한 것이다.

　1980년대에는 서구 유수의 기업들이 앞다투어 일본 기업을 '벤치마킹'의 대상으로 삼았다. 미국 기업이 유연한 노동시장, 분업을 통한 업무 합리화를 중시했던 반면, 일본 기업은 종신고용제를 유지하고 가족적인 분위기로 조직에 대한 충성심을 유도하는 등 정반대의 경영 방침을 고수했다. '오일 쇼크'로 인한 세계적 불황 속에서 이 독특한 전략이 홀로 저력을 발휘했다. 눈부신 경제성장에 감탄하면서도, 서양에서 '일본인은 경제적 동물'이라는 조롱이 터져 나왔던 것도 이 시기였다. 문화적으로 낯선 이 섬나라의 승승장구가 서구인의 눈에는 어지간히 불가사의했던 것이다.

한편, 한국 사회는 이웃 나라 일본의 성공 신화를 전혀 다른 방식으로 받아들였다. 6·25전쟁의 아픔을 떨치고 일어나 선진국으로의 도약을 꿈꾸던 한국에 불과 수십 년 사이에 패전국에서 경제 대국으로 변모한 일본의 사례는 좋은 자극이었다. 이질적인 서구식 자본주의보다 문화적으로 유사한 일본의 성공 사례를 본보기로 삼기도 좋았다. 한일 국교 정상화(1965)에도 불구하고 식민지 시대의 상처에서 비롯된 정서적 반감은 여전했지만, 이 시기에 "일본이 미워도 배울 것은 배워야 한다"라는 의식이 자리 잡았다고 해도 무방하다.

일본 문화를 '참고서'로 삼다

— 1990년대 한국의 대중문화계에서는 일본의 최신 트렌드를 남몰래 모방하는 것이 비밀 아닌 비밀이었다. 방송계는 일본 TV 프로그램을 슬쩍 베끼고, 의류업계는 도쿄의 패션 1번지 시부야에서 은밀하게 동향을 조사했다. 일본 대중가요를 노골적으로 표절한 노래가 한국 차트 순위에 오르는 일도 비일비재했다. 당시에

는 TV에서 일본의 드라마, 영화, 노래 등을 방영하는 것이 불법이었고 해외여행의 기회도 흔치 않았던 만큼, 사람들은 일본의 것을 베꼈다는 사실조차 알 길이 없었다. 일본의 대중문화에 빗장을 걸어 잠근 상황이 역설적으로 '베끼기' 관행을 부추긴 것이었다.

문화적 사대주의라는 비판을 면하기 어렵겠지만, 당시 일본의 대중문화 산업이 급속도로 성장하고 있었다는 사실도 무시할 수 없다. 지금은 케이팝이 세계적으로 주목받고 있지만 그때는 '제이팝J-Pop'이 '핫'했다. 선정적, 상업적이라는 비판도 있었지만 일본의 음악, 방송 프로그램, 만화, 애니메이션 등이 세련된 오락성과 폭넓은 다양성으로 아시아 지역에서 널리 사랑받았다.

1980년대부터 한국 젊은이들 사이에서 일본 만화책이나 패션 잡지의 해적판이 큰 인기였다는 사실이 잘 알려져 있다. 실은 훨씬 이전에도 일본의 문화 상품은 성공의 조짐을 보였다. 1970년대에는 일본의 대하소설이 번역·출간되어 인기를 끌었다. 역사소설에 등장한 일본사의 풍운아 도쿠가와 이에야스德川家康가 난데없이 큰 화제가 되었고, 일본의 신파 소설『오싱』이 번역되어 베스트셀러에 오르기도 했다.

그때에도 일본의 '저급한' 소비문화가 젊은이의 정신을 좀먹는다는 우려가 제기되곤 했지만, 사실은 일본 문화에 먼저 호감을 보인 것은 젊은이가 아니라 중장년층이었다. 일본 대중문화가 전면적으로 개방(1998)되기 전, 일본 문화는 한국의 대중문화계가 책상 서랍 속에 숨겨놓고 들추어 보는 '참고서' 같은 존재였다.

일본관의 변화,
사실 변한 것은 한국 사회다

— 이런 분위기가 이제는 과거의 일이 되었다. 그도 그럴 것이 세계의 최첨단 기술 시장에서 일본 기업의 존재감은 옅어진 반면 한국 기업은 선전하고 있다. 한국의 아이돌 그룹의 노래가 해외 유명 인기 차트 순위에 오르는 등 케이팝이 세계적 히트 상품이 되었다. 인터넷 시대가 열리면서 기업 경영이나 문화 산업의 패러다임도 크게 변했다. 굳이 옛날 일본식 경영을 본받을 일도, 일본의 방송 프로그램이나 음악을 은근슬쩍 따라 할 필요도 사라진 것이다.

게다가 후쿠시마 원전 사고나 코로나 팬데믹에 대한 일본 정부 대처가 허술하니 '선진국인 줄 알았는데 실망'이라는 말이 나온다. 그나마 그런 이야기를 하는 것도 어느 정도 연배가 있는 세대이다. 젊은 세대에게 일본은 '오타쿠 취미를 만끽할 수 있는 곳' 혹은 '맛있는 스시를 먹을 수 있는 여행지'일 뿐, 과거에 그 나라를 본보기로 삼았다는 이야기가 와닿지도 않는다. 한국 사회가 일본 사회를 보는 눈이 변하고 있는 것이다.

일본 기업이나 일본 대중문화가 광채를 잃은 것은 예전 같은 활기가 없는 일본의 사회상을 어느 정도 반영한 결과일 터이다. 하지만 사실 '일본을 본받자'던 과거에도 일본 사회는 수많은 모순과 과제를 안고 있었다. 당시에는 우리 사회가 떠안은 과제가 버겁다 보니 그런 점이 잘 안 보였다. 반면, 지금의 일본 사회도 장점이 있고 배울 점이 있다. 하지만 경제적으로나 외교적으로나 몸집이 부쩍 커진 지금의 한국 사회에서는 그런 점이 잘 안 보인다.

보는 관점에 따라 보이는 것이 달라진다. '미워도 배워야 하는 나라'에서 '가깝고 친근한 관광지' 정도로 일본 사회에 대한 이미지가 바뀌고 있는 것은 사실이지만, 그것이 그 사회의 변화를 객관적으로 반영한 결과라고 볼 수만은 없다. 그보다는 그런 이미지 속에, 한국 사회가 일본 사회를 어떻게 이해하고 있는지, 혹은 어떻게 이해하고 싶어 하는지가 녹아 있다고 생각하는 것이 더 타당하다.

새삼 돌이켜 보면 과거 한국 사회가 일본을 보는 관점에는 금욕주의적인 사대주의가 스며 있었다는 생각도 든다. 미운 상대로부터 배워야 한다니, 얼마나 힘들고 고통스러운 요구란 말인가. 지금은 그런 빡빡하고 부담스러운 정서가 옅어졌다. 비로소 동등한 눈높이에서 일본 사회를 직시하고 서로 얽힌 문제를 성숙하게 돌아볼 여유가 생겼다고도 하겠다. 우리 사회가 이제는 담담한 심정으로 일본 사회의 민낯을 마주할 때가 되었다.

혐한 악플의
문화적 기원

때로는 '악플'보다
'무플'이 더 낫다

일본의 인터넷에서 한국은 악담의 소재이다. 코로나19 사태 초기, 한국 정부의 선제적 방역 정책이 세계적으로 좋은 평가를 받던 때에도, 일본에서는 "한국처럼 과도한 진단은 의료 붕괴를 부추긴다"라는 주장이 대세였다. 일본에서 커지고 있는 혐한 담론도 영향을 미쳤을 것이다. "일본의 사망자 수가 한국보다 적다. 일본 정부의 방역이 한국보다 성공적이었다는 증거"라는 의견이 SNS에서 한동안 지지를 받곤 했는데, 군이 논리적 근거를 찾아가며 악담을 합리화하려는 정성이 대단하다는 생각도 든다.●

● 2022년 3월 말 기준 코로나19로 인한 일본의 치명률은 0.44퍼센트로 한국의 0.13 퍼센트의 세 배 이상이다(https://coronaboard.com/global/ 참조).

한국과 일본의 인터넷에는 서로에 대한 악담이 넘친다.
혐오를 증폭시키는 악플보다는 무플이 낫지 않을까?
사진은 일본 아키타현의 오가男鹿 지방의 민속 행사에
등장하는 도깨비 '나마하게なまはげ'의 모습이다.

서로에게 악담을 퍼붓는
한일 인터넷 문화

— 인터넷에 오르는 이런 글 하나하나의 옳고 그름을 따지는 일에는 소질도 없고 취미도 없다. 그보다 내가 궁금한 것은, 일본에서 왜 사사건건 한국이 소재가 되는가 하는 점이다. 2000년대에 들어서면서 한국은 일본에서 핫이슈임에는 틀림없다. 한일 간 해결되지 않은 역사 문제, 뒤엉킨 외교 사안 등이 뉴스에 오르락내리락하는 한편, 케이팝이나 한국 음식 등에도 관심이 쏠리고 있다. 하지만 한국 관련 뉴스에는 거의 예외 없이 부정적인 댓글이 달리고, 심지어는 한국과 직접적으로 관계가 없는 사안에 대한 댓글에도 난데없이 한국이라는 키워드가 등장해 악담으로 돌변한다.

한국의 인터넷도 상황이 더하면 더했지 덜하지 않다. 일본 관련 뉴스에는 고운 말이 잘 안 나온다. 일본 정부의 소극적인 방역 대책을 우려하는 인터넷 뉴스에 "도쿄에서 곧 코로나로 인한 지옥문이 열릴 것"이라는 불길한 댓글이 따라붙는다. "지진이 날 것이다", "경제가 폭삭 망할 것이다"라는, 저주에 가까운 예측 글도 적지 않다.

서로에 대해 안 좋은 감정이 담긴 댓글의 배경에는 악화일로를 달리는 한일 관계가 있을 것이다. 2010년대 중반 이후 정치, 경제, 문화 등 삐걱대지 않는 분야가 없다고 할 정도로 한일 간 교류는 침체되었고 서로에 대한 호감도 식어가고 있다. 그렇다고 할지언정 직접적 관련이 없는 사안에까지 군이 이웃 나라를 욱여넣어

독설을 퍼붓는 것은 기이하다. 한국과 일본 양쪽의 인터넷 문화를 관찰하고 있는 내 눈에는, 두 나라 네티즌들의 이런 모습이 단순한 비호감을 넘어 비이성적인 집착처럼 보인다.

국경을 넘나드는 '번역조', 신속하게 콘텐츠를 나르다

— 인터넷의 정보 교류를 가로막는 제일 큰 장벽은 언어이다. 하지만 자발적으로 한국어를 일본어로, 일본어를 한국어로 번역해서 나르는 '번역조'의 활약은 이 장벽을 순식간에 허물어뜨린다. 한국의 따끈따끈한 뉴스가 어느새 일본어로 번역되어 소셜미디어를 떠돈다. 아침에 전파를 탄 일본의 TV 프로그램이, 저녁에 자막을 얹은 화면이 캡처되어 한국의 인터넷 게시판에 소개된다. 양국의 뉴스에 달린 댓글까지 친절하게 번역되어 올라오기도 한다. 일본의 SNS에 한국 관련 정보를 좇는 폴로어들이 눈에 불을 켜고 대기 중이라면, 한국의 인터넷 게시판에는 언제라도 일본의 콘텐츠를 퍼 올 준비가 된 유저가 활약 중이다.

자발적인 번역 노동이 이웃 나라에 대한 순수한 호기심에서만 비롯되는 것은 아니다. 사회적 이슈에 대해서는 상대방의 허점을 드러내려는 의도나 사태를 삐딱하게 꼬아보는 의도가 다분하다. 의도가 어떻든 간에 국경을 넘어 신속하게 콘텐츠를 실어 나르는 유저들의 기동성과 열정은 부인할 수 없다.

조선일보, 중앙일보 등 한국의 일부 신문사들은 2000년대 초반부터 기사를 일본어로 번역한 콘텐츠를 일본의 포털사이트에 제공해 왔다. 아사히신문, 요미우리신문 등 일본의 레거시 미디어legacy media들은 인터넷에서도 유료 구독을 주된 비즈니스 모델로 삼고 있기 때문에, 포털사이트에 콘텐츠를 제공하는 것은 꺼린다. 그러다 보니 일본 포털에서 한국 신문의 번역 기사를 마다할 이유가 없다. 조회수가 높고 댓글도 빠르게 늘어나는 만큼 페이지뷰를 높이는 데에도 유리하기 때문이다.

한국 신문의 번역 기사를 부지런히 노출하는 포털사이트, 한일 간 번역조들이 활약하는 SNS나 인터넷 게시판들 덕분에, 일본에서 유통되는 한국에 대한 정보는 양적인 면에서는 수준급이다. '댓글러'들은 이웃 나라의 여론을 의외로 정확하게 알고 있고, 때로는 정부의 공식적인 발표보다 사안을 심도 있게 꿰뚫고 있기도 하다. 문제는, 이런 상황이 반드시 긍정적이지만은 않다는 것이다.

2002년 '인조이 재팬-인조이 코리아' 실패한 한일 교류 프로젝트

— 한국과 일본이 서로에게 악담을 퍼붓는 인터넷 문화가 생긴 계기를 정확하게 특정하는 것은 어렵다. 다만, 2002년 한일 공동 월드컵 개최를 앞두고 한국의 포털사이트 네이버에서 개설한 '한국어-일본어 자동 번역 게시판'이 한국과 일본의 인터넷 유저들이 서로를 맞상대로 인식하는 계기였다는 점에는 대체로 연구자들의 의견이 일치한다.

특히 이 게시판은 국경을 오가는 디지털 정보의 증가가 반드시 긍정적, 발전적인 결과로 이어지지 않는다는 점을 여실히 보여준 사례였다. 이 게시판은 한국에서는 '인조이 재팬', 일본에서는 '인조이 코리아'라는 이름으로 운영되었다. 한국과 일본의 유저들이 모국어로 게시글을 쓰면, 자동으로 번역되어 각각의 언어로 표시되는 방식이었다. 자동 번역의 퀄리티가 썩 훌륭한 것은 아니었다. 하지만 그럭저럭 의사소통이 될 수준은 되어서, 실시간 토론과 유사한 형태의 커뮤니케이션이 이루어졌다.

그런데 한일의 문화적 접점을 넓히겠다는 서비스 취지가 무색하게, 토론이 계속될수록 한일 인터넷 유저 사이에는 타협할 수 없는 관점의 차이만 두드러졌다. 서로에 대한 지식이 쌓일수록 호감이 생기는 것이 아니라 오해만 깊어지고, 그 결과 소모적인 논쟁이 끊이지 않았다. 어떻게 보자면 한국과 일본이라는 나라의 이름으로 친목을 도모하자는 게시판의 기획 자체가 무모했을지도 모른다. 언어의 장벽을 허물면 한일의 인터넷 유저 사이에 우정이 싹트리라는 기대감은 허무하게 스러진 것이다.

실패한 이 프로젝트는 특히 일본에서 예상치 못한 방향으로 전개되었다. 이 게시판에서 시작된 한일 역사 문제에 대한 관심이 다른 익명 게시판으로 옮겨 가, 한국을 상대로 역사 문제를 둘러싼 '사이버 전쟁'을 준비하는 모양새가 된 것이다. 결국 이렇게 증폭된 한국에 대한 부정적인 관심은, 현재진행형인 일본의 '혐한' 풍조와도 접점이 있다. 한일 번역 게시판으로 소통의 장을 마련하겠다는 의도는 좋았지만, 결과적으로 인터넷 게시판에서 '혐한'의 옹호 세력을 양산하는 초라한 결과가 되었다. 인터넷을 넘나들며 활발하게 오간 정보가 서로에 대한 오해와 왜곡을 증폭시키는 쪽으로 작용했던 것이다.

악플, 혐오가 사회적으로 표현된 결과

— '무플보다 악플'이라는 말이 있다. 설혹 부정적이라고 해도 관심이 있는 것이 무지나 무관심보다는 낫다는 뜻이다. 그런데 한일 양국의 인터넷에서 오가는 악플 퍼레이드를 보고 있자면, 과도한 정보와 섣부른 의사소통이 오히려 오해와 혐오만 증폭시키는 것은 아닌지 우려된다.

인터넷에서 꾸준히 늘어나고 있는 한일 간 정보 교류의 긍정적인 효과를 모두 부인하려는 것은 아니다. 또, 인터넷 공간의 악플들이 한국인과 일본인의 서로에 대한 생각을 대변하는 것도 분명히 아니다. 어떻게 보자면 악플은 지극히 일부 유저들의 극단적인 사건에 불과하다. 그렇다고 하더라도 악플은 혐오가 활자화된 결과이다. 누군가를 향한 혐오 표현이 만연한 것은 결코 바람직하지 않다. 혐오의 정서를 더욱 증폭시킬 뿐 아니라, 현실 정치에 실제로 영향을 미칠 가능성도 있기 때문이다.

돌이켜 보면 악플은 단지 한일 인터넷만의 문제는 아니다. 정치적 의견이 다른 이에게 근거 없는 악담을 퍼붓고, 전염병 공포에 질린 나머지 외국인에게 독설을 쏟아내기도 한다. 때로는 악플보다 무플이 더 낫다는 점을 되새길 필요가 있다.

'패전일'이 아니라 '종전일'

일본 시민사회의 오랜 숙제, 전쟁

8월 15일은 한일 양국에 뜻깊은 날이다. 한국의 경우 이날이 일본의 식민 지배로부터 벗어나 광명을 되찾은 날, 광복절이다. 반면, 일본의 8월 15일은 '대동아 공영'이라는 기만 아래 자행되었던 호전적인 제국주의가 종지부를 찍은 날로, '종전 기념일'이라고 불린다. 법정 공휴일은 아니지만, 이날에 전사자를 위한 추도식도 열린다. 매년 어김없이 찾아오는 이날에는 한일 양국의 어긋난 근대사와 뒤엉킨 정서를 곱씹게 된다.

8·15, 한국에서는 광복절, 일본에서는 '종전 기념일'

━ 독일, 일본, 이탈리아가 결성한 동맹군과 미국, 영국 등이 힘을 모은 연합군이 세계 곳곳에서 맞붙은 제2차세계대전은 인류 역사

히로시마 평화 기념관(원폭 돔)은 1945년 8월 6일 히로시마에
원자폭탄이 떨어졌을 때 유일하게 남은 건물이다.
여러 사람들의 노력으로, 그 모습이 온전히 보존되어 있다.
전쟁의 참혹함을 되새기는 관광객의 발길이 끊이지 않는다.

상 가장 큰 인명 피해를 낳았다. 전쟁의 막바지에 일본은 태평양을 사이에 두고 미군과 정면으로 맞붙었다. 태평양전쟁이라고도 부르는 이 전쟁에서 일본은 패색이 짙어도 좀처럼 항복하지 않았다. 1944년 11월에는 미군이 도쿄 상공에서 소이탄 등을 대량으로 투하했던 '도쿄 대공습'을 감행했다. 이 공격으로 수도는 초토화되고 10만여 명이 순식간에 목숨을 잃었다.

그럼에도 일본군이 항복할 기미가 없자, 미군은 급기야 1945년 8월 6일과 9일 히로시마와 나가사키 상공에 원자폭탄을 투하했다. 이번에는 폭탄 두 개로 순식간에 도시가 불바다가 되고 수십만 명이 목숨과 삶의 터전을 잃었다. 나아가 당시의 소련까지 대일 참전을 선언하자 일본은 그제야 패배를 인정하고, 8월 15일에 항복 의사를 공식화했다.

그때 일본의 식민 지배를 받고 있던 한국은 국제사회에서 공인된 정부를 수립한 상태가 아니었으므로, 항복을 받는 입장인 연합군에 포함되지 않았다. 하지만 당시 일본의 항복 조건이 담긴 '포츠담 선언'에 한반도는 일본의 고유 영토가 아니라는 내용이 분명히 명시되어 있었다. 따라서 이 선언을 수락하는 형식을 취한 일본의 항복은 곧 한반도에 대한 식민지 지배권의 종결을 의미했다. 이런 복잡한 경위 속에서 일본의 패전일이 곧 한반도의 광복절이 되었다.

사실 제2차세계대전과 관련해서 매년 8월 15일을 기리는 나라는 내가 아는 한 한국과 일본뿐이다. 일제가 항복 의사를 연합군에 전달한 것은 공식 발표가 있기 하루 전인 8월 14일이다. 역사가들은 그날을 일본이 항복한 날로 기록하고 있다. 또, 일본이 공식적으로 항복 문서에 서명한 날은 9월 2일이다. 참전한 대부분의 서방 국가들은 그날을 일본에 대한 승전일로 기념한다. 한편, 중국과 러시아는 대일 승전 기념일을 이보다 하루 늦은 9월 3일로 지정하고 있다. 일본이 항복한 이튿날이지만, 자국에서 승전 기념 행사가 열린 날을 기념하는 것이다. 어찌 되었든 모두 8월 15일은 아니다.

라디오 전파를 타고 물려 퍼진 항복 선언

— 8월 15일이 한일 양국에서 중요한 날로 기억되는 데에는 그럴 만한 이유가 있다. 바로 이날, 당시 가장 '핫'한 미디어였던 라디오 방송을 통해 일제가 더 이상 전쟁을 수행할 능력도 의지도 없다는 사실이 공표되었기 때문이다. 이 전대미문의 라디오 방송은 일본의 점령지였던 한반도를 비롯해, 대만, 만주에도 송출되었다. 일본의 패망과 식민지 체제의 종식을 알리는 이 방송이 한반도의 민중에게 얼마나 반가웠는지 굳이 강조할 필요가 없겠다.

한편, 일본인의 반응은 복잡다단했다. 패배에 크게 실망해 대성통곡하는 이도 있고 항복 선언을 믿지 않으려는 이도 있었다고 한다. 바로 엊그제까지도 일본군의 승전보를 알리는 프로파간다만 흘러나오던 라디오에서, 돌연 청천벽력 같은 항복이 선언되었으니 믿기 어려웠을 만도 하다. 목소리를 높여 기뻐하지는 못했지만 사실은 많은 일본인이 전쟁이 끝났다는 사실에 안도했다는 기록도 있다.

전쟁에 패배했다는 소식에 못지않게 일본인들에게 충격을 주었던 것은, 항복 선언이 '천황'의 육성으로 이루어졌다는 사실이었다. 이날 정오 라디오 전파를 탄 종전 선언을 '교쿠온玉音(임금의 목소리) 방송'이라고 부르는데, 신적인 존재로 떠받들어져 온 히로히토裕仁가 대중들 앞에 실체를 드러낸 최초의 사건이었다.

일본 제국주의 정부는 '천황'이야말로 신으로부터 정통성을 인정받은 나라의 주인이며, 그를 위해 적과 싸우는 것은 명예로운 일이라고 선전해 왔다. 항복을 선언하는 그의 떨리는 목소리를 들으며 일본 대중들은 그 역시 자신과 다름없는 인간이라는 사실을 처음으로 실감했다고 한다. 불과 70여 년 전에 일어났다고 믿기 어려운 기이한 이야기지만, 인간의 맹목적인 믿음은 이성보다 광기에 가까운 법이다.

항복이 선언된 이날을 '패전일'이 아니라 '종전일'이라고 부르는 것을 두고 침략 전쟁의 본질을 은폐하려는 것이 아니냐는 비판도 있다. 특히 과거사에 대한 관점이 현저하게 우경화되는 상황에서 '종전일'이라는 모호한 표현이 전쟁을 모르는 젊은 세대에게 어떻게 받아들여질지 우려스럽다.

왜 패전일이 아니라
종전일일까?

— 제2차세계대전 당시 일본과 동맹이었던 독일의 경우, 패전 이후 시민사회가 앞장서 역사적 과오를 인정하고 전쟁 피해자에게 적극적으로 보상하려고 했다. 이와는 대조적으로 일본에서는 전후 처리 문제가 처음부터 미군이 주도하는 GHQ와 정부의 손에 맡겨졌고, 그러다 보니 전쟁 피해자와 관련한 사안을 인권 문제가 아니라 정치 외교 현안으로 보는 관점이 우세했다.

속마음을 털어놓는 일본인 친구와 술자리에서 전쟁 관련 문제를 두고 의견을 나눈 적이 있다. 친구는 전쟁 피해자 보상에 미온적인 일본 정부에 대단히 비판적인 지식인이었는데, 술이 한참 들어간 뒤에 이 문제에 대해 일본 시민으로서 딜레마를 느끼기도 한다고 털어놓았다. 그에 따르면, 독일 시민은 두 번의 총선에서 히틀러가 이끄는 나치당에 힘을 몰아준 전력이 있다. 시민사회가 나치 정권에 정당성을 부여한 만큼, 침략과 살상 행위에 대한 책임을 지는 것이 마땅하다.

이에 비해, 일제가 전쟁을 자행하던 당시 일본 사회는 전근대적인 군주제에 머물러 있었다. 정치적으로는 민주주의를 향한 첫발도 내딛지 못한 미성숙한 상태에서, 과학기술과 군수산업만 기형적으로 발달해 있었다. 즉, 일제의 침략 전쟁은 어떤 정당성도 부여되지 않은 무법적 만행이었다. 시민이 참여하고 의견을 개진할 수 있는 체제 자체가 아예 존재하지 않았다. 이런 상황을 감안하면 전쟁의 책임 소재를 명확하게 규명하기가 쉽지 않았다는 것이다. 제국주의 정권이 가해자라는 점은 분명하다. 하지만 한편으로 일본의 민중도 폭주하는 권력으로 인한 피해자라는 정서가 존재하는 것이다. 전쟁을 둘러싼 이런 복잡한 정서를 배경으로, '종전일'이라는 애매한 표현이 일본 사회에서 받아들여지고 있다.

독일에서도 히틀러의 패망을 '패전'이라고 할지 '종전'이라고 할지를 두고 논란이 있었다. 침략 전쟁에서 패배했다는 본질을 잊지 않기 위해 '패전'이 바람직하다는 의견이 우세한 때도 있었고, 전쟁의 과오를 되풀이하지 않겠다는 미래지향적 결기를 보이기에는 '종전'이 바람직하다는 의견이 우세한 적도 있었다. 전쟁 중에 나치 정권에 대차게 항거한 국내 세력도 있었던 터라 패전을 '해방'이라고 불러야 마땅하다는 과격한 의견이 제기되기도 했다. 이렇게 전쟁을 바라보는 다양한 관점과 해석이 존재했다.

지난 주말● 일본의 '종전일'이 75주년을 맞이했다. 이날 정치인들은 줄지어 전범이 합사된 종교 시설(야스쿠니 신사)에 참배했고, 국가 수장의 기념사에서는 역사에 대한 언급은 사라지고 '적극적 평화주의'라는 수상쩍은 개념이 등장했다. 침략 전쟁의 본질을 외면하겠다는 듯한 기만적인 전쟁관이 위험스럽다. 사실 그보다 더 위태로워 보이는 것은, 우익 정치인의 이런 앙상한 주장 이외에 전쟁에 대한 심도 있고 다양한 의견이 시민사회에서 아예 자취를

● 2020년 8월 19일에 게재된 칼럼이다.

감춘 현 상황이다.

　일제의 무법성을 강조하는 관점에서 보자면, 일본의 시민이 명명백백한 전쟁의 주체라고 단언하기에 애매하다는 말도 일리가 있다. 하지만 그렇다고 해서 시민사회가 이 문제를 방관해도 좋다는 뜻은 아닐 것이다. 전쟁은 과거의 일이지만, 그 전쟁을 어떻게 해석할 것인가는 현재진행형이기 때문이다. '패전'이든 '종전'이든 혹은 '해방'이 되든, 과거 침략 전쟁의 과오를 직시하고 대내외적으로 성찰하는 것, 이것이야말로 전쟁이 끝난 지 75년이 되도록 일본 시민사회가 풀지 못한 숙제가 아니겠는가.

'간토 대지진 조선인 학살 사건'과 'FM요보세요'

재해 상황에 더욱 기승을 부리는 가짜 뉴스

신종 코로나 바이러스가 확산되면서 일본에서도 어김없이 유언비어가 기승을 부렸다. SNS에서 "바나나를 먹으면 신종 코로나에 감염되기 쉽다", "딸기가 전염병 예방에 도움이 된다"라는 등의 황당한 정보가 회자되었다. 이런 이야기가 거짓이라는 사실을 확인하는 기사가 나오면 잠잠해지는 듯하다가도, 금세 다른 종류의 유언비어가 등장한다. 동영상 공유 사이트에서는 섬찟한 '짤'을 근거로 들이대는 흉흉한 괴담이 끊이지 않는다.

한국이나 일본이나 가짜 뉴스 때문에 시끄러운 것은 동일하다. 일본의 SNS에서 화제가 된 미확인 정보가 순식간에 한국의 온라인 게시판에 공유되고, 한국의 SNS에서 나도는 괴소문이 몇 시간 만에 일본의 온라인 뉴스 댓글로 올라오는 시대이다. 전염병보다 몇 배나 더 빨리 국경을 넘어 전해지는 유언비어 탓에 가뜩이나

불안한 마음이 더욱 혼란스럽다. 더욱 큰 문제는 이런 헛소문이 때로는 혐오와 폭력을 정당화하는 수단으로 비화한다는 점이다.

괴담에서 시작된
간토 대지진 조선인 학살 사건

— 1923년 9월 1일 일본 수도권을 덮친 간토 대지진은, 도시가 대규모 재해에 얼마나 취약한지 생생하게 입증한 대재앙이었다. 규모 8이 넘는 큰 지진과 뒤이은 화재로 사망자 수가 10만 명이 넘었고, 도쿄의 가옥 중 60퍼센트가 불에 탔다. TV나 라디오가 보급되기 전이었기 때문에, 불바다가 된 시가지의 모습을 생생하게 전할 수 있는 매체는 종이 신문이 유일했다. 하지만 도시 전체가 화

마로 뒤덮인 상황에서 신문을 구하기는 하늘의 별 따기였다. 사람들은 지진의 전모와 피해 상황을 전혀 파악하지 못한 상태에서 여진, 화마와 싸울 수밖에 없었다. 극심한 혼란 속에서 공포가 극에 달했으리라는 것을 쉽게 짐작할 수 있다.

지진이 발생한 날 밤부터 "조선인들이 방화를 한다"라는 헛소문이 돌기 시작하더니, "조선인이 우물에 독을 풀었다", "조선인 수백 명이 집단으로 공격에 나섰다"라는 식으로 이야기가 심각해졌다. 극도의 불안감과 스트레스에 사로잡힌 사람들은 조직을 꾸려 조선인 색출에 나섰고, 실제로 이 자경단이 수많은 조선인, 중국인, 혹은 조선인으로 오인된 일본인을 잔인하게 살해했다. 정확한 수치는 확인되지 않지만 적게는 수백 명 많게는 수천 명의 조선인이 희생되었다.

일본 제국주의 정부는 조선인에 대한 헛소문이 돌고 있음을 인지했지만 적극적 진화에 나서지 않았다. 당시의 유일한 정보원이던 신문은 조선인이 집단으로 폭동을 일으킨다는 헛소문을 줄곧 기사화해 불안감에 오히려 불을 지폈다. 이러한 상황을 비추어 볼 때 흉흉해진 민심을 가라앉히기 위해 조선인을 희생양으로 삼았다는 주장에 설득력이 있다.

무엇보다 공포에 굴복해 인간의 잔인함을 드러낸 군중심리가 크게 작용했다. 식민지 시대에 자의 혹은 타의로 일본으로 건너간 조선인은 평소에도 비하와 차별을 감내하며 생활했다. 당시 일본 사회에 만연하던 소수자 혐오의 대상이었다. 이런 부정적인 정서가 실체도 없는 헛소문과 결합해, 잔인한 학살 행위로 이어진 것이었다.

이 끔찍한 학살 사건은 처음에는 회자조차 되지 않았지만, 점차로 세상에 알려지면서 일본 시민사회에 큰 충격을 주었다. 대지진과 유언비어 때문에 제정신이 아니었다는 점이 잔인한 학살 행위를 정당화할 수는 없다. 이런 불행한 역사를 또다시 되풀이하지 말아야 한다는 자성의 목소리도 작지 않았다.

한신 대지진과 'FM요보세요'

▬ 1995년 1월 한신 대지진이 고베를 직격했을 때, 일본의 시민운동가들은 부랴부랴 비영리단체를 꾸리고 'FM요보세요' (한국어 '여보세요'에서 따온 명칭인데 '여'와 '요'를 같은 음으로 표기하는 일본어의 특성 때문에 '요보세요'가 되었다)라는 타이틀의 라디오 방송을 한국어와 일본어로 송출하기 시작했다. 지진 피해를 입은 자이니치들에게 신속하게 재해 정보를 제공하는 한편, 일본인들에게는 그들 역시 지진 피해자이자 지역 공동체의 일원임을 정확하게 알리겠다는 취지였다.

미약 주파수대를 이용하므로● 공식 허가를 얻을 필요가 없는, '미니FM'이라고 불리는 지역 라디오 채널이었지만, 지진이 발생

● 무선 통신국이 이용하는 전파의 주파수대는 국제 규약 및 전파법에 의해 규제를 받는다. 일반적으로 322메가헤르츠 이하의 미약 주파수대는 허가를 받을 필요 없이 사용할 수 있는데, 반경 100미터 정도의 좁은 지역에만 송신 가능한 정도이다.

한 지 단 2주가 지난 시점, 전체적인 피해 규모도 채 파악되지 않던 재해 초기에 송출을 시작한 것이니 놀라울 정도로 빠른 움직임이었다. 지진으로 촉발된 불안감이 고베에 사는 자이니치에 대한 해코지로 번져서는 안 된다는 위기감과 결연한 의지가 없었다면 불가능했을 것이다.

이 단체를 설립한 운동가와 이야기를 나눈 적이 있다. 신문기자로 일했던 그는 고베 출신도 아니고, 자이니치와 특별한 인연이 있던 것도 아니었다. 그는 "마침 회사를 그만두고 앞으로 무엇을 할까 고민하던 중에 지진이 났고, 그길로 고베로 달려왔다"라고 멋쩍게 총각 시절을 회상했다. "헛소문에는 정확한 정보로 대처한다"라는 발상에, 과연 기자 출신이라고 감탄했던 기억이 있다.

이 비영리단체는 'FM와이와이'라는 이름으로 지금도 건강하게 활동 중이다. 다문화, 다언어 공동체를 표방하는 인터넷 라디오 방송국으로 재편했는데, 한국어뿐 아니라 중국어, 포르투갈어, 타갈로그어, 베트남어, 태국어 등 고베에 사는 소수 외국인의 목소리와 의견을 담은 프로그램을 송출하고 있다. 과거의 비극을 반면교사로 삼은 시민사회의 노력이 계속되고 있는 것이다.

소문은 왜 생기는 것일까?
공식은 '사안의 중요성'×'정보의 불확실성'

— 지진이나 태풍 등의 재해가 잦은 일본에서는 적지 않은 유언비어가 나돈다. 2011년 동일본 대지진 때에도 "외국인이 범죄를 저

지른다", "연료 공장이 폭발해서 도쿄가 유독가스로 뒤덮인다" 등의 소문이 나돌았고, 2016년 규슈를 뒤흔든 구마모토 지진 직후에는 "동물원에서 사자가 탈출했다"라는 괴담도 돌았다.

인터넷이 대중적으로 보급된 이후, 유언비어가 생겨나고 가장 많이 유포되는 곳은 누구나 짐작하듯이 SNS이다. 가짜 뉴스가 나돌기 시작하면 마치 기다렸다는 듯이 "SNS를 신뢰해서는 안 된다", "헛소문의 무책임한 유포에 대한 규제를 엄격하게 해야 한다"라는 말이 나오곤 한다. 거짓 정보의 부작용이 심각한 만큼 그런 의견이 나올 만하다. 다만, SNS에 대한 검열과 규제를 강화하는 조치가 유언비어에 가장 적절한 대처 방법은 아니다.

미국의 심리학자 고든 올포트^{Gordon Allport}와 레오 포스트먼^{Leo Postman}이 소문의 심리학에 대해 연구한 결과*에 따르면, 소문의 유포량은 '사안의 중요성'과 '정보의 불확실성'이라는 두 요인에 비례해서 커진다. 사람들에게 직접적으로 영향을 미치는 주제일수록, 관련한 정보가 애매모호할수록, 소문이 생기기 쉽고 퍼지는 속도도 빠르다는 것이다.

이 공식에 대입하면, 코로나19 사태에 대한 유언비어가 나도는 것은 불가피해 보인다. 그 누구도 전염병에 걸릴 가능성에서 벗어날 수 없지만(사안의 중요성), 바이러스의 정체는 알려지지 않았고

● *The psychology of rumor*(Allport, G.W. and Postman, L., 1947)를 참조하기 바란다. 오래전에 발표되었지만, 소문과 유언비어에 관한 연구의 '고전'으로 받아들여지고 있다.

감염 경로도 확실히 알 수 없다(정보의 불확실성). 헛소문이 생기고 퍼지기에는 최적의 조건인 것이다.

한편, 헛소문이 사회에 미치는 악영향을 최소화할 수 있는 힌트도 여기에 있다. 우리 모두 신종 전염병에 걸릴 가능성이 있는 만큼 '사안의 중요성'을 바꿀 수는 없다. 그렇지만 '정보의 불확실성'을 최대한 낮추는 것은 시도할 만하다. 모든 정보를 가능한 한 신속하고 투명하게 공개함으로써, 헛소문이 눈덩이처럼 불어나는 것을 막는 것이다. 괴담 유포자 한두 명을 엄벌에 처할 수는 있어도, 정보가 불확실한 상황에서는 곧 다른 괴담이 또 생겨날 것이다. 가짜 뉴스에 대한 엄벌보다 정보의 투명성 확보가 훨씬 더 효과적인 대처 방법인 것이다.

SNS 시대에는 부정적인 정보일수록 더 많이, 더 멀리까지 전달된다는 점도 문제이다. 예를 들어, 한국과 일본의 트위터에 나도는 서로에 대한 정보들은 부정적인 내용일수록 더 많이 '리트윗'되는 경향이 있다. 이런 정보들이 서로에 대한 부정적인 인상을 강화하고, 한일 관계에도 결과적으로는 안 좋은 영향을 미치지 않을지 걱정스럽다.

부정적인 정보라고 무조건 덮어야 한다는 것은 아니다. 간토 대지진 직후의 '조선인 학살 사건' 같은 끔찍한 일은 고통스럽더라도 확실하게 되새길 필요가 있다. 또한, 그 이후의 움직임을 평가하는 것도 중요하다. 예를 들어, 간토 대지진 이후 조선인 학살 사건에 대한 반성에서, 앞서 설명한 한신 대지진 직후의 'FM요보세

요'와 같은 활동이 시작되었다. 이런 흐름에 대해서 더 많은 사람
이 알아도 좋지 않겠는가.

한국과 일본 어느 쪽에도
속하지 않는 자이니치

고된 삶 속에서 싹튼
디아스포라의 문화

유창한 일본어나 조신한 몸가짐, 어디로 보나 전형적인 일본인 여성으로 보이는 친구가 있다. 일본에서 태어나고 자라나 IT 업종에서 일하는 성실한 사회인이다. 한류 드라마 팬보다 한국어 실력은 서투르고, 일상적으로 케이팝을 흥얼대는 일본의 대학생보다 한국의 대중문화에 어둡다. 하지만 그녀는 대한민국 여권으로 신분을 증명하는 한국 국민이다.

일상생활에서 숱하게 차별을 당해 일본 사회에 거부감이 있지만, 사실은 한국도 먼 나라처럼 낯설다. 한국과 일본, 어느 사회에도 온전히 속하지 않는 그녀 같은 '자이니치 코리안' 인구가 50만 명에 육박한다. '자이니치 코리안'은 해방 이후 일본에 남은 한국인과 북한 국적의 조선인을 아울러 부르는 명칭으로, '자이니치'로 줄여서 부르기도 한다.

오사카 쓰루하시에 있는 자이니치 상점가.
'한류 붐'이 일기 훨씬 전부터 이곳에서 한국풍 식문화가 싹트고
사랑받는 배경에는 디아스포라로 살아온 사람들의 고된 역사가 있다.

그녀와의 우정은 2017년 대통령 선거를 계기로 시작되었다. 일본에서는 의무만 있고 권리는 없는 '이등 시민'인 그녀에게도 재외 국민으로서 한 표를 행사할 기회가 생겼다. 그런데 인터넷으로 배포되는 선거 자료는 한국어 일색이어서 이해할 수 없었다. 대통령 후보가 어떤 사람인지, 어떤 공약을 내걸었는지 자세하게 알고 싶었던 그녀가 먼저 만남을 청했다. 애국 정서가 뿌리 깊은 한국에서는 "한국어도 모르면서 무슨 한국인이냐"라는 말이 나올지도 모른다. 하지만 그들은 반세기가 넘는 세월을 일본과 한국 어느 쪽에도 속하지 않는 주변인으로 살아왔다. 그 복잡한 삶의 궤적을 일방적인 잣대로 멋대로 재단해서는 안 된다.

고향을 떠난 삶을 바라보는 서로 다른 시선

— '흩어지다'라는 뜻의 그리스어에서 유래한 '디아스포라diaspora'라는 단어는, 원래 기원전 바빌론에 유배된 뒤 예루살렘에 귀향하지 못하고 전 세계에 뿔뿔이 흩어져서 살게 된 유대인을 뜻하는 말이었다. 지금은 고향에 돌아가지 못하고 떠도는 사람을 폭넓게 지칭한다. 2,000년 전에는 타향을 떠돌 수밖에 없었던 유대인들의 신세가 더없이 처량했지만, 지금은 고향이 아닌 곳에서 영위하는 삶에 대한 시선이 사뭇 다르다. 바다 건너 먼 나라로 이민을 가서 잘 산다는 이야기가 흔하다. 현대인에게는 고향을 떠나 낯선 곳에 정착하는 것이 매력적이고 역동적인 삶의 한 방식이다.

하지만 모두가 원해서 낯선 땅에서의 삶을 택하는 것은 아니다. 추방자나 망명자처럼 권력에 의해 쫓겨나는 경우도 있고, 우리 시대 대다수의 디아스포라는 먹고살기 위해 고향을 등진 노동자나 난민이다. 일자리가 없어서 혹은 가족의 삶을 책임지기 위해 고단하고 외로운 길을 선택한 이들이다. 1970년대 이후 디아스포라라는 말의 쓰임새가 꾸준히 확대되고 있는 것은, 경제적인 이유로 자신의 의사와는 무관하게 떠도는 신세로 내몰린 사람이 늘고 있다는 방증이기도 하다.

해방 직후 자이니치가 일본 땅에 남은 이유는 다양하다. 일본인과 인연을 맺고 가정을 꾸린 이도 있었다. 귀향할 경우 가져갈 수 있는 재산이 엄격하게 한정되었기 때문에 힘겹게 꾸린 밑천을 포기해야 한다는 부담도 있었다. 어렵사리 귀향했다가 전쟁 등으로 혼란한 한반도에 일자리가 없어 다시 일본행 밀항선에 탄 이도 적지 않았다.

한반도의 굴곡진 현대사 속에서 어쩔 수 없이 일본에 남은 이들의 3, 4세가 자이니치의 주된 층이다. 차별의 무게를 덜기 위해 일본 국적을 취득한 이도 있고, 일본 문화가 더 익숙하다는 이질감을 감내하면서 한국 국적을 고수한 이도 있다. 국적은 본질적이지 않다. 이들은 심정적으로는 한국과 일본 어느 쪽에도 온전히 귀속되지 않는 디아스포라의 삶을 묵묵히 살고 있다.

일본 사회에서 차별과 혐오의
타깃이 되는 자이니치

— 지난주* 일본에서 의미 있는 판결이 나왔다. 큰 부동산 업체
에 비정규직으로 근무하는 자이니치 3세 여성이 2015년 한국인
에 대한 혐오 표현을 담은 문서를 되풀이해서 배포한 회사를 상대
로 소송을 제기했다. 이 소송에 대한 오사카지방법원의 판결이 내
려졌는데, 사회적 허용 범위를 넘어선 차별적 표현으로 인격권을
침해한 혐의를 인정하고 소송 당사자에게 110만 엔, 한국 돈으로
1,200여만 원을 배상할 것을 명령했다. 일상 속에 만연한 차별과
혐오를 응징하는 판결이 내려지자 자이니치 사회는 환영하는 분
위기이다.

차별을 금지하는 법이 있어도 일본 사회의 자이니치에 대한 뿌
리 깊은 혐오 정서는 쉬이 사라지지 않는다. 극우 단체들의 '혐한
시위'는 한국에도 잘 알려져 있다. 정치적 퍼포먼스는 눈을 감고
귀를 막으면 그만일 수 있지만, 일상에 스며든 차별은 자이니치의
삶을 따라다니며 괴롭힌다. 식민지 시대의 선조만큼 처절하지는
않아도, 이들의 삶은 여전히 불안정하고 고달프다.

결혼 상대로 가족의 반대에 부딪히는 것도 다반사, 실력이 있어
도 취업이나 승진에서 불리하다. 앞서 소개한 친구도 한 회사에서
20년 이상 일했지만 승진은 포기한 지 오래이다. 서류 심사 단계

● 2020년 7월 8일에 게재된 칼럼이다.

에서 자이니치를 배제하는 인사 담당자는 "면접에서 불합격될 경우 차별이 아니냐는 이의 제기가 올 수 있다. 이런 불편한 상황을 피하기 위해 서류 전형에서 미리 불합격시킨다"라고 변명한다. 차별을 정당화하기에 업무상 불편함이라는 말만큼 편리한 핑계가 없다. 자녀가 괴롭힘을 당하지 않도록 학교에서 본명 대신 일본식 이름을 쓰도록 하기도 한다. 부담스러운 시선은 피할 수 있겠지만, 정체성의 혼란을 겪는 부작용은 피할 수 없다.

코로나19 사태 때에도 차별적인 시선은 어김없이 불거졌다. 한 지방자치단체에서 관내 유치원에 감염 방지용 마스크를 무상으로 배포했는데 조선 학교 유치원만 제외하는 일이 있었다. 언론과 자이니치 단체의 항의가 잇따르자 마스크를 지급하기로 했지만, 이 과정에서 담당자의 "조선 학교에 마스크를 지급하면 부적절하게 사용될 수 있다"라는 차별적 발언이 문제가 되었다.

자이니치의 손으로 쌓아 올린 디아스포라 문화에 대한 관심

— "자이니치에 대한 차별을 멈추라"라고 당당하게 요구하기에는 한국 사회도 떳떳하지 않다. 일본에 남은 동포 수십만 명이 극심한 생활고로 고통을 겪던 시절, 군사정부는 이들을 '돈 때문에 조국을 등진 배신자'로 취급했고, 이들은 끊임없이 "북한의 간첩이 아니냐"라는 추궁을 받았다. 과거 한국 정부가 이들을 동포로 감싸거나 일본 사회에서의 법적 지위 향상에 적극적으로 협조한 적

도 없다.

지금도 불편한 시선은 여전하다. 일본에서 유행하는 케이팝이나 한일 역사 문제를 화제에 올릴지언정, 두 나라의 냉대 속에서 살아온 자이니치의 고된 사정에 대해서는 무관심하다. "한국인이라며 왜 한국말을 못하냐?", "한국 문화는 얼마나 잘 아느냐?"라는 질문이 따라붙는다. 일본 사회에 융화될 수 없고 한국 사회로부터도 줄곧 외면당한 자이니치에게는 대답하기 거북한 무례한 질문이라는 사실조차 모르는 것이다.

2000년대 이후 '한류 붐' 등은 일본 사회에 한국 문화가 대중적으로 알려지는 계기였다. 하지만 그 훨씬 전부터 일본에서는 '기무치'(김치)나 '야키니쿠' 등의 한국식 메뉴가 은근한 인기를 끌고 있었다는 사실은 의외로 잘 알려지지 않았다. '호르몬ホルモン'이나 '모츠モツ'라는 이름의 소 곱창 요리도 인기 만점인데, 정육점에서 내다버린 내장 부위로 메뉴를 개발한 자이니치 주방장의 수완에서 비롯된 음식이다. 자이니치라는 정체성이 부담스럽던 시절이라 굳이 '한식'이라고 이름 붙이지 않았지만, 재료나 양념 맛이 일식보다 한식에 가까운 식문화가 일본에서 널리 사랑받는 배경에는 이들의 고된 역사가 있었다.

자이니치의 문화적 정체성은 한국 문화도 일본 문화도 아닌 잡종적 속성에 있다. 국가의 제대로 된 보호를 받은 적 없는 이방인이 스스로 개척한 고독하고 모진 정체성이다. "한국 편이냐, 일본 편이냐?"라는 곤란한 질문을 던지기보다는, 복잡하게 뒤엉킨 한일 관계 속에서 이들 디아스포라가 쌓아 올린 문화를 직시하고 가치를 인정할 필요가 있다.

일본 사회에 불어온 '제4차 한류'

〈오징어 게임〉으로 확장된 한류 팬덤

하도 인기라고 하길래 드라마 〈오징어 게임〉을 보기는 보았다. 잔혹한 소재를 좋아하지 않는 데다가 그 속에 그려진 정서도 진부하게 느껴져서, 개인적으로는 '호'보다는 '불호' 쪽이었다. 이 작품이 전 세계 곳곳에서 큰 공감을 얻고 있다는 사실이 신기할 정도였다. 일본에서도 이 드라마가 꽤 화제가 되고 있다고 해서, 일본인 친구들과 이야기를 나누어 보았다.

일본인이 본 〈오징어 게임〉
친숙함과 신선함 사이

— 드라마를 보았다는 친구들은 재미있다는 반응이 대부분이었는데, 특히 중장년 남성들의 평가가 좋았다. 서바이벌 게임을 소재로 삼은 일본의 영화나 드라마는 복잡한 게임의 룰을 풀이하고

해결하는 두뇌 싸움에 초점을 맞춘 경우가 많은데, 〈오징어 게임〉
은 가혹한 게임을 선택할 수밖에 없었던 개인의 삶과 감정선을 섬
세하게 다루는 것이 꽤 참신했단다.

드라마에 등장하는 추억의 놀이들이 일본인의 향수를 자극한
다는 반응도 흥미로웠다. 실제로 첫 에피소드에서 충격적인 반전
을 안겨주는 '무궁화 꽃이 피었습니다'와 비슷한 '오뚝이가 넘어졌
습니다だるまさんがころんだ'라는 놀이가 일본에도 있다. 일본인들에게
〈오징어 게임〉은 한편으로는 친숙하고, 다른 한편으로는 신선한
재미를 안겨주는 작품이었던 것 같다.

한국에서는 〈오징어 게임〉이 일본의 콘텐츠를 베꼈다는 비판
도 제기되었지만, 일본에서는 그렇게 받아들이는 분위기가 아니

다. 〈오징어 게임〉의 플롯이, 인생의 막다른 골목으로 내몰린 주인공이 정체불명의 도박판으로 목숨을 걸고 뛰어든다는 내용의 일본 만화 〈도박묵시록 카이지〉와 상당히 유사한 것은 사실이다.

1996년에 연재가 시작된 이 만화는 극단적인 설정과 거침없는 상상력으로 상당한 충격을 안겼다. 그 뒤로 일본에서는 비슷한 소재의 영화나 게임, 드라마 등이 상당수 만들어졌고, 생명을 건 게이머의 이야기를 다루는 '데스 게임'이라는 장르가 확고하게 정착되었다. 일본 영화 〈배틀 로얄〉이나 할리우드 영화 〈헝거 게임〉 등도 이 장르에 속한다.

그렇게 보자면 이 장르에 대한 내 이해가 얕았기 때문에, 〈오징어 게임〉에 시큰둥했던 것일지도 모르겠다. 장르물을 제대로 즐기기 위해서는, 장르 특유의 '문법'을 제대로 이해할 필요가 있다. 그 문법을 철저하게 재현하거나 혹은 예상외로 반전시키는 디테일에서 독창성과 매력을 발견할 수 있기 때문이다. 데스 게임이라는 장르에 비교적 친숙한 일본의 대중들이야말로 〈오징어 게임〉을 즐길 준비가 충분히 되어 있었다.

멜로 드라마→케이팝→한식 등
대중문화 전반으로 확장된 일본 속 '한류'

— 일본에서 한국의 대중문화 콘텐츠가 인기를 끈 것이 하루 이틀의 일은 아니다. 지금은 한국 영화나 드라마, 대중음악 등이 전 세계에서 큰 관심을 받고 있지만, 일본의 대중들은 그 어느 나라보

다 먼저 한국의 대중문화 콘텐츠에 관심을 표명하고 아낌없는 사랑을 실천해 왔다. 2020년 연말 일본에서 '제4차 한류'라는 말이 유행어 후보에 오르며 반짝 화제가 된 적이 있다. 인터넷에서는 이 말이 맞느냐 틀리냐를 놓고 갑론을박이 벌어지기도 했지만, 개인적으로는 바야흐로 네 번째 한류가 시작되었다는 분석에 동의한다.

일본에서 '제1차 한류'는 말할 필요도 없이 2000년대 초반 공영방송의 전파를 탄 드라마 〈겨울연가〉의 인기이다. 남녀의 순애보를 그린 이 정통파 멜로드라마가 불러일으킨 열풍은 '사회현상'이라고 불릴 정도로 이례적이었다. 다만, 당시의 한류는 이 드라마와 출연 배우의 인기에 한정되어 있었다. 한국에서 '아줌마'라는 단어가 때때로 부정적인 뉘앙스로 쓰이는 것처럼, 일본에서도 중년 여성에 대한 편견이 존재한다. 이 드라마의 인기를 놓고 중년 여성들의 진부하고 유치한 문화적 안목에 어필했을 뿐이라는 해석도 있었다. 즉, 이때만 해도 한국의 대중문화 콘텐츠에 대한 전반적인 평가가 높지 않았다.

'제2차 한류'는 2010년대 초반, 대중성이 강한 음악과 퍼포먼스로 무장한 케이팝이 이끌었다. 〈겨울연가〉의 대히트 이후, 한국의 연예계에서 일본의 소비자 층을 의식한 상품을 적극적으로 내놓기 시작했고, 일본의 매스미디어도 이를 반겼다. 당시에는 일본의 TV 프로그램에서 유창한 일본어로 농담을 주고받는 한국 연예인들의 모습을 어렵지 않게 볼 수 있었다.

이때에 젊은 세대를 중심으로 한국의 대중문화 콘텐츠에 대한 호감이 급속히 커진 것은 사실이지만, 이와 발맞추어 극우 세력의 '반한', '혐한' 분위기가 두드러지기 시작했다. 방송국이 한국의 콘텐츠에 우호적이라는 이유로 극우 세력의 타깃이 되는 일도 자주 있었다. 이후 한일 관계가 급속히 냉각되면서 한류도 소강 상태에 들어갔다.

일본의 매스미디어도 더 이상 한국발 콘텐츠를 적극적으로 소개하지 않았고, 때마침 한국의 연예 산업은 일본 시장보다 훨씬 더 넓은 글로벌 시장에 눈을 뜨고 있었기에 크게 신경을 쓰지 않았다. 예를 들어, 2012년 한국 가수 싸이의 노래 〈강남스타일〉과 코믹한 뮤직비디오가 전 세계적으로 화제가 되었다. 그런데 이 콘텐츠가 유독 일본에서는 큰 반향을 일으키지 않았다.

그러던 와중에 뜻하지 않게 '제3차 한류'가 시작되었다. 2017년을 전후해서 일본의 젊은 층을 중심으로 한국 음식, 한국식 화장이나 패션, 한국어 등에 대한 호감도가 급속히 올라갔고, '한국 문화 마니아'를 자처하는 10대들도 등장하기 시작한 것이다. 매스미디어나 연예기획사 등이 적극적으로 기획한 것이 아니라, SNS 등에서 은근하게 시작되어 눈 깜짝할 사이에 트렌드로 부상했다. 케이팝이 꾸준히 젊은 팬을 확보한 것도 사실이지만, SNS 이용자들을 중심으로 한국 대중문화 콘텐츠를 공유하고 즐기는 흐름이 만들어진 것이 큰 동력이었다.

한국에서는 의외로 '제3차 한류'가 큰 화제가 되지 않았다. 대형 연예 기획사가 적극적으로 움직여서 만들어 낸 것이 아니었기 때문에, 한국의 매스미디어도 주목하지 않았다. 하지만 개인적으로는 일본 젊은이들의 자발적인 정보 공유로 이 흐름이 만들어졌다는 사실이 이전의 한류보다 더 인상적이다. 일본의 젊은이들이 스스로 한국식 화장과 패션을 찾아다니고 떡볶이와 치즈닭갈비를 즐기는 광경이 꽤 이색적으로 느껴졌던 기억이 있다. 한일 관계가 평행선을 달리는 동안에도, 인터넷을 기반으로 하는 글로벌 플랫폼 속에서 일본의 젊은이들은 한국에 대한 호감도를 꾸준히 키워 왔던 것이다.

일본의 기성세대를 '포섭'한 '제4차 한류'

__ 그 뒤에 찾아온 것이 지금의 '제4차 한류'이다. 한국 대중문화에 대한 젊은이들의 호감은 '제3차 한류' 이후 계속되고 있지만, 코로나19 사태 이후 새로운 움직임이 생겼다고 보아도 좋다. 일본에서도 외출이나 모임이 여의치 않으면서 넷플릭스나 유튜브 등 인터넷 기반의 글로벌 플랫폼의 영향력이 현저하게 커졌다. 그리고 이들 플랫폼을 통해 한국의 영화나 드라마 등이 큰 인기를 끌고 있다. 드라마 〈오징어 게임〉이나 영화 〈기생충〉 등이 큰 화제가 되고 있는 것이다.

'제4차 한류'는 폭넓은 연령층과 세대가 한국의 대중문화 콘텐츠에 대해 적극적으로 호감을 표명하고 있다는 점에서 지금까지와는 분위기가 다르다. 지금까지 일본에서 한류 팬덤을 이끌어 온 것은 대체로 여성층이었다. 한류에 '포섭'된 적이 없는 남성의 시각에서 "한류는 여성이나 젊은이의 취향일 뿐"이라는 박한 평가가 내려지기도 했다.

　그런데 이번에는 한국의 대중문화 콘텐츠에 대해 시큰둥했던 기성세대 남성들도 한국발 콘텐츠를 즐기기 시작했다. 〈겨울연가〉에 대해서는 "일본에서는 한물간 케케묵은 멜로"라는 부정적인 평가가 적지 않았는데, 〈오징어 게임〉이나 〈기생충〉에 대해서는 "일본에서는 왜 이런 작품을 못 만드느냐"라는 질타가 곧바로 튀어나오는 것도 이런 변화와 무관치 않을 것이다. '한국은 한 수 가르쳐 주어야 하는 존재'라는 일본 사회의 뿌리 깊은 시각이 변하고 있다. 격세지감을 느낀다.

인터넷 시대,
친밀한 한국어와 일본어

일본 특유의 한자 읽기 시스템과
언어문화의 교류

새 일본 총리의 이름이 '스가 요시히데菅義偉'라고 한다.● 한자로는
'菅'이라고 쓰는 성씨인데 '스가'라고 읽는단다. 앞으로는 일본 관
련 뉴스에서 '스가 총리'라는 호칭을 자주 들을 수 있겠다. 그런데
일본에서 菅이라는 성씨를 가진 총리가 처음이 아니다. 2010년
민주당 정권 시절의 '간 나오토菅直人' 총리도 菅 씨였다. 한자로 쓰
면 둘 다 '菅 총리'인데 부르는 방법은 달라서 그때는 '간 총리'이고
지금은 '스가 총리'이다. 일본에서는 인명을 한자로 쓰는 것이 관
행이다 보니, 신문 기사에서 과거의 '菅 총리'(간 총리)와 2020년의
'菅 총리'(스가 총리)를 어떻게 구분해 쓸지 고민이라고 한다.

● 2020년 9월 16일에 게재된 칼럼으로, 스가 총리는 그해 9월에 취임해 이듬해 11월
까지 재직했다.

　인터넷에서 '菅 총리'라고 검색하는 경우에도 혼란스러울 수 있겠다. '菅 총리'라는 검색어로 찾으면 '간 총리'와 '스가 총리'의 관련 정보가 둘 다 나올 테니 말이다. 실제로 인터넷에서 '菅 총리'로 검색하니 아직은 '간 총리'에 관련한 정보가 압도적으로 많다. 2011년 동일본 대지진 및 후쿠시마 원전 사고 당시에 내각을 이끌었던 만큼 '지진'이나 '원전' 등의 부정적인 연관 검색어가 함께 뜬다. 일본 사회가 맞이한 두 번째 '菅 총리'는 앞으로 어떤 연관 검색어와 엮일지 궁금해진다.

말과 글이 제각각, 일본 특유의 언어문화

__ '菅 총리'가 '간 총리'도 되고 '스가 총리'도 되는 것은 표의문자인 한자와 표음문자인 히라가나, 가타카나를 섞어 쓰는 일본어 특유의 언어 시스템에서 기인한다. 한자에 표음문자를 대응시키는 방법이 여럿이다 보니, 한자 읽기가 특히 복잡하다.

예를 들어, 한국어에서는 집이라는 뜻의 한자 '家'는 '가'라고 읽으면 된다. 그런데 일본어에서 '家'는 '가'로 음독하기도 하고, '이에いえ'(집이라는 뜻의 일본어)로 훈독하기도 한다. 음독인지 훈독인지 '家'라는 한자가 포함된 단어마다 다르기 때문에 번번이 기억해야 한다.

깊이 들어가면 사정은 더 복잡하다. 한자와 짝을 지어 외워야 하는 음독, 훈독도 하나로 정해진 것이 아니어서, 家의 음독이 '가'도 되고 '케'도 되며, 훈독으로는 대체로 '이에'라고 읽지만 때때로 '야'라고도 읽는다. 단어와 정황에 따라 쓰기와 읽기의 조합이 일관성이 없다. 쓰임새에 익숙해질 때까지 시간이 걸리는 구조이다.

사실 일본어가 모국어인 사람에게도 한자 읽기는 어렵다. 고등교육을 받은 사람도 전문 서적을 읽다 보면, 읽기 방법이 알쏭달쏭한 한자어와 마주치는 일이 적지 않단다. 일상생활에서 자주 쓰이는 쉬운 한자도 읽는 방법이 제각각이어서 헷갈릴 만하다.

그런데 일단 글과 말이 제각각인 어법에 익숙해지면 의외의 묘미도 있다. 자유롭게 한자를 읽는 방법을 정해서 고유명사의 음독을 창작할 수 있다. 만화나 영화로 한국에도 잘 알려진 〈데스노트〉의 주인공의 이름 '야가미 라이토'의 이름은 한자로는 '夜神月'라고 쓴다. 밤의 신을 뜻하는 '야가미夜神'라는 성도 인상적이지만, 달을 뜻하는 '月'이라는 한자를 '라이토'라고 훈독하는 것이 특이하다. 영어로 빛을 뜻하는 'light'를 일본식 발음으로 표기한 '라이토'가 된 것이니, 한자로 쓰고 영어로 읽는 창의적인 방식이다.

'男'(남자 '남')이라고 쓰고 '아담'이라고 읽는다든가, 혹은 '黄熊'(노란색 '황', 곰 '웅')이라고 쓰고 '푸우'(동화 『곰돌이 푸』의 주인공 이름)라고 읽는다는 등 '믿거나 말거나' 수준의 기발한 이름도 실재한다고 한다. 그 정도로 기상천외한 이름을 가진 사람을 직접 만난 적은 없지만, 한자만으로는 짐작하기 어려운 독창적인 이름을 가진 지인이 적지 않다.

'○○라고 쓰고 △△라 읽는다'
한국 인터넷에서 유행하는 일본식 어법

━ 한국의 인터넷에서 '○○라고 쓰고 △△라 읽는다'라는 표현을 종종 본다. 이전에는 온라인 커뮤니티나 SNS 등에서나 보던 표현인데, 요즘에는 뉴스나 광고 카피, TV 예능 프로그램의 자막에도 버젓이 등장하는 것을 보면 꽤 유행하는 화법인 듯하다. 구체적으로 입증할 방법은 없지만, 이 표현이 일본어의 한자 읽기 용법

에서 유래했다는 '썰'은 제법 그럴듯하다. 실제로 일본에서 한자어 읽는 방법을 알려주는 '○○라고 쓰고 △△라 읽는다'라는 표현을 자주 접하기 때문이다.

일본어를 배우는 사람의 입장에서는 통일되지 않는 한자 읽기 용법이 까다롭지만, 표음문자와 표의문자를 섞어 쓰는 언어 시스템이다 보니, 이런 조합을 살짝 비틀어 재미를 주는 언어유희가 많이 발달했다. 그러니까 일본 만화나 애니메이션 등에 단골로 등장하는 이런 언어유희가, 어느 사이엔가 마니아들에 의해 한국의 온라인 공간에서 인기를 끌고 있다는 이야기이다.

한국에서는 '○○라고 쓰고 △△라 읽는다'라는 표현이 '겉과 속이 다르다'라는 것을 맛깔나게 표현하는 어법으로 쓰인다. 예를 들어, 음식 맛은 좋은데 값이 비싼 식당에 대해서는 '맛집이라 쓰고 청구서라고 읽는다'라고 풍자도 하고, 예상외로 푸짐하고 맛있는 길거리 음식에 대해서는 '포장마차라고 쓰고 맛집이라고 읽는다'라고 에둘러 칭찬도 한다. 일본에서는 화자의 유머 감각을 은근하게 드러내는 '순한 맛' 언어유희가, 국경을 넘어서는 '매운맛' 풍자로 변모했다는 점이 흥미롭다. 귤이 회수를 건너면 탱자가 되더라는 중국 고사에 빗대자면 일본식 유머가 대한 해협을 건너자 한국식 풍자가 되었다고나 할까.

한일 관계는 요원해도
한국어와 일본어는 친밀한 관계

— 아무리 인터넷 시대라고 해도 언어가 국경을 넘어 정착하는 것
이 흔한 일은 아니다. 사실 한국어와 일본어는 닮은 점이 많다. 단
어의 배열과 어순이 한글과 같고, 조사의 쓰임새, 관용구의 유형이
나 표현법도 놀라울 정도로 비슷하다. 일본어는 현존하는 외국어
중에 한국어와 가장 유사하다고 감히 말할 수 있다. 고등교육을
마치면 5,000자의 한자를 사용할 줄 안다는 중국인들도 일본어에
쩔쩔매곤 하는데, 한국인 젊은이들은 한자를 잘 몰라도 일본어를
쉽게 배우고 훨씬 유창하게 구사하는 경우를 수도 없이 보았다.

뭐니 뭐니 해도 한국어와 일본어가 구조적으로 꼭 닮았다는 점
이 남다른 교류를 부추기는 배경이었을 것이다. 일본어 문장 속
단어를 그대로 한국어로 치환해도 이질감 없이 문장이 성립하니
받아들이기 쉽다. 나는 30대가 훌쩍 넘어서야 본격적으로 일본어
를 배우기 시작했는데, 10여 년쯤 일본어와 씨름한 지금은, 일상
생활은 물론이요, 일본어로 강의도 하고 책도 쓰는 데에 큰 어려
움을 느끼지 않는다. 어렸을 때부터 배운 영어보다도 나이 들어
공부한 일본어를 훨씬 더 잘할 뿐 아니라 배우는 과정도 편했다.

다른 한편으로는, 한글을 유일한 문자로 채용한 한국어와, 한
자·히라가나·가타카나를 혼용하는 일본어의 차이만큼, 표현 문
화에는 다른 점도 분명하게 존재한다. 한국의 표현 문화는, 한글
이라는 확고한 표음문자로 동일하게 치환 가능하다. 즉, 글과 말

에 부여되는 권위가 비교적 대등하다.

그에 비해, 일본의 표현 문화에는 변수가 많은 말보다는 고정된 의미를 전달하는 글이 더 권위가 있고 정보로서 신뢰를 받는 경향이 있다. 스마트폰 이용 행태만 비교해도, 한국에서는 통화나 동영상 등 말이나 소리를 이용한 통신이 잘 정착되어 있다. 이에 비해, 일본에서는 기본적으로 SNS나 채팅 등 문자 미디어에 대한 선호가 크다. 말보다는 글이 더 믿을 수 있는 미디어라고 생각하는 경향이 있다. 'ㅇㅇ라고 쓰고 △△라 읽는다'라는 표현이 일본과 한국에서 다른 맥락으로 전개된 것도 말과 글에 대한 문화적 해석의 차이가 영향을 미쳤다고 본다.

표현 문화에 온도 차가 있을지언정, 한국어와 일본어의 은밀한 교류가 사그라질 기미는 별로 없다. 일본의 만화나 애니메이션을 좋아하는 한국의 젊은이를 중심으로 '간지'(느낌이라는 뜻의 일본어 '感じ'를 한글로 표기한 것), '낫닝겐'(영어의 부정 표현 '낫'과 인간을 뜻하는 일본어 '닝겐にんげん'이 합쳐져 '인간계를 초월할 정도로 뛰어나다'라는 뜻으로 쓰이는 은어) 등 일본어발 신종 은어가 오래전부터 유행했고, 한국 드라마나 케이팝 등 한국 문화에 푹 빠진 일본의 젊은이 사이에는 SNS에 'マシッソヨ'(맛있어요) 등 한국어발 해시태그를 다는 것이 인기이다. 한일 관계는 여전히 요원하다지만, 사실 한국어와 일본어의 관계는 과거 어느 때보다도 친밀해 보인다. 적어도, 인터넷에서는.

일본 젊은이들 사이에 부는 한국어 붐

인터넷 시대의 '피진' 현상

일본의 젊은이들 사이에 한국어 붐이 불고 있다. 'アンニョンハセ
ヨ'(안녕하세요), 'サランヘヨ'(사랑해요), 'ケンチャナヨ'(괜찮아요),
'マシッソヨ'(맛있어요) 등 자주 쓰이는 한국어 관용어를 가타카나
로 바꾸어 쓰는 정도라면 이전부터 자주 보았다.

　그런데 최근에는 SNS에 아예 한글로 글을 써 올리는 것이 유행
이다. 실제로 일본어 타임라인에 '꿀잼', '심쿵', '멘붕' 등 한글 은어
가 콕콕 박혀 있는 것을 보면 어리둥절하기도 하고, 어디서 이런
표현을 배웠을까 흥미도 솟는다. 개중에는 맞춤법이나 어법이 어
색한 표현도 적지 않아서 인터넷에서 긁어 왔거나 자동 번역기를
돌렸구나 싶어서 웃음이 나올 때도 있다. 'ㅋㅋ'나 'ㅎㅎ' 등의 한국
에서 '웃음'의 상징으로 자주 쓰는 한글 자음도 출몰하고, 'ㅊㅋㅊ
ㅋ'(축하한다'라는 뜻), 'ㄹㅇ?'(진짜를 뜻하는 영단어 '리얼'의 초성에 물

음표가 붙은 말로 '진짜야?'라는 뜻) 등 한국의 기성세대들을 절망에
빠뜨리는 '초성 놀이'도 눈에 뜨인다.

한글은 세련되고 쿨한
최신 트렌드

— 일본어와 한국어가 뒤죽박죽 뒤섞인 신조어도 있다. 예를 들어
한국어의 '감사'를 가타카나로 표기한 'カムサ'(가무사)는 SNS에서
자주 접하는 표현인데, 한 걸음 더 나아가 일본어로 '한다'라는 뜻
의 'スルする'와 결합해 'カムサする'(가무사스루)라는 동사처럼 쓰
이기도 한다. 일단 동사로 변신하면 다양한 어미로 활용할 수 있
으니, 일본어도 아니고 한국어도 아닌 표현이 한층 다양해진다.

'チンチャそれな'(진차-소레나) 같은 은어 표현도 있다. 'チンチ

ャ'(진차)는 한국어의 '진짜'를 일본어로 표기한 것인데, 여기에 '그 건 그렇지' 정도로 번역되는 구어 표현 'それな'(소레나)가 붙었다. 일본의 젊은 여성들 사이에서 '맞아, 맞아', '정말 그렇지'라고 쿨하 게 동조하는 관용구로 즐겨 사용된다.

최근 일본의 대학생들과 한국어 붐을 주제로 토론할 기회가 있 었다. 학생들은 SNS에서의 한글 붐이 젊은 층의 한국 문화에 대 한 높은 관심을 반영한 유행 현상이라는 점에는 공감했지만, 다른 한편으로는 무슨 뜻인지 이해할 수 없으니 오히려 반감이 생긴다 는 의견도 적지 않았다. "사회생활에서 한국어를 활용할 여지가 늘었다"라거나 "한국어를 하면 취직에 유리할 것이다", "한국어 능 력에 대한 사회적 인식이 좋아졌다"라는 등 외국어로서의 한국어 의 위상이 높아졌다는 사실도 거론되었다.

이런 다양한 의견과는 별개로 SNS에 한글로 글을 올리는 것이 그 자체로 유행에 민감하고 세련되었다는 이미지라는 사실에는 모두 동의했다. 실제로 SNS의 한글 붐은 한국 대중문화에 친숙할 뿐 아니라 최신 트렌드에 민감하게 반응하는 10대에서 20대 초반 여성들이 이끌고 있다. 이들에게 한글은 세련되고 쿨한 최신 트 렌드이다. SNS 계정에 한국어 표현이나 한글을 올리는 것은 '스웨 그'를 뽐내려는, 일종의 자기과시적 유희의 성격이 강하다.

일본 사회에서 극적으로 변화한
'한국'이라는 기호

━ 2000년대 초반 한류 붐이 시작되었을 때만 해도, 일본에서 한국 문화는 세련됨보다는 편안함, 새로움보다는 친숙함을 떠올리게 하는 대상이었다. 이때부터 한글에 대한 호감이 커지고 배우려는 사람이 늘어나기 시작한 것은 사실이다. 하지만 이는 순수하게 이웃 나라에 대한 문화적 관심과 호의를 반영한 것일 뿐, 한국 혹은 한국 문화에 대한 일반적인 평가가 매우 높았다고 하기는 어렵다. 그런데 지금의 젊은 층에게는 한국이라는 키워드가 그 자체로 최첨단, 세련됨, 멋짐, 깔끔함 등 긍정적인 이미지를 어필하는 문화적 상징으로 받아들여지고 있다.

예를 들어, 요즘 일본의 SNS에서 '韓国っぽ'(한국풍)는 최고로 인기 있는 해시태그이다. 실제로는 한국이나 한국 문화와는 아무런 관련이 없는데도 가장 '핫'하다는 장소, 요리, 패션 등에 관한 정보에 어김없이 이 해시태그가 붙는다. 젊은 여성들 사이에서 유행하는 '渡韓ごっこ'(한국 여행 놀이)라는 별난 놀이도 있다. 일본 국내의 한국풍을 최대한 끌어모아 한국을 여행하는 듯한 경험을 즐기자는, 코로나 국면에 생겨난 새로운 풍조이다. 한국의 컵라면과 소주, '치맥' 세트 등을 준비하고 케이팝 아이돌의 라이브나 한국 드라마 영상을 보면서 '호캉스'를 즐기는 것이 전형적인 '놀이법'인데, 아예 대형 스크린을 설치한 룸에 한국식 안주와 소주 등을 서비스로 제공하는 호텔 패키지가 등장해 화제가 되기도 했다.

불과 수십 년 전만 해도 일본 사회가 한국 문화에 갖는 호기심은 '0'에 가까웠다. 그런데 지금은 한국이라는 키워드가 일본 젊은 세대의 문화적 호감을 독점하고 있는 듯이 보일 정도이다. 일본 사회에서 한국이라는 '기호'는 극적으로 변화했다. 한글을 이용한 언어유희의 인기는 그런 새로운 흐름을 보여주는 상징적인 현상이다.

인터넷 시대의 '피진', 문화 현상으로 재평가할 필요

— 서로 다른 글과 말이 뒤섞인 잡종적 언어를 '피진pidgin'이라고 한다. 19세기 식민주의 시대를 거치면서 전 세계 곳곳에서 수많은 피진이 등장했다. 영국의 식민 지배 당시, 피식민지에서는 토속 언어와 뒤죽박죽이 된 '이상한' 영어가 문제없이 통용되곤 했다. 식민 지배가 끝나면서 이런 잡종적 언어는 대체로 효용을 다했지만, 식민 지배가 오랫동안 계속된 지역에서는 독립적인 말과 글의 체계로 정착하기도 했다. 그 말을 모국어로 삼는 인구가 많아지면 자연스럽게 새로운 언어로 전개된 것이다.

많은 피진들이 한시적으로 등장했다가 사라졌고, 어떤 피진들은 새로운 언어로 정착되었다. 서로 다른 언어가 만나고, 섞이고, 변하는 것은 자연스러운 문화 현상이다. 일본의 SNS에서 일본어와 한국어가 뒤섞이는 현상도 서로 다른 두 언어가 혼용되고 변형된다는 점에서 현대판 피진이라고 할 수 있지 않을까?

식민주의 시대의 피진은 폭력적, 강압적 지배의 부산물이었다. 필요에 의한 자율적인 선택이라고 하더라도, 본질적으로는 피지배자에게 지배자의 언어를 받아들일 것을 강제하는 일방적인 과정이었다. 이에 비해 요즈음 일본의 SNS에 출몰하는 '한국어 피진'은 문화적 호기심과 자발적인 호감에서 시작된 언어유희라는 점에서 성격이 판이하다. 스마트폰과 자동번역기 앱을 이용하면 외국어 제약을 덜 받는다. 그런 인터넷 정보 환경 속에서 누구나 즐길 수 있는 새로운 언어 놀이가 자연스럽게 탄생한 것이다.

한국의 젊은이들 역시 오래전부터 일본어를 활용한 언어유희를 즐겨왔다. '가와이'(귀엽다), '오이시이'(맛있다) 등의 간단한 일본어는 한국의 젊은이들에게도 친숙하다. 폼 나는 패션이나 음악 등에 대해 '간지가 있다'라고 표현하는 등 일본어가 섞인 젊은이들의 구어도 적지 않다. 한국의 젊은이들 사이에 '일본어 피진'도 유행해 왔다고 할 수 있다.

한국 사회에서 일본어나 일본어식 표현은 일제강점기에 뿌리내린 구악으로 타파의 대상으로 인식되어 왔다. 나 역시 어느 정도 그 인식에 공감한다. 불필요한 한자어로 뒤범벅된 법조문 등 100여 년 전 구태에서 벗어나지 못한 일본식 언어 관행은 실정에 맞게 개선할 필요가 있다. 하지만 최근 인터넷을 중심으로 꽃피고 있는 한일 간의 언어유희는 한일 젊은이들이 서로에 대한 문화적 호기심으로 부지런히 발전시킨 결과이다. 역사 인식의 부재에서 비롯된 불건전한 사건이라고 재단하기보다는, 문화적 연대의 잠

재력을 가진 인터넷 현상으로 재평가하는 것이 바람직하지 않겠
는가?

일본을 떠나며

일본 사회에서 외국인으로 살기

일본을 떠나기로 했다. 어느새 18년째에 들어선 일본 생활을 접
겠다 하니 "코로나19 때문이냐?"라고 단도직입적으로 묻는 사람
도 있다. 글로벌 팬데믹 이후 국가 간 이동이 현저하게 제한되며
쉽게 귀국길에 오를 수 있었던 예전과는 체감이 확연히 달라졌다.
우선 한일 간 비행 편이 줄어 표를 구하기 쉽지 않다. 어렵사리 표
를 구해도 국경을 넘을 때마다 번번이 2주일씩 자가 격리 의무를
져야 하니, 어지간한 이유 없이는 여행을 결심하기 쉽지 않다. 외
국 생활의 심리적, 경제적 부담감이 상당히 커진 것이 사실이다.
하지만 그 때문에 일본을 떠나겠다고 마음먹은 것은 아니었다.

　오히려 팬데믹이 초래한 비일상적 상황은 인터넷 문화의 본질
적 요소인 이동성의 명암을 생생하게 체험할 기회라는 생각도 있
다. 연구자가 그 정도의 불편을 마다해서 되겠느냐는 근성 정도는

있다. 일본 생활을 접어야겠다고 마음먹은 진짜 이유는 언제부터 인가 '이방인'인 그곳에서의 삶이 고민스러웠기 때문이었다. 처음에는 늦깎이 박사 과정 학생으로서 학업에 바빠 고민할 여유가 없었다. 일본의 대학에 적을 두고 비교적 안정된 삶을 꾸린 뒤에야, 일본 사회에서 외국인, 나아가 한국인으로 산다는 의미를 곱씹게 되었다. 지극히 개인적인 감상이지만 이 역시 일본 사회의 한 단면을 드러낸다고 생각한다.

일본 사회에서
한국인으로 사는 것

— 이방인으로 살아가는 것 또한 삶의 방식이다. 실제로 지금은 많은 사람들이 경제적인 이유에서, 혹은 더 좋은 삶을 위해 전략

적으로 이방인이 되기를 선택한다. 과거에는 고달픔의 대명사였던 '노매드nomad'(유목민)가 지금은 트렌디한 라이프 스타일로 회자될 정도이다. 실제로 이방인의 삶에는 편한 점이 있다. 특히 사적인 측면에서는 개인적 취향을 비교적 자유롭게 추구할 수 있다. 그렇지만 공적인 측면에서는 이야기가 다르다.

이방인의 삶은 불안정하다. 개인의 노력으로는 극복할 수 없는 외부적 요인이 생활의 질을 좌우하기 때문이다. 예를 들어, 한국에서는 외국인도 지방선거에서 한 표를 행사할 수 있는 길이 열려 있다. 일정 기간 이상 거주하면 한 명의 주민으로 인정해 준다. 반면, 일본에서는 '귀화'해 국적을 획득하지 않는 한 아무리 오래 살아도 그곳의 주민으로 인정받을 길이 없다. 이 때문에 식민지 시절 일본으로 이주해 정착했으나 끝내 귀화를 거부했던 자이니치들에게 반세기가 넘도록 참정권이 주어지지 않고 있다.

한국 정부에서 재외 국민도 선거권을 행사할 수 있는 제도를 마련한 뒤에야, 힘겹게 한국 국적을 유지해 온 자이니치가 시민으로서의 의견을 표명할 창구가 생겼다. 일본 사회는 변함없이 외면하고 있지만, 한국 사회가 늦게나마 그들에게 관심을 기울이기 시작한 것은 반가운 일이다. 한국에도 외국인 노동자 등 이주민에 대한 부정적인 시선이 존재하는 것은 사실이다. 다만 '외부자'를 한 명의 시민으로 포용하는 제도가 마련되어 있다는 점에서는 일본 사회보다는 진보적인 입장이라는 점은 분명하다.

일본 사회의 정치적 우경화가 뚜렷해지고, 다른 한편으로는 케이팝 등 한국의 대중문화가 젊은이들 사이에 큰 인기를 끌면서, 부정적이든 긍정적이든 일본에서 한국이 화제에 오르는 일이 많아졌다. 그러면서 한국에 대한 고정관념과 씨름해야 하는 순간이 늘어났다. 일본 정치인이 내뱉는 한국 사회에 대한 왜곡된 발언에는 부아가 치밀고, 일본의 매스컴에서 보여주는 한국인의 이미지가 부담스럽다. 때로는 냉각되는 한일 관계를 어떻게 생각하느냐는 난감한 질문에 대한 답변을 요구받기도 하는데, 그럴 때에는 개인적인 의견이 마치 한국 사회를 대표하는 양 받아들여지니 부담스럽다. 과도한 국가주의에 대해 비판적 견해를 가진 나로서는 '자연인이기 전에 한국인'이라는 정체성에 대한 저항감도 있었다. 한동안은 외국에 살면 어느 정도는 감내해야 할 일이라고 애써 마음을 다잡기도 했다.

한편으로는 연구자로서의 고민이 커졌다. 한국인이라는 정체성이 연구 주제를 침범하는 상황이 수시로 벌어졌기 때문이다. 특히, 한국과 일본의 인터넷을 연구하는 입장에서 연구자로서의 객관적 견해가 한국인의 주장이라는 협소한 맥락에서 받아들여지는 상황이 불편했다. 예를 들어, '네트워크 우익', '혐한', '케이팝 붐' 등은 일본의 인터넷 공간을 특징짓는 문화 현상이고, 동시에 일본 사회가 한국 사회를 보는 관점이 투영된 커뮤니케이션 현상이기도 하다. 한국과 일본의 국가적 정체성이 복삽하게 뒤엉킨 이런 현상에 대해 연구하고 토론하면서 딜레마를 느낄 때가 많았다. 점점 강해지는 국가주의 프레임 속에서, 연구자로서의 발언이 한국인이라는 맥락에서 곡해되는 경우도 많아졌고, 아예 한국인으로서의 의견을 요구받기도 했다. 한국과 일본을 오가는 연구자의 역할에 충실하기 위해서는 좀 다른 '전략'이 필요하다고 느낀 지는 꽤 오래되었다.

몇 년 동안의 고민 끝에 일본 사회에서 이방인에 대한 편견과 씨름하기보다, 모국으로 돌아가 연구자의 객관성을 흔들림 없이 지키는 데에 집중하고 싶다는 결론에 이르렀다. '일본 사회가 싫어서' 혹은 '일본 생활에 지쳐서'라기보다는 연구자의 본질적 역할에 충실하고 싶다는 나름의 결단이었다. 누군가에게는 배부른 소리처럼 또 누군가에게는 궁색한 변명처럼 들릴지도 모르겠지만, 나로서는 장고 끝의 한 수였다.

타 문화에 대한 편견을
극복하려는 노력이 절실

— 일본에 사는 외국인들은 '일본 사회는 배타적'이라고 입을 모은다. 일본인, 일본 문화에 대한 순혈주의가 강하다 보니, 외부인에 대한 경계심이 크고 더불어 사는 주민으로 껴안는 사회적 노력이 부족하다. 디지털 네트워크를 타고 전개되는 탈국가적 사회현상을 국가나 민족이라는 단조로운 잣대로 읽으려는 경향이 두드러진다. 자이니치 등 문화적 경계선에 자리한 이들에 대한 차별이 쉽게 정당화되는 근저에도 배타적인 순혈주의가 깔려 있다.

역지사지의 심정으로 한국 사회에 사는 일본인들도 고민이 적지 않으리라는 생각도 든다. 한국의 시민사회가 일본보다는 개방적이라고는 해도, 문화적으로는 못지않게 폐쇄적이기 때문이다. 좋든 싫든 디지털 네트워크로 하나 된 세상이다. 한국이나 일본이나 문화적 순혈주의를 부르짖기보다는 이방인을 받아들이고, 타문화에 대한 편견을 극복하려는 노력이 절실하다고 생각한다.

막상 일본을 떠나니 후련함보다 서운함이 앞선다. 코로나19 사태 때문에 그럴싸한 송별회는 할 수 없었지만, 우정을 쌓아온 몇몇과는 떠나기 전에 만나 깊은 대화를 나누었다. 멀리 지방에 사는 친구는 정성스러운 전별의 선물 꾸러미를 우편으로 부쳐주기도 했다. 공적으로는 이방인이라는 정체성과 더 이상 싸우지 않아도 되니 속이 시원하다. 하지만 사적으로는 더없이 좋은 친구들과 함께할 수 없다는 섭섭함이 크다. 몸은 일본 땅은 떠났지만 온라인으로 변함없이 강의를 한다. 재택 근무와 온라인 업무가 일반화되는 '뉴 노멀'을 몸소 실천하게 되었다. 실은 팬데믹 원년인 지난해에도 강의는 전부 온라인으로 소화했으니, 사는 곳이 바뀌었을 뿐 하는 일은 바뀌지 않았다.

'일본인' 혹은 '한국인'이라는 벽을 뛰어넘기

앞에서 종종 '한국인' 혹은 '일본인'이라는 표현을 사용했다. 한국
도 일본도 비교적 동질적인 역사와 문화를 가졌지만, 사회 내부를
들여다보면 다양한 인종, 언어, 생활 습관이 공존하는 다문화 사
회로 향하고 있다. 그런 측면에서 '한국인' 혹은 '일본인'이라는 표
현에는 문제가 많다. 마치 고정적이고 동질적인 '한국 문화' 혹은
'일본 문화'가 존재하는 듯한 오해를 주기 때문이다. 평균적인 삶
의 궤적에서 벗어나 있는 '한국인' 혹은 '일본인'에게는 차별적인
표현으로 받아들여질 가능성도 있다. 칼럼을 쓸 때에도, 단행본을
엮을 때에도 이 표현에 대한 고민이 가장 컸다.

　나는 고정적이고 동질적인 '한국 문화' 혹은 '일본 문화'가 존재
한다는 견해에 대해서 일관되게 비판적이다. 한국 사회와 일본 사
회를 구별할 만한 문화적 특징이 아예 존재하지 않는다는 뜻은 아

니다. 한국 사회와 일본 사회에서 일반적으로 받아들여지는 생활 습관과 행동 양식에 차이가 있는 것은 사실이다. 다만, 그것을 국가적 실체와 동일시되는 '한국 문화' 혹은 '일본 문화'라고 자리매김하지는 않겠다. 다양한 삶의 양식이 뒤섞인 우리의 현실과 부합하지 않을 뿐 아니라, 누군가에게는 차별적인 메시지로 이해된다면 사회적으로도 득보다 실이 많다고 생각하기 때문이다. 프롤로그에서 국가와 문화를 동일시하는 생각(국민성)의 허점과 위험성에 대해 언급한 것과 같은 맥락이다.

그런데 그렇다고 해서 칼럼이나 단행본에서 '한국인' 혹은 '일본인'이라는 표현을 아예 회피할 것인가? 문화를 논의하는 학술적인 글이라면 고민 없이 그런 표현들을 배제하겠다. 하지만 학술적 맥락을 까다롭게 따지다 보면, 글이 불필요하게 어려워지고, 전달하고 싶은 메시지가 불분명해질 수 있다. 모두에게 다가가기 쉽고 읽기 편한 책을 만들고 싶다는 욕심이 앞섰다.

이 책은 일본에 대한 '절대적인 지식'을 전달하기보다는, 한국과 일본에 관한 '상대적인 앎'을 이끌어 내는 것을 목표로 삼았다. 각각의 글에서 '일본은 이렇다'라고 단언하기보다는 '일본과 한국이 이렇게 같다, 혹은 이렇게 다르다'라는 측면을 전달하기 위해 노력했다. '같다' 혹은 '다르다'라는 개념은 상대적이다. 비교할 상대가 있기 때문에 '같다' 혹은 '다르다'라는 말이 성립하는 것이다. 그런 면에서 책의 제목, '같은 일본 다른 일본'에는 그 나름의 뜻이 있었다. 이렇게 상대적인 맥락을 강조하는 의미에서 '한국인' 혹은

'일본인'이라는 표현을 활용하는 것이 효과적이라고 판단했다. 문제가 있는 표현이지만 보다 폭넓은 독자에게 다가가기 위한 고육지책이었다는 점을 밝혀둔다.

2004년 하반기에, 단기 여행 목적이 아니라 조금 오랫동안 머물러 보자는 생각으로 일본으로 건너갔다. 돌이켜 보면 갑자기 세상사가 시시하고 허무하게 느껴지는 '번아웃' 증세를 겪었던 것 같다. 1990년대 중반에 대학을 졸업한 뒤, 일간지 기자, 포털사이트의 사업 전략 담당 등으로 눈이 핑핑 돌게 바쁘게 살았다. 체력적으로도 정신적으로도 한계가 느껴졌다. 잠깐 숨을 돌리고 어학연수라도 하면서 스스로를 되돌아보는 시간을 갖고 싶었다. 그렇게 도쿄에 체류하면서 일본어를 배우던 중 우연치 않게 온라인 뉴스 사이트를 론칭하는 한일 공동 프로젝트에 참여하게 되었다. 이전부터 일본 문화에 대한 관심이 없지는 않았지만, 일이 진행되는 흐름에 몸을 맡기다 보니 자연스럽게 일본에 정착하게 되었다. "에잇, 그렇다면 도쿄에 좀 살아보지 뭐"라는 가벼운 마음이었다.
일본에서 온라인 뉴스를 만드는 벤처 기업에서 일하면서, 한국의 인터넷 기업에서의 경험을 되돌아보았다. 그러면서 학문적으로도 인터넷을 연구하고 싶다는 생각이 들었다. 정신을 차리고 보니 학제정보학이라는 낯선 전공을 공부하는 대학원의 외국인 연구생이 되어 있었다. 그곳에는 나처럼 늦깎이로 학구열을 불태우는 학생들이 바글바글했는데, 그들과 문제의식을 나누고 의견을 교환하면서 연구자가 되겠다는 진지한 결심이 섰다. 2007년에 석사 과정에 입학했고, 2009년부터는 회사를 그만두고 '전업' 박사 과정 학생이 되었다. 박사 과정이 채 끝나지 않았던 2012년에 재학 중이던 대학원에서 조교수(일본에서는 '助教'라고 쓰는데 영어로는 assistant professor, 한국의 임기제 조교수와 유사한 포지션이다)가 되었다. 2014년에 모바일 미디어와 해석적 인류학에 대한 논문으로 박사 학위를 취득했고, 같은 해 일본 지바현에 있는 한 사립대에 정식 임용되었다.

한국일보로부터 일본에 대한 칼럼을 써보지 않겠느냐는 제안을 받은 것은 2019년 늦가을 즈음이었다. 교수 생활에는 제법 익숙해졌지만, 일본 사회에서 '한국인'으로서 살아가는 것에 대한 고민이 커지고 있었다. 일본에서 연구자로 인정받고 대학의 종신직으로 자리 잡은 것은 개인적으로 뿌듯한 성취였다. 하지만 그곳에서 은퇴하고 노년을 맞이한다는 삶이 좀처럼 와닿지 않았다. 배부른 소리처럼 들릴 수도 있지만, 일본에서 교수로 사는 안락한 삶이 남의 일처럼 낯설게 느껴졌다. 추구해 온 삶의 목표는 아니라는 생각이 들었다. 그러던 참에 칼럼에 대한 제안을 받은 것이었다. 마침 복잡했던 심경을 정리할 좋은 기회라고 느꼈다.

쓰기로 마음을 먹자 독자들에게 매력적으로 다가가는 칼럼을 만들고 싶었다. 일러스트레이터 김일영 씨와 공동 작업을 통해 조금 새로운 시도를 하기로 했다. 칼럼에 개성적인 일러스트를 곁들이기로 한 것이다. 귀여운 만화 캐릭터와 친근한 그림체가 이 칼럼이 독자들에게 널리 읽히는 '치트키' 역할을 했다. 일러스트 배경으로 사용한 사진은 대부분 내가 일본 현지에서 찍은 것이다. 적절한 사진이 없을 때에는 지인에게 부탁하거나, 별도 취재를 통해 사진을 제공받았다.

칼럼을 쓰기 시작하고 얼마 지나지 않아 코로나19 사태가 불거졌다. 마침 한국에서 머무르던 중이었는데 일본 정부가 외국인에 대한 전면 입국 금지 조치를 내리는 바람에 1년가량 도쿄의 자택으로 갈 길이 막혔다. 국경이 다시 열린 뒤에도 출입국 절차가 복잡하고 고되었다. 일본에서의 삶을 접고 완전히 귀국하기로 마음을 먹은 것은, 이전부터 계속된 고민의 결과이지만 코로나19 사태가 결심을 더욱 굳히는 계기가 된 것도 사실이다. 2021년 3월 말에 교수직을 정식으로 사임하고 도쿄의 자택도 모두 정리했다. 이후에도 1년 동안 온라인 강의는 계속했으니, 일본에서의 생활을 공식적으로 '졸업'한 것은 2022년 3월 말이다.

책에 실린 많은 칼럼은 한국의 자택에서 썼다. 온라인 플랫폼 덕분에, 몸은 한국에 있어도 일본 사회에서 활동하는 것이 가능했다. 일본의 대학에서 강의하거나 논문을 지도할 수도 있고, 일본 각지에 사는 동료들과 연구에 대해 장시간 토론도 가능했다. 칼럼을 쓰면서 이메일이나 메시지, 원격 화상 툴 등을 활용해 일본의 학생들, 친구, 동료들에게 의견을 묻거나 취재 협력을 부탁했다. 지금도 일본의 친구들과 활발하게 교류한다. 온라인 연구회에 정기적으로 참여하고, 원격 술자리도 종종 갖는다. 국적, 연령, 문화 등의 차이가 인간관계에는 장애가 되지 않는다는 점을 배웠다. '일본인' 혹은 '한국인'이라는 벽을 뛰어넘어 마음을 터놓을 수 있는 친구가 생긴 것이야말로 일본 생활의 가장 큰 수확이다.

칼럼을 단행본으로 엮는 과정에서 편집자 김세희 씨에게 고마움이 크다. 원고를 꼼꼼히 읽고 미처 생각이 미치지 못한 부분에 대해 지적해 주었다. 그의 세심하고 분명한 피드백이 원고를 가다듬는 데에 큰 도움이 되었다. 한국일보 입사 동기 조철환 씨에게도 감사의 뜻을 전하고 싶다. 오랜 인연을 잊지 않고 지면을 할애해 준 덕분에 값진 경험을 했다. 책을 쓰는 것은 생각을 활자로 정리하는 정신적 노동일 뿐 아니라, 장시간 모니터 앞에 앉아 키보드를 두드리는 신체 노동이다. 명확한 사유와 성찰에 못지않게, 힘 있고 유연하게 움직이는 몸의 중요성을 실감한다. 바르고 정확한 자세로 생활하도록 열정적으로 이끌어 주는 우진희 씨 덕분에 건강하게 원고를 마칠 수 있었다. 매번 칼럼을 읽고 격려를 아끼지 않은 황영채 여사, 마감 때마다 원고를 함께 체크하고 솔직한 의견을 들려준 고동호 씨에게도 고마움을 전한다.

가평 묵안리에서
심경화

같은 일본 다른 일본
미디어 인류학자가 읽어주는 일본의 속사정

ⓒ 김경화, 김일영, 2022. Printed in Seoul, Korea

초판 1쇄 펴낸날 2022년 9월 30일
초판 2쇄 펴낸날 2023년 5월 15일

지은이	김경화
일러스트	김일영
펴낸이	한성봉
편집	최창문·이종석·조연주·오시경·이동현·김선형·전유경
콘텐츠제작	안상준
디자인	권선우
마케팅	박신용·오주형·강은혜·박민지·이예지
경영지원	국지연·강지선
펴낸곳	도서출판 동아시아
등록	1998년 3월 5일 제1998-000243호
주소	서울시 중구 퇴계로30길 15-8 [필동 1가 26] 무석빌딩 2층
페이스북	www.facebook.com/dongasiabooks
전자우편	dongasiabook@naver.com
블로그	blog.naver.com/dongasiabook
인스타그램	www.instargram.com/dongasiabook
전화	02) 757-9724, 5
팩스	02) 757-9726
ISBN	978-89-6262-452-6 03330

※ 잘못된 책은 구입하신 서점에서 바꿔드립니다.

만든 사람들

편집	김세희
크로스교열	안상준
디자인	스튜디오 헤이.덕